Beate Ramm
Das Tandem-Prinzip

Beate Ramm

Das Tandem-Prinzip

Mentoring für Kinder und Jugendliche

edition  Körber-STIFTUNG

Für meine Tochter Eva Lammek,
geboren am 5. April 2000

Bibliografische Informationen der Deutschen Nationalbibliothek

Die Deutsche Nationalbibliothek verzeichnet diese Publikation
in der Deutschen Nationalbibliografie; detaillierte bibliografische Daten
sind im Internet über http://dnb.d-nb.de abrufbar.

© edition Körber-Stiftung, Hamburg 2009
Redaktion: Kerstin Schulz und Alexander Thamm
Umschlag: Groothuis, Lohfert, Consorten|glcons.de
Coverfoto: Getty Images/Henrik Sorensen
Herstellung: Das Herstellungsbüro, Hamburg|buch-herstellungsbuero.de
Druck und Bindung: CPI – Clausen & Bosse, Leck
Printed in Germany
ISBN 978-3-89684-076-9
Alle Rechte vorbehalten

www.edition-koerber-stiftung.de

Inhalt

Einleitung

Zwei Freunde, ein großer und ein kleiner, fahren Tandem. Sie tun sich zusammen, um gemeinsam weiterzukommen. Der Große lenkt, der Kleine strampelt mit. Das macht Spaß! Nach und nach lernt der Kleine, worauf es beim Tandemfahren ankommt. Bald traut er sich auch das Lenken zu. Ist ja nicht gefährlich, solange der Große ein paar Tipps gibt und aufpasst, dass nichts schiefgeht!

Auf dem Tandem-Prinzip basiert die Idee des Mentoring. Sie ist so simpel wie wirksam: Ein junger, unerfahrener und ein älterer, erfahrener Mensch gehen eine »Förderbeziehung« ein. In dieser Beziehung auf Zeit steht der Mentor (der Pate) dem Mentee (dem Schützling) zur Seite und unterstützt ihn in seiner Entwicklung. Dabei gibt er etwas von seinem Wissen, seinen Erfahrungen und seinen Haltungen weiter. Und wie beim Tandemfahren gilt es einen gemeinsamen Rhythmus zu finden, bei dem beide ihre Stärke optimal zum Einsatz bringen können.

Den Begriff Mentoring kennen die meisten im Zusammenhang mit Karriereförderung und Personalentwicklung in Studium und Beruf, besonders auch im Hinblick auf die Förderung von Frauen in Führungspositionen. Seit ungefähr zehn Jahren gibt es immer mehr Mentoringprojekte für Kinder und Jugendliche – seit einiger Zeit kann man fast von einem Boom sprechen.

Mentoring für Kinder und Jugendliche ist eine ehrenamtliche Tätigkeit mit hohem Erfolgsfaktor. In aller Regel treffen sich der erwachsene Mentor und »sein« Kind, der Mentee, über einen längeren Zeitraum hinweg einmal in der Woche, um etwas miteinander zu unternehmen. Patenschaften mit Jugendlichen verfolgen meistens das Ziel, bessere Schulabschlüsse zu erreichen oder den Mentee beim Übergang in eine Ausbildung zu begleiten. Bei diesen Begegnungen erfahren Kinder und

Jugendliche Wertschätzung, sie erhalten neue Anregungen und werden ermutigt, sich etwas zuzutrauen. Der Mentor selbst, aber auch Eltern und Lehrkräfte können meist schon bald die ersten Veränderungen bei den Kindern beobachten. Sie verbessern ihre sprachlichen Fähigkeiten und werden insgesamt kommunikativer. Sie sind weniger verhaltensauffällig, bekommen wieder Freude am Lernen und erbringen bessere Schulleistungen. Außerdem kann Mentoring präventiv gegen Sucht, Gewalt und Kriminalität wirken, wie eine amerikanische Studie gezeigt hat (s. Kap. 7).

Das Erfolgsgeheimnis des Tandem-Prinzips liegt auf der Beziehungsebene: Der Mentor tadelt und urteilt nicht. Er ist eher Beschützer als Erzieher. Mit seinem Vorsprung an Wissen und Erfahrungen steht er seinem Mentee als Freund und Ratgeber zur Seite. Er bringt neue Perspektiven in das Leben des Kindes, zu denen es sonst vielleicht keinen Zugang gefunden hätte. Auch der Mentor profitiert von dieser ungleichen Freundschaft. Denn sie ist nicht nur sinnstiftend und befriedigend, sondern verbessert – das haben Wirkungsstudien ergeben – dessen Soft Skills (zum Beispiel Selbsteinschätzung, Verantwortungsgefühl Kommunikationsfähigkeit, Mitgefühl, Motivation, Konfliktfähigkeit) und setzt auch beim Mentor Reifungsprozesse in Gang, von denen er beruflich und privat profitieren kann.

Mentoringprogramme gibt es in etlichen eigens dafür gegründeten Organisationen. Sie sind aber häufig auch in Vereinen und Institutionen mit übergeordneten sozialen Aufgaben und Zielen angesiedelt. Schulen und Eltern sind die wichtigsten Partner beim Mentoring. Die Schulen helfen bei der Auswahl von Kindern und Jugendlichen, die für ein Mentoring infrage kommen, sie ermöglichen Kontakte zu den Eltern oder stellen, je nach Konzept, auch Räume zur Verfügung. Auch die Eltern müssen mitmachen. Sie müssen die Vorteile von Mentoring für ihr Kind erkennen können und offen genug sein, ihr Kind einem fremden Menschen anzuvertrauen. Das ist eine Menge. Die verantwortliche Organisation muss deshalb Sicherheit und Qualität garantieren und dies auch glaubhaft vermitteln können.

Die meisten Mentoringprojekte für Kinder und Jugendliche zielen darauf ab, benachteiligten Kindern und solchen mit Migrationshintergrund kulturelle und sprachliche Türen zu öffnen und damit ihre Startchancen zu verbessern. Aber Mentoring hat natürlich dort nichts zu suchen, wo selbst professionelle Pädagogen keine Antwort mehr finden (können). Mentoring kann kein soziales Elend lindern und ist kein Lückenfüller für bildungs- und sozialpolitische Versäumnisse. Am besten wäre es, wenn Mentoring ein selbstverständliches Angebot wäre – in der Stadt und auf dem Land, verknüpft mit Schulen, Jugendhilfe, Sportvereinen, Ärzten und Stadtteiltreffpunkten. Wenn ein Kind stolz wäre, einen Mentor zu haben, so wie Kinder stolz auf ihre Zahnspange sind. Und wenn Eltern für die Idee zu begeistern wären und selbst zum Multiplikator, zum Sponsor – oder zum Mentor werden. Aber bis dahin muss noch viel Überzeugungsarbeit geleistet werden.

Die Zielgruppen dieser Überzeugungsarbeit sind vielfältig. Es sind in erster Linie all diejenigen, die »vor Ort«, in den Kommunen, Verantwortung haben: Entscheidungsträger in Politik und Verwaltung; Akteure in sozialen Institutionen, Organisationen, Verbänden und Vereinen, in Stadtteilinitiativen und Freiwilligenagenturen; Lehrkräfte in den Schulen und viele andere Menschen, die bereit sein müssen, sich als Mentor, Koordinator oder Unterstützer zu engagieren, wenn ein solches Projekt erfolgreich umgesetzt werden soll.

Das Thema Mentoring, dies soll im ersten Teil dieses Buches gezeigt werden, ist in eine hochaktuelle politische, wissenschaftliche und öffentliche Debatte eingebettet, die einen weiten Bogen von der Politik zu einer Förderbeziehung zwischen zwei Menschen spannt: Da ist zunächst einmal die veränderte Lebenswirklichkeit von Kindern und ihren Familien. Immer häufiger sind es »Mini-Familien« ohne Väter, ohne Tanten und Großeltern. Das Familienleben und das Freizeitverhalten haben sich verändert. Sie bieten häufig zu wenig Gelegenheiten zur persönlichen Reifung eines Kindes. Darüber hinaus können ein unattraktives Wohnumfeld und ein Mangel an sozialen Beziehungen dazu beitragen, dass Kinder zu wenig Anregungen erhalten. In diesen Familien lassen sich soziale Benachteiligungen – Armut und ihre Auswirkungen – besonders schlecht kompensieren.

Was daraus folgt, lässt sich zusammenfassend als »Mangel an Lebenschancen und Teilhabegerechtigkeit« bezeichnen. Dahinter verbergen sich Schulabbrüche, Chancenlosigkeit auf dem Lehrstellenmarkt, Abhängigkeit von Transferleistungen, aber auch etwas Grundsätzlicheres, das man als Mangel an Glücksmöglichkeiten, als ein Fehlen von Lebenszuversicht bezeichnen könnte.

Menschen mit Migrationshintergrund verfügen zwar noch häufiger über intakte Familienstrukturen, finden aber aufgrund kultureller Barrieren und mangelnder Bereitschaft der Aufnahmegesellschaft keinen Anschluss an Bildung und beruflichen Erfolg. In Deutschland, das haben zahlreiche Studien ergeben, herrscht im Vergleich zu anderen Industriegesellschaften eine besonders eklatante Bildungsungerechtigkeit. Die gesellschaftlichen Folgen sind beängstigend – und damit sind wir bei der Politik.

Viele Fachleute haben – auch im Auftrag der Bundesregierung – in den vergangenen Jahren die Ursachen für die mangelnde Chancengleichheit untersucht und eine Reihe von Handlungsempfehlungen ausgesprochen. Dazu gehören drei übergeordnete Forderungen, die von Mentoringkonzepten erfüllt werden: neue Bildungsorte, mehr Sozialraumorientierung und die Förderung bürgerschaftlichen Engagements.

Neue Bildungsorte, das bedeutet: Wenn Kindergarten, Schule, Familie und soziales Umfeld nicht genügend alltägliche Lernanlässe bieten, dann muss darüber nachgedacht werden, welche anderen nicht-institutionellen Lernorte und Lernangebote dies leisten können. Mentoringprojekte gehören dazu.

Die Forderung nach Sozialraumorientierung beruht auf der Erkenntnis, dass soziale Konzepte dann am effektivsten sind, wenn sie maßgeschneidert für einzelne Zielgruppen vor Ort sind und von allen kommunalen Akteuren gemeinsam in Netzwerken entwickelt werden. Auch dies trifft auf Mentoringprojekte zu.

Und schließlich geht es um die Frage, wie bürgerschaftliches Engagement – das sich sowohl im Sinne von Hilfe als auch von Mitwirkung verstehen lässt – aktiviert und genutzt werden kann und welche Rolle der Staat dabei spielt. Bürger, die mitwirken wollen – das ist die Botschaft am

Ende des ersten Teils –, müssen eine Atmosphäre vorfinden, in der Engagement gewollt, unterstützt und anerkannt wird.

Im zweiten Teil des Buches geht es um internationale Vorbilder für die deutschen Mentoringprojekte und ihre Geschichte. In den USA sind vor 100 Jahren und in Israel vor 35 Jahren unabhängig voneinander Mentoringbewegungen für Kinder und Jugendliche entstanden, durch die seither Millionen von jungen Menschen beim Start ins Leben unterstützt wurden. In diesen beiden Ländern hat Mentoring einen besonders hohen Bekanntheitsgrad und eine ebenso hohe Akzeptanz. Die Konzepte sind aber in wesentlichen Punkten völlig unterschiedlich, so zum Beispiel hinsichtlich der Finanzierung, der Organisationsstruktur und der Begleitung der Mentoren und Mentorinnen – was man als Indiz dafür werten kann, dass es die Grundidee ist, die den Erfolg des Mentoring ausmacht, während die Durchführung viele Varianten zulässt. Dann schauen wir nach Großbritannien, das Land, das Vorreiter des Mentoring in Europa gewesen ist und eine breite staatliche Unterstützungsstruktur dafür geschaffen hat.

Im dritten Teil des Buches geht es um die Frage, welche Wirkung Mentoring hat – und zwar sowohl auf die Mentees als auch auf die Mentoren. Hierzu werden Evaluationsstudien aus den USA, Israel und aus Deutschland vorgestellt. Sie belegen, dass Mentoring sich positiv auf die schulischen Leistungen, auf die sozialen Kompetenzen und auf die Widerstandskraft gegen Alkohol, Drogen und gewalttätiges Verhalten auswirkt. Wenig weiß man bisher offenbar darüber, was genau diese Veränderungen bewirkt, denn dazu finden die Forscher immer wieder neue und scheinbar widersprüchliche Ergebnisse.

Das mag damit zusammenhängen, dass informelles Lernen, also Lernen in Alltagssituationen, ein äußerst subtiler Vorgang ist, der sich wissenschaftlicher Betrachtung (noch) in weiten Teilen entzieht. In diesem Abschnitt werden auch die Grenzen und Gefahren von Mentoringkonzepten aufgezeigt, besonders wenn sie bei sogenannten mehrfach gefährdeten Kindern und/oder zur Gewalt- und Kriminalprävention eingesetzt werden sollen.

Geradezu verblüffende Vorteile belegen die Wirkungsstudien in Bezug auf die Entwicklung sozialer Kompetenzen und Lernfähigkeiten bei studentischen Mentoren und Mentorinnen. Höhere Motivation, größere Verständnistiefe und weniger Studienabbrüche sind nur einige der positiven Effekte, die bei den Studenten festgestellt wurden und die sich auf ihren ganzen Berufs- und Lebensweg positiv auswirken können.

Am deutlichsten ist dies bei der Lehrerausbildung zu erkennen. Junge Lehrer und Lehrerinnen, die sich während ihres Studiums als Mentor ganz persönlich auf ein Kind und seine häufig fremde Lebenssituation eingelassen haben, profitieren davon immens. Und das nützt schließlich ganzen Schülergenerationen, die eine Lehrkraft im Laufe ihres Berufslebens unterrichtet. Mentoringprojekte kommen daher immer häufiger als Teil der Lehramts- oder Sozialpädagogenausbildung zum Einsatz.

Im vierten Teil des Buches werden ausgewählte überregionale Mentoringmodelle und -netzwerke in Deutschland exemplarisch vorgestellt. Es wird zu fragen sein, auf welche Zielgruppen und Ziele sie ausgerichtet sind. Von wem kamen Idee und Initiative? Welche Konzepte und Organisationsstrukturen tragen das Projekt? Wie finanziert es sich? Wer koordiniert die praktische Arbeit vor Ort? Jedes Projekt hat seine Besonderheiten, die es für bestimmte Einsatzbereiche besonders geeignet erscheinen lassen.

Vom kleinen, rein ehrenamtlichen Projekt bis zum großen gemeinnützigen Mentoringunternehmen ist alles dabei – und Mentoring funktioniert im kleinen wie im großen Stil. Der Blick auf die Praxis soll aber auch zeigen, welche Hürden es zu überwinden gibt und wie wichtig deshalb eine nachhaltige Struktur für den Erfolg eines Mentoringprojektes ist. Um effektiv arbeiten zu können, müssen die Organisatoren klären: Gibt es Räume, Geld, Personal? Gibt es klare Abläufe und Ziele? Gibt es ein Netzwerk und eine Koordination? Wer sorgt für professionelle Beratung und Begleitung, für das Anwerben von Mentoren und Mentees, für Öffentlichkeitsarbeit und Verwaltung? Mentoring für Kinder und Jugendliche ist, das wird auch an dieser Stelle deutlich, eine verantwortungs- und anspruchsvolle Tätigkeit, die möglichst einen professionellen Hintergrund

und moderne Qualitätsstandards braucht, damit die Menschen, die sich in den vielfältigen Mentoringprojekten und -programmen engagieren, Sicherheit und Zukunftsperspektiven haben.

Mentoring für Kinder und Jugendliche ist also für alle Beteiligten ein Gewinn: in erster Linie für die Kinder und Jugendlichen selbst; aber auch für die Mentoren und Mentorinnen, die sich dieser Herausforderung stellen und dabei die Erfahrung machen können, wie sinnstiftend und bereichernd das Zusammensein mit einem Kind sein kann. Außerdem profitieren die Familien der Kinder, die Schulen und ihre Lehrkräfte und – wie wir sehen werden – die ganze Gesellschaft davon, wenn Kinder und Jugendliche in einem Mentoring-Tandem an Stärke gewinnen.

I. Kindheit heute: Persönlichkeitsentwicklung zwischen Freiheit und Armut

1. Bestandsaufnahme: Kindheit und Jugend haben sich verändert

Die Jugend von heute liebt den Luxus, hat schlechte Manieren und verachtet die Autorität. Sie widersprechen ihren Eltern, legen die Beine übereinander und tyrannisieren ihre Lehrer. SOKRATES

Gut, wenn wir mit Menschen aufgewachsen sind, die sich selbst etwas zutrauen. Die uns vorleben, wie man sich informiert und sich durchfragt. Gut, wenn wir Menschen kennen, die freundliche Beziehungen zu vielen Menschen haben und um Hilfe bitten können. Die eingebunden sind in ein Geflecht aus Beziehungen, Interessen und Verantwortung. Die Freude daran haben, ihr Leben zu gestalten und Aufgaben zu meistern.

»Eine Aufgabe meistern« – in diesen Worten schwingen die wesentlichsten Aspekte einer gelungenen Persönlichkeitsentwicklung mit. Denn dafür bedarf es vieler Voraussetzungen: Man muss die Aufgabe als Herausforderung annehmen und sich ihre Lösung zutrauen. Man muss über das nötige Wissen verfügen oder es sich aneignen. Man braucht Selbstvertrauen und Verantwortungsgefühl. Wie schön, wenn man jemanden hat, der einen ermutigt und bestärkt. Der einen tröstet, wenn es nicht sofort klappt. Der einem Tipps gibt, was man noch versuchen kann, um zum Ziel zu kommen. Der einen an den eigenen Erfahrungen teilhaben lässt. Und der vielleicht sagt: »Komm, den ersten Schritt gehen wir gemeinsam.«

Das Kind im Dialog mit der Umwelt

Wie ein Kind seine Persönlichkeit entwickeln kann, hängt von vielen Ereignissen und Erfahrungen in seinem Lebensumfeld ab. Die weitaus größte Rolle spielen dabei seine Bindungen und Beziehungen zu den Eltern und Geschwistern. Wie gehen sie miteinander um? Wie interpretieren sie alltägliche Begebenheiten, und wie reagieren sie darauf? Auch Großeltern, Verwandte, Nachbarn und Freunde zählen zu den ersten prägenden Beziehungen im Leben. Innerhalb dieses Geflechts lernt das Kind von Geburt an.

Betrachten wir zunächst die Eltern. Bei ihnen sind vor allem zwei Verhaltensmuster von Bedeutung: dass sie auf kindliche Signale reagieren (Responsivität) und dass das Kind elterliche Wärme und Freundlichkeit spürt, die nicht an Bedingungen geknüpft ist. Ein positives emotionales Klima trägt dazu bei, dass Kinder ihre eigenen negativen Emotionen besser regulieren können. Responsivität – man könnte das als behütende Aufmerksamkeit umschreiben – führt dazu, dass Kinder ihrerseits die Fähigkeit zur Empathie entwickeln. Eine positive Beziehung zwischen Eltern und ihren Kindern kann sich am besten in konfliktfreien Situationen entfalten, in denen die Beteiligten gemeinsamen Aktivitäten nachgehen, also zusammen spielen oder Sport treiben, oder bei Routinen und Ritualen, wie bei den gemeinsamen Mahlzeiten. Eltern brauchen vielfältige persönliche Kompetenzen, damit sie ihrer Erzieherrolle gerecht werden können; dazu gehören Wissen, reflektierte Wertvorstellungen und kontrollierte Emotionen. Eltern müssen Zuneigung zeigen können, kindliche Entwicklungspotenziale erkennen und zu ihrer Verwirklichung beitragen, sie müssen entwicklungsfördernde Gelegenheiten schaffen oder aufsuchen und sie müssen über Selbstvertrauen und Souveränität verfügen. Aber Eltern sind natürlich nicht nur für die sozio-emotionale Entwicklung zuständig, sondern spielen auch eine Schlüsselrolle bei der kognitiven Entwicklung ihrer Kinder. Eltern können dabei »eine Art Tutorenfunktion« übernehmen, »wenn diese mit herausfordernden Aufgaben konfrontiert sind«. Die intrinsische Motivation wird dabei besonders gefördert, wenn Eltern ihrem Kind wohl dosierte Lösungsanregungen geben, ohne dem Kind die Aufgabe abzunehmen.[1]

---

1 Schneewind, 2008.

Der Einfluss der Familie auf die Bildungsgeschichte von Kindern ist immens. Dazu tragen viele Variablen bei, so Rolf Becker, Direktor des Instituts für Erziehungswissenschaft der Universität Bern: die materielle Ausstattung, wie das Leben sich im Alltag abspielt und wie Eltern mit Kindern sprechen und handeln. Eine große Rolle spielt auch, wie die Eltern über Bildung denken, ob sie bewusst in Sprache, Denken und Selbstvertrauen investieren und welches kulturelles Kapital sie ihren Kindern mitgeben.[2]

Die Bedeutung dieser ersten Beziehungen ist für die Entwicklung des Kindes gar nicht zu überschätzen. Je nachdem, ob ein Kind geliebt und gut versorgt wird oder ob es von seinen Eltern womöglich als lästiger Störenfried gesehen wird, hinterlassen diese frühen Erfahrungen höchst unterschiedliche Spuren. Ein Kind fragt sich intuitiv: Werde ich geliebt? Werden meine Wünsche und Bedürfnisse gehört? Bin ich euch wichtig? Kann ich mich auf Euch verlassen? Gebt ihr mir die Möglichkeit, ungestört die Welt zu entdecken?

Kinder sind neugierig. Sie wollen ihre Umgebung entdecken, erkunden, verstehen. Im Wechselspiel von Erfahrungen und Beziehungen erwerben sie nach und nach das Handwerkszeug, das ein Mensch zum Leben, Lieben und Lernen braucht. »Kinder benötigen vom Anfang ihres Lebens an reichhaltige Impulse aus dem Elternhaus, die alle ihre Sinne ansprechen, also Körper und Psyche stimulieren und zugleich ihre Fähigkeiten zur Auseinandersetzung mit der sozialen und der physikalischen Umwelt stärken, um eine produktive Realitätsverarbeitung zu ermöglichen«, kann man mit Klaus Hurrelmann zusammenfassend sagen.[3]

Kinder bilden sich also in gewisser Weise selbst. »Bildungsprozesse sind von Anfang an Selbst-Bildungsprozesse«, konstatiert das Bundesjugendkuratorium in seinem Positionspapier zur frühkindlichen Bildung, »d.h. Prozesse, die von dem sich selbst bildenden Subjekt organisiert und gesteuert werden. Das heißt nicht, dass es in solchen Prozessen des Sich-Bildens allein gelassen werden darf. Gerade für Kinder in den ersten Jahren sind Erwachsene, Eltern, die weitere Familie, Nachbarn, vor allem aber

---

2 Becker, 2008.
3 Hurrelmann, 2009a.

Erzieherinnen Ko-Konstrukteure, deren Aufgabe es ist, die Kinder anzuregen und zu unterstützen. Die meisten Bildungsprozesse finden dann in
Gruppen mit anderen Kindern statt. Auch diese sind als entscheidende
Ko-Konstrukteure zu verstehen, die Bildungsprozesse beschleunigen, verändern, aber auch (zer)stören können.«[4]

Der Prozess der Persönlichkeitsentwicklung wird von der Sozialisationsforschung seit knapp zwanzig Jahren in einem neuen Blickwinkel
gesehen. Sozialisation besteht nach dieser neuen Auffassung nicht mehr
darin, dass ein Kind sich nach und nach den Erfordernissen der Gesellschaft anpasst, sondern dass es in einer Art Dialog zwischen Mensch und
Umwelt aktiv Erfahrungen sammelt und verarbeitet. »Waren sozialisa-
tionstheoretische Fragestellungen bis jetzt mehr darauf gerichtet, welche *äußeren* Instanzen dafür verantwortlich sind, ob es einem Menschen
mehr oder weniger gelingt, sich in die Gesellschaft einzufügen, richtete
sich der Fokus der Forschung nun eher auf die ständige *Wechselwirkung*
zwischen individueller Erfahrung und Umwelt«, resümiert Klaus Hurrelmann. »In den Blick gerieten damit die Reflexionsfähigkeit und aktive
Steuerung sowie Integration von Erfahrungen, durch die das Individuum
im Laufe seiner Persönlichkeitsentwicklung eine personale und soziale
Identität entwickelt, indem es sich seine Umwelt *aktiv aneignet und an
deren Gestaltung teilhat.*«[5]

Seelische und körperliche Bedürfnisse gelten als Antriebskraft für diese kindliche Aktivität. Wenn sie ausreichend befriedigt werden, wirkt
dies als Anregung für das Kind, immer neue Aktivitäten zu suchen und zu
erproben. Dies gilt natürlich auch in einer Mentoringbeziehung: Gemeinsame positive Erfahrungen mit dem Mentor oder der Mentorin erhöhen
die Aufmerksamkeit des Kindes dafür, ähnliche Gelegenheiten in seinem
Alltag aufzuspüren.

Für Hurrelmann steht der Mensch »in einem aktiven Austausch zwischen der inneren Realität seines Körpers und seiner Psyche und seiner
äußeren Realität, der sozialen und der physikalischen Umwelt. Er ist

---

4 Bundesjugendkuratorium, 2004a, S. 5. Siehe auch: Opp und Unger, 2006.

5 Hurrelmann et al., 2008, S. 14–31; Hervorhebung durch die Autorin.

bemüht, lebenslang suchend und sondierend in die Entwicklung der eigenen Persönlichkeit und die der sozialen und dinglichen Umwelt zu seinem eigenen Vorteil einzugreifen. Die Persönlichkeitsentwicklung ist das Ergebnis der ständigen Abstimmung zwischen den körperlichen und psychischen Bedürfnissen und den Vorgaben und Angeboten der sozialen und materiellen Umwelt.«[6]

Dies lässt sich gut erkennen, wenn man ein Kind dabei beobachtet, wie es seine materielle Umwelt erforscht, und es dabei nach und nach den Zusammenhang zwischen Ursache und Wirkung entdeckt. Noch eindrucksvoller offenbart sich diese »Wechselwirkung« in den Beziehungen zu anderen Menschen – denn nicht nur das Kind entwickelt sich entlang der Handlungen und Reaktionen seiner Bezugspersonen, sondern auch die Erwachsenen entwickeln ihre Verhaltensweisen dem Kind gegenüber anhand der wechselseitigen Erfahrungen.

Ausgehend von diesem veränderten Verständnis der Persönlichkeitsentwicklung hat sich auch der Bildungsbegriff verändert und erweitert. Bildung wird demnach heute sehr umfassend als eine Art Handwerkszeug für die gesamte Persönlichkeitsentwicklung gesehen. So definiert beispielsweise das Bundesjugendkuratorium Bildung als »einen umfassenden Prozess der Entwicklung und Entfaltung derjenigen Fähigkeiten und Fertigkeiten, die Menschen in die Lage versetzen zu lernen, Leistungspotenziale zu entwickeln, kompetent zu handeln, Probleme zu lösen und Beziehungen zu gestalten«.[7]

Lernen im Sinne von Wissensaneignung ist nach diesem Verständnis von Bildung also nur noch eine Facette in einem großen Spektrum von Lernarten, deren Ergebnisse sich idealerweise zu einer gereiften Persönlichkeit zusammenfügen. Dafür ist der heranwachsende Mensch »auf bildende Gelegenheiten, Anregungen und Begegnungen angewiesen, um kulturelle, instrumentelle, soziale und personale Kompetenzen entwickeln und entfalten zu können. […] Bildung dient in ihrer gesellschaftlichen Funktion der Reproduktion und dem Fortbestand der Gesellschaft,

---

6 Hurrelmann, 2009a (Abschiedsvorlesung von der Universität Bielefeld).

7 Bundesjugendkuratorium, 2004b, S. 5.

der Sicherung, Weiterentwicklung und Tradierung des kulturellen Erbes, der Herstellung und Gewährleistung der gesellschaftlichen und intergenerativen Ordnung, der sozialen Integration und der Herstellung von Sinn. [...] Dazu gehört auch der Anspruch von Bildung, die einzelnen Subjekte zu befähigen, sich Zumutungen und Ansprüchen der Gesellschaft [...] zu widersetzen.«[8]

Die beschriebenen Erkenntnisse der Sozialwissenschaft werden durch naturwissenschaftliche Forschungsergebnisse aus der Hirn- und Kognitionsforschung gestützt und erhärtet. Der Hirnforscher Gerhard Roth hat die biochemischen Abläufe im Gehirn analysiert, die den naturwissenschaftlichen Beweis dafür liefern, dass Lernen mit Gefühlen verknüpft wird – was jeder aus eigener Erfahrung bestätigen kann. Dies ist der einfache Grund dafür, dass frühkindliches Lernen die Persönlichkeit – besonders in Bezug auf späteres Lernverhalten – prägt. »Diese limbischen Zentren bilden das zentrale Bewertungssystem unseres Gehirns. Dieses System bewertet alles, was durch uns und mit uns geschieht, danach, ob es gut/vorteilhaft/lustvoll war und entsprechend wiederholt werden sollte, oder ob es schlecht/nachteilig/schmerzhaft und entsprechend zu meiden ist. Es legt diese Bewertungen im emotionalen Erfahrungsgedächtnis nieder.«[9] Emotionen während der Lernsituation verbinden sich mit den Lerninhalten oder später, in der Schule, mit der Tätigkeit des Lernens überhaupt. Deshalb sind Freude, Erfolg und Anerkennung der beste Nährboden für die kindliche Entwicklung. Es liegt auf der Hand: Ein Kind, das sich in seiner vertrauten Umgebung sicher und geborgen fühlt, kann mutig auf Entdeckungsreise in die Welt hinausgehen. Hingegen wird ein Kind, das sich nicht willkommen fühlt und das in einem Klima von Zurückweisung, Missachtung und Aggressionen aufwächst, in seiner Entdeckungsfreude und im Lerneifer gebremst. Das Kind verliert das Vertrauen in seine eigenen Fähigkeiten, macht daraufhin die Erfahrung von Versagen und Enttäuschung – und gerät so in einen Teufelskreis sich selbst erfüllender Prophezeiungen.

---

8 Bundesministerium für Familie, Senioren, Frauen und Jugend, 2005b, S. 24.
9 Roth, 2009.

Manfred Spitzer, Psychiater und Neurodidaktiker, verknüpft diese Erkenntnisse mit den Anforderungen an eine moderne Pädagogik. »Kinder sind gut im Lernen, weil sie mit einem extrem unfertigen Gehirn geboren werden, das sie ständig umbauen.« Ist bei der Geburt jede Hirnzelle mit etwa 2500 Synapsen mit anderen Hirnzellen verbunden, versechsfacht sich diese Zahl zunächst bis zum dritten Lebensjahr. Danach sinkt sie bis zum Ende der Pubertät bis auf den Erwachsenenwert von 5000 bis 10 000 Synapsen. Dabei verbraucht ein kindliches Gehirn im Alter zwischen drei und acht Jahren so viel Energie wie das zweier Erwachsener.

»Lernen« bedeutet für das Gehirn unnütze Verbindungen zu kappen, erklärt Spitzer. Das Grundprinzip ist die Reduktion von Komplexität. Das Kind wählt dafür aus der chaotischen Welt aus, was es dringend braucht und in sein bestehendes Wissen integrieren kann. Die Freiheit bei der Auswahl, die eigene Initiative des Kindes, ist das zweite Grundprinzip, das Neurologen betonen. Deshalb ist es so wichtig, kleine Kinder durch Erfahrung lernen zu lassen, denn dann läuft die Lernmaschine unter ihrer Schädeldecke auf Hochtouren. Diese aufmerksame Verarbeitung hinterlässt »Spuren im Gehirn«, so Manfred Spitzer. »Gehirne sind unsere wichtigste Ressource. Wir können es uns nicht leisten, damit umzugehen, als wüssten wir nicht, wie sie funktionieren.« Daher appelliert er an Pädagogik und Bildungspolitik, aus diesem Wissen die notwendigen Schlussfolgerungen zu ziehen und die Selbstbildungsprozesse von Kindern möglichst früh und wirksam zu fördern.[10] Für eine gute Entwicklung spielen, wie wir wissen, auch körperliche Faktoren eine wichtige Rolle. Die Voraussetzung dafür, dass ein Kind sich seelisch und körperlich – das heißt auch: neurologisch – möglichst optimal entwickeln kann, ist natürlich, dass es eine gute Ernährung erhält und nicht gesundheitlich beeinträchtigt ist.

All diese Erkenntnisse haben dazu geführt, dass die Bedeutung der frühkindlichen Entwicklung für den späteren Lern- und Bildungserfolg besonders in den Fokus des wissenschaftlichen Interesses gerückt ist. Viele internationale Studien belegen, dass gute Lern- und Lebensbedin-

---

10 Spitzer, 2002.

gungen und eine gezielte Förderung in den ersten Jahren – zum Beispiel durch eine qualifizierte Kinderbetreuung vor der Schule – die Chancen eines Kindes auf höhere Schul- und Ausbildungsabschlüsse deutlich erhöhen. Neben der Vielzahl empirischer Arbeiten lassen einige ökonomische und bildungswissenschaftliche theoretische Ansätze den Schluss zu, dass Investitionen in die frühkindliche Bildung und Betreuung nicht nur einen Gewinn für jedes einzelne Kind darstellt, sondern als eine effiziente Politik zur Erreichung volkswirtschaftlicher Ziele gelten kann. In Deutschland hat eine Studie der Bertelsmann Stiftung erstmals die langfristigen Effekte einer qualifizierten Kinderbetreuung von Kindern unter drei Jahren untersucht. Diese Studie gibt einen guten Überblick über den deutschen und internationalen Forschungsstand zu diesem Thema.[11]

Aus der Erkenntnis, wie immens wichtig frühkindliche Förderung für den späteren Bildungs- und Berufsweg ist, sollte man allerdings nicht die Schlussfolgerung zu ziehen, dass spätere Förderung sich möglicherweise »nicht mehr lohnt«, betont die Forschung. Und tatsächlich zeigen zahlreiche wissenschaftliche Belege und viele prominente Beispiele, dass es immer wieder junge Menschen gibt, die sich entgegen allen Erwartungen und trotz des widrigen Umfelds, in dem sie aufwachsen, zu selbstständigen und verantwortungsvollen Persönlichkeiten entwickeln. Es gibt unzählige prominente Beispiele dafür: Greta Garbo, Bill Clinton, Hans-Olaf Henkel und Arnold Schwarzenegger erlebten eine Kindheit, die von Lieblosigkeit, Entbehrungen oder sogar Gewalt geprägt war. Andere überstanden mitunter jahrzehntelange zerstörerische Krisen, wie beispielsweise Nelson Mandela, der sein halbes Leben im Gefängnis verbrachte. Wie schafften sie es, fragen die Entwicklungspsychologen, dann nicht etwa – wie man es erwarten könnte – am Leben zu scheitern, drogenabhängig oder kriminell zu werden, sondern ein glückliches und erfolgreiches Leben zu führen oder sogar Höchstleistungen zu vollbringen und Nobelpreisträger, Präsident oder Chef eines Firmenimperiums zu werden?[12]

---

11 Fritschi & Oesch, 2008.
12 Thimm, 2009.

Jeder Praktiker kennt unzählige solcher Beispiele, denn vertrauensvolle Beziehungen, Hilfe und Unterstützung sowie die Erfahrung von Verantwortung und Selbstwirksamkeit – auch wenn sie im Zug der Adoleszenz erstmals gemacht werden – können einen Jugendlichen nachhaltig beeindrucken, ihn überzeugen und schließlich seinem Fühlen und Handeln andere Perspektiven eröffnen. Auf die Faktoren, die psychische Widerstandsfähigkeit begünstigen (»Resilienz«), kommen wir in Kapitel 3 zurück.

Die wissenschaftlichen Autoren des 7. *Familienberichts* der Bundesregierung fassen diese Erkenntnisse in folgender Schlussfolgerung zusammen: »Nicht alle Kompetenzen und Interessen sind auf Frühförderung angewiesen. [...] Durch die Lebensbedingungen, in denen das Kind aufwächst, werden direkt und indirekt die Möglichkeiten, die in ihm stecken, gefördert oder aber auch behindert. Diese Bedingungen hemmen oder fördern aber nicht nur die Entwicklungspotenziale, sondern eröffnen dem Kind und dem Jugendlichen als Entdecker seiner Umwelt auch die Chance, jene Kompetenzen und Fähigkeiten auszubilden, die in den Gelegenheitsstrukturen seiner Umwelt angeboten werden. Das Erlernen einer Fremdsprache, etwa Deutsch für ein Kind mit nicht-deutschem Hintergrund, setzt eben auch Freunde, welche diese Sprache sprechen, und eine entsprechende Förderung voraus, wie das Erlernen eines Musikinstruments entsprechende Angebote in einem musikbezogenen Kontext voraussetzt. Alle diese Entwicklungsprozesse, sowohl auf der sozialen und intellektuellen wie auch auf der biologischen und neurologischen Ebene, verlaufen mindestens bis zur Pubertät [...] und lassen sich in dieser Zeit auch immer ausgleichen. [...] Die amerikanische Akademie der Wissenschaften und das amerikanische Institut für Medizin [...] weisen deswegen explizit darauf hin, dass Kinder, selbst wenn sie – aus welchen Gründen auch immer – nicht jene zentralen Beziehungen zu ihren Eltern aufbauen konnten, die für ihre Entwicklung so wichtig sind, in vielen Fällen selbst gravierende Entwicklungsstörungen kompensieren können.«[13]

---

13 Bundesministerium für Familie, Senioren, Frauen und Jugend, 2007, S. 160.

In diesem Zusammenhang ist auch die Wirkung eines Mentors zu sehen: Indem er seinem Schützling positive Erlebnisse und eine (emotionale) Beziehung zu einem erwachsenen Vorbild ermöglicht, kann er dessen Lernbereitschaft und Offenheit für neue Erfahrungen auch außerhalb der Mentoringbeziehung wecken.

Freiheit und Entfaltungsmöglichkeiten

*Jeder junge Mensch hat ein Recht auf Förderung seiner
Entwicklung und auf Erziehung zu einer eigenverantwortlichen
und gemeinschaftsfähigen Persönlichkeit.*
§ 1 DES KINDER- UND JUGENDHILFEGESETZES

Unter welchen Bedingungen Kinder heute aufwachsen, darüber gibt es viele wissenschaftliche Untersuchungen. Je nachdem, auf welchen Fokus die Fragestellung gerichtet ist, ergeben sie ein jeweils recht unterschiedliches Bild: In mancher Hinsicht haben Kinder und Jugendliche heute bessere Chancen als je zuvor, frei, selbstständig und in einer förderlichen Atmosphäre aufzuwachsen. Andererseits gibt es immer mehr Kinder, die aufgrund von unterschiedlichen Faktoren benachteiligt aufwachsen und vielfältige Unterstützung benötigen. Aber zunächst wollen wir einen Blick auf die positiven Faktoren werfen, die Kindern heute unter bestimmten Bedingungen ein unbeschwerteres Aufwachsen ermöglichen können.

Nach dem *Generationenbarometer 2009*, einer repräsentativen Befragung des Forums Familie stark machen e.V.,[14] wachsen Kinder und Jugendliche im Vergleich zu früher unter viel freieren Bedingungen und in einer insgesamt förderlichen Atmosphäre auf. Demnach bilden Kinder heute weitaus mehr als früher den Mittelpunkt der Familie, werden stärker als eigenständige Persönlichkeiten respektiert und erfahren weitaus mehr

---

14 Forum Familie stark machen e.V., 2009.

Zuwendung und Unterstützung. Besonders stark haben sich gegenüber früheren Generationen die Erziehungsziele geändert. So hat die Studie ergeben, dass Selbstbewusstsein, Entfaltung der persönlichen Fähigkeiten, gute Bildung und Durchsetzungsvermögen sowie die Fähigkeit, Gefühle zeigen zu können, heute im Vordergrund der Erziehung stehen. Fleiß, Anpassungsbereitschaft Bescheidenheit und religiöse Erziehung sind demgegenüber in den Hintergrund getreten.

Befragt wurden 2222 Teilnehmer repräsentativ für den Bevölkerungsdurchschnitt ab 16 Jahre, aufgeteilt in vier Gruppen von 16 bis 29 Jahre, 30 bis 44 Jahre, 45 bis 59 Jahre und Über-60-Jährige. Gefragt wurde nach dem Grad der Zustimmung zu bestimmten Aussagen, wie zum Beispiel: »Ich wurde von meinen Eltern oft gelobt« oder »Ich bin sehr streng erzogen worden«. Die prozentualen Entwicklungen über die Altersgruppen hinweg verlaufen bei fast allen abgefragten Themen annähernd linear. So geben die Unter-30-Jährigen an, sie hätten von ihren Eltern viel Aufmerksamkeit, Zuwendung und Lob bekommen. Die eigenen Interessen seien durch die Eltern stark gefördert worden – Erfahrungen, die in den älteren Altersgruppen immer seltener Zustimmung fanden und die die Über-60-Jährigen in ihrem Elternhaus überwiegend vermisst haben.

Die Erziehungsstile, so ein weiteres Ergebnis, sind stark geprägt von Kommunikation und partnerschaftlichem Miteinander und der Suche nach Kompromissen. Autoritäre Erziehungsstile und körperliche Strafen als Erziehungsmittel haben nach der Studie stark abgenommen. Anstatt zu schreien, zu strafen oder zu schlagen, so wie es Ältere in ihrer Kindheit häufig noch erlebt haben, sind sich die meisten Eltern heute nach eigener Aussage darüber im Klaren, dass Liebe, Zuneigung und gemeinsame Zeit das beste Mittel gegen Erziehungsprobleme ist. Dies empfinden auch die meisten der befragten Jugendlichen so. Trotzdem geben immerhin noch 7 % der jüngsten Gruppe an, ab und zu eine »Tracht Prügel« und immerhin 23 %, ab und zu eine »Ohrfeige« zu bekommen (37 bzw. 40 % bei den Über-60-Jährigen). Ein weiteres Ergebnis ist, dass Eltern durchschnittlich mehr Zeit mit ihren Kindern verbringen – und zwar Väter wie Mütter, wobei Väter nach wie vor deutlich weniger mit ihren Kindern zusammen sind als Mütter.

Einen anderen interessanten Aspekt des Zusammenlebens in der gegenwärtigen Gesellschaft beleuchtet eine Studie des Instituts für Demoskopie Allensbach, die ergab, dass die ganz alltäglichen und privaten Beziehungen sich durch den Einsatz neuer Technologien verändert haben. In der Studie *Gesprächskultur in Deutschland* fragte das Institut danach, wie die modernen Kommunikationstechnologien die Kommunikationskultur verändern[15]. Die Ergebnisse kann man so zusammenfassen: Menschen, die elektronische Kommunikationsmittel dem persönlichen Gespräch vorziehen, kommunizieren zwar häufiger mit ihren Adressaten, die Gespräche werden aber kürzer, unpersönlicher und belangloser. Zum Beispiel finden es Unter-20-Jährige heute offenbar nicht mehr so wichtig, sich persönlich mit Freunden und Freundinnen oder mit den Eltern zu unterhalten. Gleichzeitig haben Handy und Internet dazu geführt, dass die verschiedenen Generationen bei der Art der Kommunikation stark auseinanderdriften. Die meisten Menschen ab 30 empfinden das persönliche Gespräch nach wie vor als angenehmste Form, um sich mit anderen auszutauschen. Dies ist aber nur bei der Hälfte der 20- bis 29-Jährigen und gerade einmal bei 36 % der Unter-20-Jährigen der Fall. Die Jüngeren setzen stattdessen auf moderne Kommunikationstechnologien: Statt sich von Angesicht zu Angesicht zu unterhalten, telefonieren Unter-20-Jährige lieber, simsen, chatten oder schreiben sich E-Mails, wenn sie Freunden etwas mitteilen möchten. Die jugendlichen SMS-Fans sagen von sich selbst, dass sie in Gesprächen schnell ungeduldig werden. Es gibt aber auch 14- bis 19-Jährige, die traditionellere Kommunikationsformen bevorzugen. Sie zeichnen sich überdurchschnittlich häufig durch Meinungsführerqualitäten aus und wundern sich über die Belanglosigkeit vieler Gespräche ihrer Altersgenossen.

Die ältere Generation bleibt von der Entwicklung zur elektronischen Kommunikation weitgehend ausgeschlossen. Nur jeweils 2 bis 3 % der Altersgruppe »60 plus« haben sich bisher mit den neuen Kommunikationstechnologien – beispielsweise E-Mail, SMS oder Internet-Chat – angefreundet (im Gegensatz zum Internet, das bereits 50 % der Älteren nutzen).

---

15 Institut für Demoskopie Allensbach, 2009.

Diese Kommunikationskluft dürfte sich in den kommenden Jahren noch vertiefen, so die Allensbach-Forscher.

Dieser kleine Exkurs zeigt: Die Art und Weise, wie wir Beziehungen gestalten, ist einem ständigen Wandel unterworfen. Die Wahrnehmungsweisen Älterer und Jüngerer passen dabei manchmal nicht so recht zusammen, was Verständigung und Verständnis erschweren kann. Nicht alles, was den Älteren unverständlich erscheint, ist deswegen schlecht oder zu verdammen. Dass Wahrnehmungen und Auffassungen sich schon immer gewandelt haben, sollte uns anderseits nicht den kritischen Blick dafür versperren, wo Handlungsbedarf gegeben ist.

Tatsache ist: Kinder und Jugendliche können sich – wenn sie materiell und immateriell gut versorgt sind – heute viel besser entfalten als früher. Unser Nachwuchs profitiert von liberalen Erziehungsstilen und einer fördernden häuslichen Umgebung. Ein großer Anteil von ihnen ist motiviert und engagiert, schafft gute Bildungsabschlüsse und blickt hoffnungsvoll in die Zukunft. Die große Mehrheit ist mit ihren Lebensverhältnissen in Familie, Schule, Freizeit und Freundeskreis zufrieden und fühlt sich wohl.[16] Zahlreiche Schulen bemühen sich darum, selbstgesteuertes Lernen zu ermöglichen und zu belohnen. Unzählige Projekte und Initiativen engagieren sich vor Ort, in den Wohnquartieren, für Eigenverantwortung, ein friedliches Zusammenleben und ein Klima der Ermutigung.

Um so alarmierender ist es, dass dieses Potenzial an Freiheit – in ihren vielfältigen Ausdrucksformen – und Entwicklungsmöglichkeiten offenbar vielen Kindern und Jugendlichen nicht zur Verfügung steht. Der Anteil derjenigen Familien, die ihren Kindern keine förderlichen Startbedingungen bieten können, ist in den letzten Jahren ständig gewachsen. »Aufgrund vielfältiger Benachteiligungen sind viele Elternhäuser damit überfordert, ihren Kindern einen guten Start zu verschaffen«, stellt das Bundesministerium für Familie im *7. Familienbericht* fest.[17] Und wenn diese Unterstützung fehlt, häufen sich bei den Kindern Nachteile und Probleme.[18] Um

---

16 Hurrelmann und Andresen, 2007.

17 Bundesministerium für Familie, Senioren, Frauen und Jugend, 2007.

18 Hurrelmann, 2009a.

negative Lernerfahrungen – die gleichzeitig immer auch Beziehungserfahrungen sind – auszugleichen, brauchen Kinder viel Zuwendung, Ermutigung und Gelegenheiten, ihre Selbstwirksamkeit zu erproben. Und
damit sind wir wieder beim Mentoring: Ein erwachsener Freund kann einem Kind diese – bisher entbehrten – Erfahrungen ermöglichen. Manchmal ist ein Mentor die erste vertrauensvolle und verlässliche Beziehung
im Leben seines Schützlings.

Heute sind Lebensformen und Erziehungsstile so unterschiedlich wie
die sozialen, kulturellen und ethnischen Bedingungen des Aufwachsens.
Ob ein Kind in der Stadt oder auf dem Land, im Osten oder Westen auf-
wächst, ob es in den Hochhäusern des sozialen Wohnungsbaus, auf dem
Land oder in einer Neubausiedlung am Stadtrand aufwächst – all diese
Dinge prägen Kindheit auf sehr unterschiedliche Weise.

Mehr Freiheiten, so konstatiert der 13. *Kinder- und Jugendbericht,* können auch Risiken und Verunsicherung bergen. Kinder und Jugendliche
wachsen heute in einer Gesellschaft auf, die durch die Pluralisierung der
Lebensstile, Werthaltungen, Ziele und Lebenschancen gekennzeichnet ist.
»Eine solche Gesellschaft eröffnet für die Gestaltung des eigenen Lebens
viele Optionen, die allerdings insofern auch mit Risiken verbunden sind,
weil sich die Subjekte immer weniger auf vorgegebene Normen, Fahrplä-
ne durch das Leben und Regeln beziehen können. Wer in dieser Gesellschaft zurechtkommen möchte, ist aufgefordert, die Verantwortung für
sein Leben in die eigene Hand zu nehmen. [...] Für diese Welt existiert
kein Atlas, auf den man einfach zurückgreifen könnte, um Heranwachsenden ihren möglichen Ort und den Weg dorthin erklären zu können.
Insofern sind sie in gewisser Weise zunehmend auf sich selbst angewiesen, dadurch tendenziell aber auch von Ungewissheit, Widersprüchlich-
keit und Überforderung bedroht.«[19]

---

19 Bundesministerium für Familie, Senioren, Frauen und Jugend, 2009a, S.45.

Medien prägen den Alltag

Freizeitaktivitäten – Hobbys, Sport oder andere Unternehmungen, allein oder gemeinsam mit anderen – bieten Kindern und Jugendlichen vielfältige Möglichkeiten sich selbst zu erproben oder die Kommunikation in der Gruppe zu üben. Das gilt heute genauso wie für die Generationen zuvor. Fernseher und Computer haben aber das Alltagsleben von vielen Heranwachsenden inzwischen so durchdrungen, dass für andere Aktivitäten kaum noch Raum bleibt. Deshalb ist eine Mentoringbeziehung häufig auch darauf gerichtet, gemeinsam zu überlegen, was man in seiner Freizeit außer Fernsehen und Computerspielen noch alles machen kann. Auch die Mentoren und Mentorinnen genießen es oft, mal von den Bildschirmen wegzukommen. Die Bilderflut erreicht unseren Nachwuchs über zahlreiche verschiedene Kanäle: Fernseher, Computer und Playstation; dazu kommen viele Geräte, die man in die Tasche stecken und überall unterwegs nutzen kann, wie Gameboys – die auch bei kleinen Mädchen rasend beliebt sind – und Handys, mit denen man inzwischen fast serienmäßig auch spielen kann.

Dem wachsenden Medienkonsum von Kindern und Jugendlichen kann man deshalb gar nicht genug kritische Aufmerksamkeit schenken. Doch das entsprechende Problembewusstsein ist bei Eltern offenbar nicht sehr ausgeprägt. Vielleicht lassen sie sich selbst allzu gerne von elektronischer Unterhaltung berieseln, benutzen Fernseher und Computer als willkommene Babysitter oder schaffen es einfach nicht, ihren Kindern Grenzen zu setzen. Wie auch immer – wenn Lehrer ihre Schüler fragen, was sie am Wochenende gemacht haben, rangieren Fernsehen und Computerspiele ganz weit oben in der Liste der genannten Beschäftigungen. Nicht wenige Jugendliche machen ihre Hausaufgaben vor dem Fernseher, um sich danach vor die Playstation oder den Computer zu setzen. Dadurch erleiden sie möglicherweise eine nicht unbeträchtliche Bildungsbenachteiligung – völlig unabhängig von Herkunft, sozialem Status und Bildungsniveau der Eltern. Denn Bildschirme liefern Lustgefühle ohne Bedürfnisaufschub, und sie fesseln das Interesse von Kindern und Jugendlichen häufig mehr als es andere Beschäftigungen, von Hausaufgaben ganz zu schweigen, schaffen könnten. Die lustvolle Gewohnheit mit Bildschirmen zu kommunizieren – bei vielen inzwischen eine Sucht – nimmt inzwischen häufig so viel Raum im Denken und im Handeln ein, dass viele Kinder zum Lernen immer schwerer zu motivieren sind.

Dazu einige Zahlen: Viertklässler sitzen im Durchschnitt zwei Stunden täglich vor Fernseher und PC. Deutschlandweit sind etwa 13 000 Jungen und 1300 Mädchen im Alter von 15 Jahren computerspielabhängig. Dies sind nur zwei Ergebnisse aus einer Reihe von Untersuchungen des Kriminologischen Forschungsinstitutes Niedersachsen (KFN) die sich mit dem Medienkonsum von Kindern und Jugendlichen beschäftigen. Ihre Resultate belegen deutlich, dass elektronische Freizeitmedien von Kindern und Jugendlichen immer exzessiver genutzt werden.[20]

Je geringer das Bildungsniveau der Eltern, desto mehr Zeit verbringt der Nachwuchs im Kinderzimmer vor Computer, Fernseher und Videospielen. Die Studien des KFN belegen eindrucksvoll die seelischen und gesundheitlichen Einbußen, die diese Kinder erleiden. »Ungehemmter und unkontrollierter Medienkonsum macht Kinder dick, krank und traurig – vielleicht auch aggressiv«, sagt Christian Pfeiffer, Direktor des Kriminologischen Forschungsinstituts, der mit seinen Kollegen den Medienkonsum von 17 000 Kindern seit 2004 kontinuierlich untersucht hat. »Fernseher gehören nicht ins Kinderzimmer«, so die Schlussfolgerung der Forscher.

Infolge der veränderten Lebensgewohnheiten bewegen sich Jugendliche nicht mehr so häufig an der frischen Luft, so eine Ergebnis einer bundesweiten Studie des Robert-Koch-Instituts zum Gesundheitszustand von Kindern und Jugendlichen. Bei etwa 20 % der Heranwachsenden in Deutschland gibt es gesundheitliche Auffälligkeiten, wobei diese Belastungen nicht selten kumulativ auftreten, dokumentiert der *13. Kinder- und Jugendbericht* der Bundesregierung. Unter Medizinern werden diese zum Teil neuen Krankheitsbilder (chronische physische und psychische Krankheiten) bei Kindern und Jugendlichen unter dem Schlagwort der »neuen Morbidität« gefasst. Diese Verschiebung im Krankheitsspektrum

---

20 Pfeiffer et al., 2007.

wird nachhaltig durch die aktuellen Daten des *Kinder- und Jugendgesundheitssurveys* (KiGGS) des Robert-Koch-Instituts untermauert.[21]

Aber es sind nicht nur Schulwissen und Bewegung, die der Action auf den Bildschirmen im Kinderzimmer zum Opfer fallen. Es sind auch die anderen Beschäftigungen, mit denen Kinder und Jugendliche früher ganz allmählich die Fähigkeiten einübten, die sie zum Erwachsenwerden brauchten. Bezeichnenderweise ist das Wort »Zeitvertreib« fast aus unserem Sprachschatz verschwunden. Was wurde früher gespielt und getobt, drinnen und draußen! Da ging es um Geschicklichkeit und Schnelligkeit, da wurde geraten und gewürfelt, da zerbrach man sich den Kopf über Sprachrätseln und Denkspielen – eine in vielen Familien und folglich auch bei Kindern und Jugendlichen fast ausgestorbene Kultur, die viele Fähigkeiten einübte: Geduld haben, Rücksicht nehmen, den Jüngeren oder Schwächeren helfen, aber auch Mut haben, Kräfte messen, gewinnen und verlieren. Auch um die gemeinsame Wiederentdeckung dieser »altertümlichen« Beschäftigungen geht es beim Mentoring. Mentoren berichten übereinstimmend, wie sehr sie selbst davon profitieren.

In ihrer jüngsten Studie sind der Kriminologe Christian Pfeiffer und seine Kollegen speziell in Bezug auf die Computerspielsucht von Jungen zu erschreckenden Befunden gekommen. In den Jahren 2007 und 2008 haben 44 610 Schülerinnen und Schüler der 9. Klassen an einer vom Bundesinnenministerium geförderten, bundesweit repräsentativen Schülerbefragung des KFN teilgenommen. Danach weisen 4,3 % der Mädchen und 15,8 % der Jungen ein exzessives Spielverhalten mit mehr als 4,5 Stunden täglicher Computerspielnutzung auf. Auch eine Studie der Universität Mainz kommt zu dem Ergebnis, dass rund 5 % der Nutzer von Online-Computerspielen abhängig vom Spielen sind. »Die Hälfte davon ist sich der Sucht bewusst und verbringt mehr als 60 Stunden pro Woche im Internet«, so der Soziologe Udo Thiedeke. Für die Studie wurden 10 000 Computernutzer im Alter von 14 bis 25 Jahren befragt. »Die Betroffenen haben auch im realen Leben Probleme, Kontakte aufzubauen. Sie

---

21 Bundesministerium für Familie, Senioren, Frauen und Jugend, 2009 a, S. 36.
   Und: Lampert et al., 2007, S. 634–642.

betrachten die Online-Welt auch als Ventil, um Herrschaft auszuüben«, stellt Thiedeke fest. Zwar gäbe es unter den exzessiven Computerspielern und Spielsüchtigen auch Mädchen. Jungen seien aber um ein Vielfaches stärker gefährdet, so Kriminologe Pfeiffer. Sie entwickelten weit häufiger sowohl eine zeitlich exzessive Nutzung als auch eine psychische Abhängigkeit von Computerspielen als Mädchen. Dies sei darauf zurückzuführen, dass männliche Kinder und Jugendliche einige der für die Ausbildung von Computerspielabhängigkeit relevanten Risikofaktoren in besonderem Maße aufweisen, wie z.B. eine erhöhte Impulsivität und Gewaltakzeptanz sowie ein erhöhtes Interesse daran, in virtuellen Welten Macht und Kontrolle auszuüben. Diese Meinung vertritt auch Klaus Hurrelmann: »Besonders die Jungen werden zunehmend die Verlierer unseres Bildungssystems. Leistungsmäßig sind sie Mädchen inzwischen deutlich unterlegen. Männliche Jugendliche flüchten sich oft in Kunstwelten, in Computerspiele. Dort sind sie der Boss und können bestimmen, wo es langgeht.«[22] Auch der *Nationale Bildungsbericht* der Bundesregierung 2008 bestätigt ein wachsendes Risiko für Jungen und junge Männer, im Bildungssystem zu scheitern. Das gilt insbesondere für jene mit Migrationshintergrund. Jungen wiederholen öfter als Mädchen eine Jahrgangsstufe, ihr Anteil unter den Absolventen und Abgängern mit und ohne Hauptschulabschluss nimmt zu, und sie befinden sich deutlich öfter im Übergangssystem, das heißt in »Warteschleifen« wie dem Berufsvorbereitungsjahr, die häufig nicht in eine Ausbildung münden.[23] Man braucht nicht viel Phantasie, um sich vorzustellen, wie Schulerfolg, Freundschaften und reale Erlebnisse im Leben der betroffenen Jugendlichen verblassen und sie in eine Spirale aus Misserfolg, Frustrationen und kompensatorischem Spielen geraten, die sie immer mehr in die Sucht führt und schließlich ein normales Alltagsleben gar nicht mehr zulässt.[24]

Pessimismus ist kein guter Ratgeber. Aber es ist eine bedrückende Vorstellung, dass Fernseher, Internet und Playstation die Gehirnkapazitäten

---

22 Hurrelmann, 2009b.
23 Autorengruppe Bildungsberichterstattung, 2008, S. 12.
24 Bergmann & Hüther, 2008.

von Kindern und Jugendlichen besetzen und dass deshalb kein Platz mehr ist für Neugier und Motivation. Damit fehlt diesen Kindern ein wichtiges Übungsfeld für die Entwicklung ihrer sprachlichen und kommunikativen Fähigkeiten und ihrer Gefühlswelt. Bildung, so könnte man meinen – auch im Sinne von Wissen und moralischer Entwicklung – kommt gegen die elektronischen Verlockungen offenbar nicht an. Die digitale Revolution hat unsere Kultur und unser Zusammenleben wahrscheinlich schon viel tiefer durchdrungen, als es uns im Alltag meist bewusst ist.

Mentoren und Mentorinnen bemühen sich auch darum, den Verlockungen der elektronischen Medien andere befriedigende Beschäftigungen und Lernmöglichkeiten entgegenzusetzen. Wie wir sehen werden, geht es dabei um mehr als nur das Erleben alternativer, bisher vielleicht unbekannter Freizeitwelten. Es geht darum, alltägliche Lernsituationen zu schaffen, in denen lustvoll, also in glücklichen und fröhlichen Atmosphäre, Werte und Sozialverhalten eingeübt werden können – unabhängig davon, ob der Mentor dieses Ziel bewusst vor Augen hat oder nicht.

Kindheit und Armut

Die meisten Mentoringprojekte richten sich primär an benachteiligte Kinder und Jugendliche: Kinder, die aus armen Familien kommen; Kinder aus sogenannten »bildungsfernen« Familien; Kinder, in deren Familie jemand körperlich oder psychisch beeinträchtigt ist; Kinder aus Familien mit Migrationshintergrund und Kinder von Alleinerziehenden. In den Familien von Alleinerziehenden herrscht häufig ein besonderer Mangel an erwachsenen Bezugspersonen, die den Kindern eine gewisse Erfahrungsvielfalt eröffnen könnten, denn auch da, wo sich das einzelne Elternteil intensiv um den Nachwuchs kümmert, kann es naturgemäß nur ein begrenztes Erfahrungs- und Verhaltensspektrum vermitteln. Hinzu kommt, dass im Vergleich zu anderen Industrienationen in Deutschland besonders viele Alleinerziehende von sogenannten Transferleistungen (früher Sozialhilfe, heute Hartz IV) abhängig sind, auch weil die Betreuungsmöglichkeiten für die Kinder fehlen, die nötig wären, um arbeiten zu gehen oder sich fortzubilden. Deshalb richten sich einige Mentoringprojekte speziell an diese Zielgruppe.

Armut in Deutschland hat viele Gesichter. Armut ist ja nicht nur der Mangel an Geld. In vielen Familien leiden Kinder unter einem Mangel an Beachtung, Liebe, Fürsorge und Bildungsmöglichkeiten. Arm ist auch, wer sein Geld unbedacht ausgibt: für immer mehr elektronische Medien, überflüssige Konsumartikel oder Süchte. Armut fühlt sich nicht immer gleich an. Es ist für die häusliche Atmosphäre ein großer Unterschied, ob bei den Eltern Perspektivlosigkeit und Desillusionierung herrscht oder ob sie ihre Situation aktiv angehen und entsprechende Unterstützung annehmen. Wie Eltern mit Arbeitslosigkeit und finanziellen Schwierigkeiten umgehen, hängt nicht zuletzt auch von ihrem Bildungsstand und dem sozialen Umfeld ab. Schließlich kommt es auch darauf an, wie Eltern ihre Lebenssituation selbst bewerten, was sie sich für Handlungsmöglichkeiten zuschreiben und wie sie eine gute Arbeit oder Lebensglück für sich selbst definieren. »Kinder brauchen für eine gelingende Kindheit ein zufriedenes und ausgeglichenes Herkunftsmilieu, materielle Sicherheit und die Vermittlung des Gefühls von Zuversicht und Zukunftsperspektive. Dieses Bedingungsgefüge kann in Elternhäusern, wo die Ausgrenzung aus dem Erwerbsleben, Geldmangel und persönlich erlittene Niederlagen bei der Jobsuche auftreten, fehlen. Die Beeinträchtigung von Wohlbefinden und Gesundheit geht mit einem Selbstwertverlust, häufig mit übermäßigem Alkoholgenuss einher und beeinträchtigt das Familienklima und die Beziehungen zu den Kindern.«[25]

Vor diesem Hintergrund rückt die Sachverständigenkommission des *13. Kinder- und Jugendberichts* der Bundesregierung einen neuen Begriff in den Mittelpunkt der Aufmerksamkeit: die »Befähigungsgerechtigkeit«. Dieser Begriff deckt im Grunde alles ab, was wir auf den vergangen Seiten über die Persönlichkeitsentwicklung im Dialog mit der Umwelt diskutiert haben. Befähigungsgerechtigkeit heißt nach der Definition der Autoren des neuen *Kinder- und Jugendberichts*, alle Heranwachsenden zu befähigen,

---

25 Andrä, 2000, S. 276.

»selbst Entscheidungen zu fällen und eine Kontrolle über die eigenen Lebensumstände auszuüben«. Benachteiligte Kinder und Jugendliche, so die Sachverständigenkommission, haben jedoch weitaus geringere Möglichkeiten, diese Fähigkeiten einzuüben. Ihnen fehlt es an Bildungskapital, materiellem und sozialem Kapital und damit an »Bewältigungsressourcen« für den Umgang mit ihrer Lebenssituation. Die Befähigungsgerechtigkeit müsste demnach die Chancengerechtigkeit in der Debatte ablösen und Maßstab für politisches, institutionelles und fachliches Handeln werden.[26]

»Befähigungsgerechtigkeit« und »Bewältigungsressourcen« – auch wenn es wahre Wortungetüme sind, treffen die Begriffe doch genau die Schnittmenge zwischen Mensch und Umwelt, in der Mentoringprojekte aus gesellschaftspolitischer Sicht angesiedelt sind: Was hier als Freundschaft zwischen zwei Menschen initiiert wird, zielt – zumindest theoretisch gesehen – darauf ab, die bestehende Befähigungs*un*gerechtigkeit und den Mangel an Bewältigungsressourcen ein wenig auszugleichen. Auf Seiten der Mentoringorganisation teilen sich idealerweise Staat und »Zivilgesellschaft« die Verantwortung.

Je nachdem, wie Armut und Benachteiligung definiert werden, erheben die Statistiken unterschiedliche Zahlen über den Anteil von benachteiligten Kindern und Jugendlichen in Deutschland: Laut dem *Armutsbericht der Bundesregierung* von 2008 gelten in Deutschland heute 1,8 Millionen Kinder als arm. Das sind 12 % der Kinder unter 15 Jahren.[27]

Nach dem Nationalen Bildungsbericht 2008 der Bundesregierung lebte in Deutschland 2006 mehr als jedes zehnte Kind unter 18 Jahren in einer Familie, in der kein Elternteil erwerbstätig war. 13 % der Kinder wuchsen in Familien auf, in der niemand einen Abschluss des Sekundarbereichs II hatte. Bei über 3,4 Millionen oder 23 % der Kinder lag das Einkommen der Familie unter der Armutsgefährdungsgrenze. Von mindestens einer dieser Risikolagen waren 4,2 Millionen oder 28 % der Kinder betroffen. »Angesichts der Tatsache, dass eine Kumulation solcher Risikolagen zu

---

26 Bundesministerium für Familie, Senioren, Frauen und Jugend, 2009a, S. 35.

27 Bundesministerium für Arbeit und Soziales, 2008.

einer deutlichen Verschlechterung der Bildungschancen führt, ist ihr Ansteigen in den letzen Jahren besonders bedenklich«, urteilt der Nationale Bildungsbericht 2008.[28]

Was Statistiken in Bezug auf die komplexen Lebensrealitäten von Menschen bedeuten, ist letztlich auch immer eine Frage der Interpretation. Ein Armutsrisiko – zum Beispiel alleinerziehend zu sein – und ein Leben an der Armutsgefährdungsgrenze führt ja nicht quasi automatisch in eine schlechte Bildungsbiografie. Das sagt ja auch die Autorengruppe Bildungsberichterstattung, wenn sie von einer Kumulation solcher Risikolagen spricht.

Dennoch – so resümiert Klaus Hurrelmann – wächst mindestens ein Fünftel der Kinder und Jugendlichen in Strukturen auf, die sie »dauerhaft benachteiligen«. Vergleiche machen deutlich, dass die soziale Ungleichheit innerhalb der letzten dreißig Jahre immer stärker geworden ist. Die besonders benachteiligten 20 % stehen heute relativ noch schlechter da als 1979, die bevorzugten 20 % haben ihre Position weiter verbessert. Die Schere zwischen Arm und Reich sei auch in Deutschland immer weiter auseinandergegangen, so Klaus Hurrelmann.[29] Noch dramatischer beurteilt der Präsident des Deutschen Kinderschutzbundes, Heinz Hilgers, die Lage der Kinder in Deutschland. Er rechnet infolge der Wirtschaftskrise mit einem »massiven Anstieg der Kinderarmut«. Dies gelte umso mehr, da nach der demografischen Entwicklung in Deutschland Kinder vor allem »in den armen Stadtteilen« geboren würden, sagte Hilgers in einem Interview mit der *Neuen Osnabrücker Zeitung* vom 9. März 2009.[30] Dagegen sänken die Geburtenzahlen in bürgerlichen, gut situierten Stadtteilen dramatisch. Derzeit sei es ein Drittel der Kinder, »über die wir uns große Sorgen machen müssen – also rund 5 von 15 Millionen«, so Hilgers weiter. In zwanzig Jahren jedoch könne die Zahl der Kinder auf 10 Millionen sinken, von denen dann sogar die Hälfte in sozialschwachen Familien

---

28 Autorengruppe Bildungsberichterstattung, 2008.

29 Hurrelmann, 2009a; s. auch Bundesministerium für Familie, Senioren, Frauen und Jugend, 2009a, S. 49.

30 Hilgers, 2009.

aufwachse. »Das ist eine Katastrophe, auf die eigentlich alle Ökonomen aufgebracht reagieren müssten.«

Lehrer, Sozialpädagogen, Psychologen und Ehrenamtliche haben täglich vor Augen, was es für ein Kind heißen kann, in schwierigen Lebensverhältnissen groß zu werden, und es fällt ihnen angesichts der bedrückenden Erfahrungen mit diesen Kindern nicht immer leicht, Hoffnung zu haben. Immer mehr Familien in Deutschland leben unter prekären Bedingungen. Sie verpassen den Anschluss – mit fatalen Folgen für ihr ganzes Leben. Mangelnde Sprachkenntnisse, fehlende soziale Netzwerke und schlechtere Chancen auf dem Arbeitsmarkt schmälern nicht nur Einkommen und Glückschancen. Kinder und Jugendliche, die in Armutssituationen leben, leiden verstärkt unter sozialen Auffälligkeiten, Angst vor Stigmatisierung, Leistungsstörungen, Abbruch sozialer Kontakte, Delinquenz, sozialer Isolation und psychosomatischen Störungen. Diese Empfindungen finden ihren Ausdruck in Depressionen, aggressiver Langeweile, zappeliger Ratlosigkeit, Intoleranz und Gewalttätigkeit ohne erkennbaren Leidensdruck und ohne jedes Schuldgefühl, verbalen Ausfälligkeiten, allgemeiner Gleichgültigkeit und Unfähigkeit, Verantwortung für sich selbst zu übernehmen.[31]

Menschen in prekären Lebenssituationen leben zudem häufig in Ghettos, wie den Hochhaussiedlungen der Wohnungsbaugesellschaften, die zur Stigmatisierung von außen und Identifikation von innen noch beitragen. Die Folge dieser sozialen Segregation ist, dass die Lebensstile der Arrivierten und der Ausgeschlossenen sich immer weiter voneinander entfernen und die Chancen auf gesellschaftliche und kulturelle Teilhabe sich immer mehr auseinander entwickeln.

In diesem Umfeld wachsen viele Kinder auf, die ihre Eltern nie einer Berufstätigkeit haben nachgehen sehen. Die Folge: Wo keine Arbeit ist, gibt es keine bezahlte, also gesellschaftlich anerkannte Leistung. Der Ehrgeiz, »es zu etwas zu bringen«, der Stolz, aus eigener Kraft die Familie zu ernähren und sich etwas leisten zu können – einen Urlaubstag, einen Sonntagsausflug, Ferien im Sommer – diese Empfindungen verblassen

---

31 Brocke, 2007.

und verschwinden zusammen mit dem materiellen Einkommen. Wenn schon Eltern und Großeltern zu den Verlierern gehörten, erben Kinder diese »Familienkultur«, und sie brauchen viele positive Erfahrungen, um sich daraus zu befreien und zu einer veränderten Selbstwahrnehmung zu gelangen.

Die Herkunft bestimmt die Zukunft

Jeder hat das Recht auf Bildung. [...] Die Bildung muß auf die volle Entfaltung der menschlichen Persönlichkeit und auf die Stärkung der Achtung vor den Menschenrechten und Grundfreiheiten gerichtet sein. Sie muss zu Verständnis, Toleranz und Freundschaft zwischen allen Nationen und allen rassischen oder religiösen Gruppen beitragen und der [...] Wahrung des Friedens förderlich sein.
AUS ARTIKEL 26 DER ALLGEMEINEN ERKLÄRUNG DER MENSCHEN-
RECHTE DER VEREINTEN NATIONEN VOM 10.12.1948

Bildung im Sinne von Selbstbefähigung ist, wie wir gesehen haben, die Voraussetzung dafür, an dem teilzuhaben, was unsere Gesellschaft theoretisch oder idealerweise für jeden Menschen bereithält – an Entfaltungsmöglichkeiten, Gesundheit, Arbeit und Geld. Bildung wird aber, wie wir wissen, nicht jedem gleichermaßen zuteil. Zahlreiche internationale Vergleichsstudien der letzten Jahre haben gezeigt, dass in kaum einer anderen Industrienation Beruf und Geldbeutel der Eltern die Zukunftsaussichten von Kindern so stark wie hierzulande bestimmen. Wer in eine arme Familie hineingeboren ist, wird mit großer Wahrscheinlichkeit arm bleiben. Deshalb ist für viele Kinder in Deutschland ein erfolgloser Bildungsweg lange vor dem Schuleintritt quasi vorprogrammiert.

Das Recht auf Bildung, also Chancengleichheit, bedeutet auch – das begreift unser Bildungssystem zu langsam –, Kinder, die mit unterschiedlichen Voraussetzungen in die Schule kommen, auch unterschiedlich zu behandeln. Erforderlich ist also die stärkere Förderung von schwächeren

Kindern, aber auch die Einführung anderer Lernmethoden. Auch an dieser Stelle ist das Thema Mentoring präsent: Denn Mentoring verbessert bei vielen Kindern nachweislich die Freude am Lernen und die Schulleistungen, wie in Teil III anhand internationaler Studien gezeigt wird.

Die Zahl der Schulabgänger ohne Hauptschulabschluss ist nach dem Nationalen Bildungsbericht der Bundesregierung 2008 unverändert hoch. 8 % aller Jugendlichen verlassen die Schule ohne zumindest den Hauptschulabschluss erworben zu haben. Das waren 2006 rund 76 000 Schülerinnen und Schüler. Zwar steigt der Anteil der Studienberechtigten, der Anteil der Hochschulabsolventen liegt mit 22 % aber deutlich unter der Zielmarke des Wissenschaftsrats von 35 %.[32]

Besonders benachteiligt sind die Kinder von Migranten und deren Nachfahren, für die sich sprachliche und kulturelle Hürden häufig über Generationen als unüberwindlich erweisen. Das Urteil der UNICEF (UNICEF 2007), Deutschland sei kein kinderfreundliches Land, beruht vor allem auf den ungerechten Bildungschancen. Der UN-Sonderbotschafter Munoz rügte 2007 den selektiven Charakter des dreigliedrigen Schulsystems und die Bildungsungerechtigkeit für Migranten und Behinderte in Deutschland.

Die mangelnde soziale Durchlässigkeit des Bildungssystems und die eklatante Bildungsbenachteiligung von Migranten haben zum wiederholten Mal der OECD-Leistungsvergleich PISA und andere Schulleistungsstudien wie TIMSS und IGLU[33] dokumentiert.

Nach dem *Nationalen Integrationsplan* der Bundesregierung hat fast ein Fünftel der Bevölkerung in Deutschland einen Migrationshintergrund, das sind 15 Millionen Menschen. Bei den Unter-25-Jährigen ist es mehr als ein Viertel, bei den Vorschulkindern ist es jedes dritte Kind. Mehr als die Hälfte der Menschen mit Migrationshintergrund besitzt die deutsche Staatsangehörigkeit. Viele sind in Deutschland geboren.[34]

---

32 Autorengruppe Bildungsberichterstattung, 2008, S. 10.

33 Bos et al., 2003.

34 Bundesregierung, 2007, S. 12.

Migrationshintergrund führt in allen Stufen des Bildungssystems zu Benachteiligungen. Schülerinnen und Schüler mit Migrationshintergrund besuchen selbst bei gleichem Sozialstatus seltener das Gymnasium und häufiger die niedriger qualifizierenden Schularten. Kinder und Jugendliche mit Migrationshintergrund konzentrieren sich vor allem in Hauptschulen. Ihr Anteil unter den Studenten ist unterproportional, ihr Anteil unter den Schulabbrechern überproportional.

Der Leistungsrückstand von Jugendlichen mit Migrationshintergrund gegen Ende der Schulpflicht ist in kaum einem PISA-Teilnehmerstaat so groß wie in Deutschland. Insgesamt verlassen doppelt so viele ausländische Schülerinnen und Schüler die Schule ohne Abschluss wie deutsche. Bei den ausländischen Jungen ist dieser Anteil mit 20 % eines Altersjahrgangs besonders groß.[35]

Der Anteil der 20- bis Unter-30-Jährigen, die über keinen beruflichen Bildungsabschluss verfügen und nicht an Bildung teilnehmen, ist bei Personen mit Migrationshintergrund mehr als doppelt so hoch wie bei Personen ohne. Dies gilt besonders für Personen aus der Türkei und anderen ehemaligen Anwerbestaaten, hier wiederum vor allem für Frauen. In dieser Gruppe sind es rund 50 % der 20- bis 30-Jährigen, die über keinen Berufsabschluss verfügen und nicht an Bildung teilnehmen. Hingegen erwerben Kinder mit deutscher Herkunft dreimal so häufig die Hochschulreife wie Kinder mit Migrationshintergrund.[36] Die Autorengruppe Bildungsberichterstattung definiert Personen mit Migrationshintergrund als jene, »die selbst oder deren Eltern oder Großeltern nach 1949 nach Deutschland zugewandert sind, ungeachtet ihrer gegenwärtigen Staatsangehörigkeit. Damit wird ein weites Migrationsverständnis zugrunde gelegt, welches neben dem rechtlichen Status der Personen (deutsch vs. nicht-deutsch) auch die Zuwanderungskonstellation nach der individuellen (1. Generation) und familialen Migrationserfahrung (2. und 3. Generation) berücksichtigt«.[37]

---

35 Ebd., S. 63.
36 Autorengruppe Bildungsberichterstattung, 2008, S. 40.
37 Ebd., S. X.

Ausländische Jugendliche – welcher Nationalität auch immer – haben häufig das Gefühl keine Chancen zu haben und ausgegrenzt zu werden. Umfragen des Deutschen Jugendinstituts (DJI) unter betroffenen Jugendlichen zeigen: 20 % der Kinder mit ausländischem Pass fühlen sich »stark diskriminiert« oder »individuell benachteiligt«, mehr als 50 % sehen sich weder als anerkannt noch als gleichberechtigt.[38]

Aber auch ihre Eltern wünschen sich nicht weniger als deutsche Eltern für ihre Kinder eine gute Ausbildung und Erfolg im Beruf, wie Studien der Universität Bochum belegen.[39] Dennoch schaffen die wenigsten den sozialen Aufstieg im Vergleich zur Herkunftsfamilie.

Dass beispielsweise in Hannover der Anteil türkeistämmiger Jugendlicher, die ein Gymnasium besuchen, in den letzten zehn Jahren um drei Viertel (!) angestiegen ist (von 8,7 auf 15,3 %), während die Quote der Hauptschüler stark zurückging (von 47,1 % auf 32,5 %), führen Fachleute unter anderem darauf zurück, dass sich türkische Eltern zunehmend über die Empfehlung zur Hauptschule hinwegsetzen und damit ihrem Kind die Tür zum erfolgreichen Besuch eines höher eingestuften Schultyps öffnen.[40]

---

38 Skrobanek, 2007.
39 Leyendecker, 2005.
40 Rabold et al., 2008.

2. Perspektiven: Demokratie braucht starke Kinder

Integration fängt bei mir an. THEO ZWANZIGER

Bildungs- und Sozialpolitik in der Kritik

Die Bildungs- und Sozialpolitik in Deutschland hängt dem Stand der wissenschaftlichen Erkenntnisse weit hinterher – da sind sich alle namhaften Sozialwissenschaftler einig. Das Bundesjugendkuratorium geht mit der deutschen Bildungspolitik streng ins Gericht. Sie lässt die soziale Seite der Bildungspolitik schlichtweg außer Acht, lautet das Fazit der Fachleute. Wesentliche Voraussetzungen für den schulischen Bildungserfolg, nämlich die Ausbildung persönlicher und sozialer Kompetenzen, werden wider besseres Wissen vernachlässigt. »Wissbegierde und Lernfähigkeit, Forscherdrang und Abenteuerlust der Kinder, kostbare Ressourcen für die menschliche Entwicklung, werden oft sträflich vergeudet, auch (unwillentlich) zerstört.«[1]

Während die Schule mit der Forderung konfrontiert ist, ihre Schüler und Schülerinnen fit für die Berufstätigkeit zu machen, stoßen Lehrkräfte auf immer mehr Ängste und Schulunlust unter den Kindern. Immer mehr Arbeitgeber beklagen bei einer erheblichen Zahl von Jugendlichen den (zu) niedrigen Bildungsstand, der den Beginn einer Ausbildung problematisch macht, besonders bei Kindern mit schlechten Bildungsvoraussetzungen. »Schule gelingt es nicht, die Kausalität von sozialer Herkunft und Bildungserfolg zu brechen, das Recht jedes Kindes auf Bildung wird so massiv beeinträchtigt«, heißt es in einem Positionspapier der beteiligten Wissenschaftler.[2]

---

1 Bundesjugendkuratorium, 2004a, S. 5.
2 Bundesjugendkuratorium, 2004b, S. 5.

Auch die Kirchen beziehen eine klare Position. Für die katholischen Bischöfe ist die Ungleichheit im Bildungssystem »eine der großen Fragen des 21. Jahrhunderts«.[3] Die evangelische Kirche kritisiert ebenfalls die »erheblichen selektiven Strukturen« des deutschen Schulsystems.[4] Der vom Bundesministerium für Familie, Senioren, Frauen und Jugend herausgegebene *Nationale Aktionsplan – Für ein kindergerechtes Deutschland* resümiert: »Unser Bildungssystem wirkt selektiv. Ein Umsteuern ist deshalb dringend erforderlich.«[5]

Gleichwohl zeigen die internationalen Vergleichsstudien, dass es Ländern wie beispielsweise den PISA-Gewinnern Finnland, Japan und Kanada gelingt, diesen Einfluss im Bildungssystem zu kompensieren. Warum ist dies in Deutschland nicht möglich? In den wissenschaftlichen Analysen werden verschiedene Gründe für die mangelnde Integrationsfähigkeit des deutschen Bildungssystems benannt. Eine systematische frühe Förderung, insbesondere der Sprache, ist entscheidend für den Erfolg in der Schule – dass diese in Deutschland fehlt, ist einer von ihnen. Ein weiterer Grund ist die frühe, international fast singuläre Aufteilung der Schüler (schon im Alter von zehn Jahren) auf unterschiedliche Schulformen. Auch die kurze tägliche gemeinsame Lernzeit der Schüler (»Halbtagsschule«) ist mitverantwortlich für die Benachteiligung. Der Übergang von der Primarstufe in eine der Schularten des Sekundarbereichs I gehört zu den Stellen, an denen im deutschen Bildungssystem große soziale Disparitäten entstehen. Nur wenige Familien korrigieren die einmal getroffene Übergangsentscheidung durch einen nachträglichen Wechsel der Schulart.[6]

Schulabschlüsse lassen sich in Statistiken ausdrücken. Aber der Stand der formalen Bildung sagt ja noch nichts über die tatsächlichen Defizite aus, mit denen viele junge Menschen heute ins Leben starten. Es ist ja, wie wir gesehen haben, nicht nur abfragbares Wissen, das vielen jungen Menschen fehlt, wenn sie die Schule verlassen, sondern ganz alltägliches

---

3 Sekretariat der Deutschen Bischofskonferenz, 2003, S. 25.

4 Evangelische Kirche Deutschland, 2006.

5 Bundesministerium für Familie, Senioren, Frauen und Jugend, 2005 a.

6 Autorengruppe Bildungsberichterstattung, 2008.

Handwerkszeug, das man braucht, um ein erfülltes Leben gestalten zu können.

Der »PISA-Schock« hat bereits ein Umdenken in der Bildungspolitik in Gang gebracht. Und viele engagierte Schulleitungen und Lehrkräfte sind seit einigen Jahren dabei, unter großem persönlichen Einsatz ihre Schulen im Rahmen des gesetzlich Möglichen umzugestalten. Aber dies sind eben individuelle Bemühungen, keine strukturellen Änderungen des Systems – wie wir wissen, mahlen die Mühlen von Bildungsreformen langsamer als Kinder groß werden.

Gesellschaftliche Folgen versäumter Bildungschancen

Das Thema Bildung ist nicht nur aufgrund des »PISA-Schocks« in den vergangenen Jahren wieder stärker in den Fokus staatlichen Interesses gerückt. Denn wenn Bildungschancen versäumt werden, ist das natürlich nicht nur für die betroffenen Kinder und Jugendlichen und ihre Familien ein Problem. Experten sehen darin eine ernsthafte Bedrohung für die Zukunftsfähigkeit unserer Gesellschaft; einerseits in Bezug auf den volkswirtschaftlichen Schaden und andererseits in Bezug auf Bildung als Basis für unsere Demokratie.

In Bezug auf die Kosten mangelnder Bildung sprechen Daten und Fakten eine deutliche Sprache: Weil unser Bildungssystem zu viele Kinder nicht erreicht, verliert der Staat Einkommenssteuer und Sozialversicherungskosten in Milliardenhöhe und muss stattdessen ständig steigende Transferleistungen für Menschen, die auf dem Arbeitsmarkt keine Chance haben, aufbringen. Nach einer Studie der Bertelsmann Stiftung werden die Kosten der unzureichenden Integration von Zuwanderern für den Staat auf jährlich rund 16 Milliarden Euro geschätzt.[7] Diese Summe setzt sich aus Einkommenssteuern und Beiträgen in der Renten- und Sozialversicherung zusammen. Die Studie des Büros für Arbeits- und Sozial-

---

7 Fritschi & Oesch, 2008.

politische Studien (BASS) kommt zu dem Ergebnis, dass die mangelnde Integration Bund und Länder jeweils 3,6 Milliarden Euro pro Jahr kostet. Die Kosten der Kommunen liegen bei 1,3 Milliarden Euro, die der Sozialversicherungen bei 7,8 Milliarden Euro.

In Bezug auf Einkommensteuereinnahmen kommt die Studie zu dem Ergebnis, dass erwerbstätige Zuwanderer, die integriert sind, rund 7500 Euro mehr im Jahr verdienen als die weniger integrierten. Dadurch liefern sie im Schnitt jährlich rund 1900 Euro mehr an Einkommensteuern an die öffentliche Hand als weniger integrierte Personen und zahlen rund 1200 Euro mehr in die Sozialversicherungen ein. Den Grad der Integration bestimmt die Studie anhand mehrerer Indikatoren aus den Bereichen Bildung, Sprache und soziale Integration und differenziert nach verschiedenen Zuwanderergruppen.

Diese immensen Kosten lassen sich durch Investitionen in Bildung reduzieren. Als besonders effektiv haben sich, wie internationale Studien zeigen, Investitionen in frühkindliche Bildung – einsetzend also noch vor der Schulzeit – erwiesen. Der Nobelpreisträger für Ökonomie, James J. Heckman aus Chicago, kommt auf eine geradezu traumhafte Rendite von bis zu 50 %, die mit Investitionen in die frühe Förderung von Kindern erzielt wird. Weniger Schulabbrecher, weniger Teenagerschwangerschaften, weniger Kriminalität – und stattdessen höhere Bildungsabschlüsse, mehr Produktivität und bessere Gesundheit, das wären die messbaren Erfolge einer verantwortungsvollen Bildungspolitik, die sich darauf konzentriert, Benachteiligungen schon in Krippe und Kindergarten auszugleichen, so Heckman. Je später die Förderung sozial benachteiligter Kinder durch die Gesellschaft einsetzt, desto teurer wird es, diese Benachteiligungen zu kompensieren, fasst Heckman zusammen, der seit 2008 die Längsschnittstudie *Sozio-ökonomisches Panel* (SOEP) am Deutschen Institut für Wirtschaftsforschung (DIW) in Berlin berät.[8] Außerdem wirft das durchschnittliche spätere Lebenseinkommen eines Gymnasiasten so hohe Steuern ab, dass unterm Strich die Schaffung von qualitativ hochwertigen Kindergarten- und Krippenplätzen für den Staat billiger ist als

---

8 Heckman, 2006.

die Folgen von mangelnder Bildung und Integration.[9] Viele Kinder mit ausländischem Hintergrund sind aber schon deshalb von frühkindlicher Bildung (in einer Institution) ausgeschlossen, weil ihre Eltern sie häufig gar nicht in Krippen oder Kindergärten schicken, sondern zu Hause erziehen. Viele Bildungsexperten fordern deshalb, den Besuch vorschulischer Bildungseinrichtungen zur Pflicht zu machen.

Der demografische Wandel wird die sozialen Schieflagen noch verstärken und den Druck auf die politisch Verantwortlichen erhöhen, über mehr Bildung und Qualifizierung nachzudenken. In den letzten Jahrzehnten verändert sich die Bevölkerungsstruktur in zunehmendem Tempo; die Folgen sind schon heute deutlich spürbar. Da immer weniger Kinder geboren werden, die Lebenserwartung aber steigt, wird es immer weniger Kinder und Jugendliche und immer mehr alte Menschen geben. Die Menschen, die nicht geboren wurden, werden uns fehlen, auch weil sie sich nicht engagieren können – als Politiker oder Unternehmensgründer, als Forscher oder Gesellschaftskritiker, als Künstler oder Komiker, als Physiker oder Pädagoge.

Wirtschaftsunternehmen klagen bekanntlich heute schon über Fachkräftemangel und schlechte Abschlüsse, besonders bei den Nachkommen von »bildungsfernen Schichten«. Die Gesellschaft muss diesen Menschen den Zugang zu erfolgreichen Berufs- und Lebenswegen ermöglichen – und zwar nicht nur aus humanitären Gründen. Denn wenn wir einen Großteil der Bevölkerung als Minderheiten ausgrenzen und vom Arbeitsmarkt fernhalten, dann kann das Zusammenspiel von Wirtschaft und staatlichen Finanzen nicht funktionieren.

Wenn in den Medien von Fachkräftemangel die Rede ist, geht es meist um Ingenieure. Aber unsere Gesellschaft braucht qualifizierte Menschen auch in allen anderen Bereichen: im Gesundheitswesen, in den Verwaltungen, in der Politik, bei den Banken – und natürlich in den Bildungseinrichtungen und an den Universitäten. Überall werden Menschen gebraucht, die über Fachwissen verfügen, die selbstständig denken können und die sich in ihrem Beruf einsetzen. Deshalb können wir auf nieman-

---

9 Bock-Famulla, 2002; Spiess et al., 2002.

den verzichten. Wir brauchen jeden Menschen mit seinen Potenzialen und Begabungen. Die Bildung von Kindern und Jugendlichen, und zwar die umfassende Bildung und Persönlichkeitsentwicklung, ist deshalb für das Funktionieren unserer Gesellschaft (über)lebensnotwendig. Eine ganzheitliche Bildung ist die Grundvoraussetzung für gesellschaftliche Teilhabe, Lebensqualität und Gesundheit jedes Einzelnen. Sie ist auch der beste Weg für Integration, Engagement und Demokratie.

Schon heute ist jedoch die bedrückende Tendenz zur Gefährdung dieser Werte zu erkennen. Fast jeder dritte Jugendliche meint, in Deutschland gebe es zu viele Ausländer. Jeder fünfte Junge in Deutschland bekennt sich zu ausländerfeindlichen Einstellungen und will mit Türken, Aussiedlern, Juden und Dunkelhäutigen nichts zu tun haben. Das ergab die Studie *Jugendliche in Deutschland als Täter und Opfer von Gewalt*, die das Innenministerium zusammen mit dem Kriminologen Christian Pfeiffer im März 2009 der Öffentlichkeit vorstellte.[10] Jeder siebte der befragten Jugendlichen vertritt eine rassistische Haltung und würde Menschen anderer ethnischer Herkunft sogar selbstverständliche menschliche und bürgerliche Rechte absprechen. Jeder fünfte stimmte den Aussagen zu, dass man Ausländer nicht als Nachbarn haben wolle, ihnen politische Betätigung am liebsten versagen würde und dass sie nur untereinander heiraten sollten. Dass die meisten Ausländer kriminell sind, hielten sogar 39,2 % für wahr. Diese sehr umfassende Jugendstudie förderte zutage, dass die unglaubliche Zahl von 14,2 % der Jugendlichen den Holocaust »nicht so schrecklich« fand. 14,7 % gaben den Juden sogar eine Mitschuld, und 11,6 % stimmten der Aussage zu, Juden hätten in der Welt zu viel Einfluss. Die Vorurteile sind besonders ausgeprägt bei den Jungen und den schlechter gebildeten Jugendlichen. Als »Problembereich« macht die Studie die Hauptschulen aus. Die höchsten Quoten beim Antisemitismus und Rechtsextremismus fanden die Forscher außerdem in Ostdeutschland und in ländlichen Regionen.[11]

---

10 Baier et al., 2009.

11 Ebd.

Sprachlos und hilflos machen uns diese Ergebnisse. Aber ist es nicht so, dass wir alle – auch von uns selbst – wissen: Ausländerfeindlichkeit kommt aus dem Bauch. Und wenn nicht die Vernunft, unsere Bildung, mitspielt, dann sind wir unseren Ängsten vor dem Fremdartigen unreflektiert ausgeliefert. Toleranz ist immer leicht, so lange man am Schreibtisch sitzt, im Eigenheim im gutbürgerlichen Wohnviertel. Wir sind gut ausgebildet und halten uns für moralisch gefestigt. Aber gehen Sie einmal in die Hochhausburgen am Stadtrand. Was fühlen Sie? Liebe, Mitleid? Angst, Erregung, Ärger? Was wollen Sie tun? Flüchten? Sich abwenden? Spüren Sie einen moralischen Handlungsdruck? Wofür bin ich, sind wir verantwortlich? Was können wir tun?

Lehrer, Erzieher und Sozialarbeiter müssen jeden Tag aufs Neue eine Haltung dazu finden: Sie müssen ihre Schüler gernhaben, akzeptieren, verstehen. Sie müssen Widerstände und Ablehnung, die aus dem Bauch kommen, durch den Verstand filtern und kanalisieren. Sie dürfen sich aber andererseits auch nicht überidentifizieren und müssen Grenzen setzen. Sie müssen Hoffnung haben und Potenziale erkennen. Sie müssen Ziele haben, aber auf Überraschungen und auch auf Enttäuschung gefasst sein. Einem Kind einen Mentor zu geben, kann dazu beitragen, diese strukturelle Überforderung – die Wahrnehmung, es, egal wie sehr man sich engagiert, nicht alleine schaffen zu können – besser auszuhalten. Und schließlich führt Mentoring ja in vielen Fällen auch zu Erfolgserlebnissen – und dazu, dass ein Kind wirklich einen glücklicheren Lebensweg einschlagen kann.

Mehr Bildungsgerechtigkeit in Deutschland, da sind sich die Experten einig, erfordert ein Umdenken nicht nur bei den Pädagogen, sondern in der gesamten Gesellschaft. Dabei geht es um die Gestaltung der Lernformen, die Qualifizierung der Pädagogen, die Personalausstattung sowie einen effektiveren Einsatz von Personal und Ressourcen. Damit Kinder mit ausländischer Herkunft ebenso erfolgreich lernen können wie andere Kinder, müssen einige Voraussetzungen erfüllt sein – wie eine höhere Anzahl an Lehrkräften, um z. B. eine optimale Sprachförderung während der gesamten Unterrichtszeit zu gewährleisten. Doch eine solche Förderung braucht maßgeschneiderte Methoden und Konzepte.

Warum Sozialraumorientierung so wichtig ist

Man hilft den Menschen nicht, wenn man für sie tut,
was sie selbst tun können. ABRAHAM LINCOLN

Damit Maßnahmen für mehr Bildung und Chancengleichheit mehr Kinder als bisher erreichen können, fordern Wissenschaftler seit einigen Jahren ein Umdenken hin zur sogenannten »Sozialraumorientierung«. Damit ist gemeint, dass wir genau hinsehen müssen: In welcher Umgebung wächst ein Kind auf? In welcher Familie, in welchem Beziehungsgeflecht? Hat es Anregungen, Spiel- und Bewegungsmöglichkeiten? Gibt es Lernorte außerhalb der Schule? Gibt es Angebote für die Eltern? Wie können wir dieses Kind fördern? Was braucht es besonders, um sich entwickeln zu können? Die Antworten dafür müssen sich an Lebenslagen, Bildungsbiografien und individuellen Fähigkeiten orientieren. Deshalb können sie nur jeweils vor Ort gefunden werden, in dem Stadtteil, in dem sie mit den dort lebenden Familien auch umgesetzt werden. Und sie können nur gemeinsam gefunden werden, mit Beiträgen von allen Beteiligten in Politik und Verwaltung, in den Institutionen, bei den Initiativen, Organisationen, Vereinen und Selbsthilfegruppen, in Kindergärten und Schulen, bei der Jugendhilfe, bei den Ärzten und bei den Beratungsstellen.[12]

Ein Beispiel für intensive Sozialraumorientierung liefert ein weltweit einzigartiges Projekt in Kanada. Um die Perspektiven einzelner Kinder möglichst genau vorhersagen zu können, erstellten Bildungs- und Gesundheitsbehörden für alle 59 Schulbezirke in British Columbia eine beispiellos umfangreiche Datensammlung. Erfasst wurden Gesundheit, Sozialkompetenz, emotionale Reife sowie kognitive und sprachliche Fähigkeiten als Indikatoren für größere oder geringere »Verletzlichkeit« der Bildungsfähigkeit. Ergebnis ist der *Atlas of Child Development*, der den Entwicklungsstand von Kindergartenkindern in den verschiedenen lokalen

---

12 Bundesministerium für Familie, Senioren, Frauen und Jugend, 2005 b.

sozialen Milieus im gesamten kanadischen Bundesland British Columbia dokumentiert.[13]

»Damit können wir schon bevor ein Kind in die Schule kommt seine Bildungsgeschichte vorhersagen – das ist deprimierend«, so Professor Clyde Hertzman von der University of British Columbia. Er ist Direktor des Forschungsnetzwerks Human Early Learning Partnership (HELP), das federführend für die Erhebung verantwortlich ist. HELP wurde 2005 von der Weltgesundheitsorganisation zum »Wissenszentrum für frühkindliche Entwicklung« ernannt.

Auf der Basis der sozialräumlichen Datenerhebung können schon vor dem Schuleintritt wichtige Weichenstellungen stattfinden – zur Unterstützung der Eltern oder Stärkung des Stadtteils und der Maßnahmen im Kindergarten. Wichtiger Nebeneffekt: Nach und nach konnte man die Akteure in Politik und Verwaltung auf allen Ebenen von der Wirksamkeit sozialräumlich maßgeschneiderter Konzepte überzeugen. »Je genauer die Daten, desto besser die Argumente«, so lautet die Antwort von Clyde Hertzman.

Die Kommunen haben in diesem Prozess eine besondere Verantwortung. Sie können die Voraussetzungen dafür schaffen, dass alle in Frage kommenden Akteure ihre Arbeit besser aufeinander abstimmen und sich vernetzen können. Der Entwicklungs- und Bildungsweg eines jeden Kindes kann nur dann präventiv, nachhaltig und kontinuierlich unterstützt werden, wenn Erzieherinnen, Lehrkräfte, Sozialarbeiter, Kinderärzte, Eltern und Hebammen und Behörden zusammenwirken. Dies gilt auch für eine integrierte, sozialraumorientierte kommunale Gesundheitspolitik, wie der *13. Kinder- und Jugendbericht* eindrücklich belegt.[14]

Erfolgreiche Ansätze für eine integrierte Stadtteilpolitik werden in Deutschland beispielsweise seit über zehn Jahren in Projekten des Bund-Länder-Programms »Stadtteile mit besonderem Entwicklungsbedarf – Soziale Stadt« erprobt, an dem zurzeit rund 500 Stadtteile bundesweit beteiligt sind.

---

13 Kershaw et al., 2005.
14 Bundesministerium für Familie, Senioren, Frauen und Jugend, 2009a.

Ein wesentlicher Aspekt sozialraumorientierter Arbeit ist die Mitwirkung der Menschen vor Ort. Sie sollen nicht mehr nur als Zielgruppe von Maßnahmen, sondern auch als gestaltende Subjekte aktiv werden. »Teilhabechancen und Teilhabegerechtigkeit werden nicht durch bloße staatliche oder kommunale Interventionspolitik erreicht«, so das Bundesjugendkuratorium, »sondern nur durch die konsequente und verantwortliche Beteiligung der Bürgerinnen und Bürger sowie die bedarfsgerechte Reform von Institutionen und Einrichtungen in den Feldern Bildung, Erziehung und Betreuung, Gesundheit, Wohnen und Wohnumfeld, Infrastruktur und Wirtschaftsförderung.«[15]

Mentoring ist Empowerment

Dass ein Mensch sich selbst als gestaltendes Subjekt empfindet, ist ein wesentliches Ziel von Mentoring. Einem Kind dabei zu helfen, seinen eigenen Weg zu finden, bedeutet in erster Linie, ihm das nötige Wissen und die Fähigkeiten zu vermitteln, sich selbst zu helfen. Dann wird es auch später, als erwachsener Mensch – in der Gemeinschaft mit anderen – ein glückliches, befriedigendes und verantwortungsvolles Leben gestalten können. Mentoring gehört zu Arbeitsansätzen in der psychosozialen Praxis, die unter dem Sammelbegriff »Empowerment« zusammengefasst werden. Der Soziologe Norbert Herriger definiert Empowerment als »Selbstbefähigung«, »Stärkung von Autonomie und Eigenmacht« und »Förderung von Potenzialen der Selbstgestaltung«. Empowerment heißt, Menschen zur Entdeckung eigener Stärken ermutigen und ihnen Hilfestellungen bei der Aneignung von Selbstbestimmung und Lebensautonomie zu vermitteln.[16]

Mentoring ist sowohl Ausdrucksform (bei den ehrenamtlichen Mentoren) als auch Methode des Empowerment (im Hinblick auf die Ziele

---

15 Bundesjugendkuratorium, 2004b, S. 10.
16 Herriger, 2006.

bei den Mentees). Gleichzeitig ist Empowerment am Scharnier zwischen staatlicher Unterstützung und »Bürgermacht« angesiedelt und kann, wie wir sehen werden, nur *im Tandem* zwischen beiden funktionieren.

Zunächst einmal ist ehrenamtliches Engagement, also auch Mentoring, eine Erscheinungsform des bürgerschaftlichen Engagements. Bürgerschaftliches Engagement kann entweder Ausdruck der Selbstwirksamkeit einzelner Bürger bzw. von Bürgergruppen sein, oder es ist das Ergebnis von (pädagogischen) Bemühungen oder von Werbekampagnen dafür, dass Menschen sich einbringen. Beides setzt die Bereitschaft des Staates voraus, seinen Bürgern diese »Macht« einzuräumen, also zum Beispiel politische Fragestellungen transparent zu machen und Entscheidungsabläufe und Strukturen darauf einzustellen, dass Partizipation darin einen angemessenen Platz findet. Auf Seiten des Staates ist diese Bereitschaft unter anderem durch einen Legitimationsgewinn motiviert: Bürger identifizieren sich natürlich eher mit ihrem Gemeinwesen oder mit ihrem Staat, wenn die Verantwortlichen das Signal aussenden, dass eine Diskussionskultur erwünscht ist und dass Kritik, Anregungen und Mitarbeit willkommen sind. Besonders Kommunen haben weitreichende Möglichkeiten, durch eine lebendige Demokratie, die Spaß macht und zum Mitdenken, Mitdiskutieren und Mitgestalten anregt, Identität zu schaffen – letztlich auch im Hinblick darauf, bei unpopulären Entscheidungen mit den Bürgern vielleicht »an einem Strang ziehen« zu können.

Auch die Mentoringbeziehung selbst und ihre Wirkungen beim Mentee – und da schließt sich der Kreis – lassen sich in den Gesamtzusammenhang des Empowerment einordnen: Empowerment als Inhalt und Ziel der Mentoringbeziehung kann einen Heranwachsenden dabei unterstützen, sich als handelndes Individuum zu verstehen – was letztlich – aus staatlicher Sicht und aus Sicht des Einzelnen – die Voraussetzung dafür ist, seine Funktion als mitgestaltender Bürger auszuüben. Im Hinblick auf die im ersten Kapitel beschriebenen Benachteiligungen erwächst aus Empowerment die Chance, dass Menschen in die Lage versetzt werden, auch selbst den Anstoß für Veränderungen geben zu können.

Die Idee des Empowerment kommt aus den USA. Sich begeistert für eine (wohltätige) Sache zu engagieren und die Überzeugung, etwas bewirken zu können, ist dort im Alltag sehr präsent. Die zugrunde liegende Haltung ist fester Bestandteil des »american spirit«. Berühmtester Vordenker für Konzepte der Selbstbefähigung war Abraham Lincoln, der den Satz geprägt hat: »Man hilft den Menschen nicht, wenn man für sie tut, was sie selbst tun können.« Damit dieses soziale und kulturelle Engagementpotenzial sich optimal entfalten kann, gibt es in den USA u.a. den Ansatz des Community Organizing. Es ist gewissermaßen das praktische Umsetzungskonzept für Empowerment – und zwar ganz offiziell und professionell: Beispielsweise kann man sich im Rahmen der sozialarbeiterischen Ausbildung in den USA zum »Organizer« oder »Campagner« ausbilden lassen. Sozialarbeiter mit dieser Fachrichtung sollen dafür sorgen, dass Menschen vor Ort sich zusammentun und gemeinsam an einer Verbesserung ihrer Lebenssituation arbeiten können.

In den neunziger Jahren wurde auch in Deutschland die soziale und sinnstiftende Kraft von Freiwilligenarbeit und sozialem Engagement neu entdeckt. In vielen Städten wurden mit öffentlicher Unterstützung Freiwilligenagenturen eingerichtet, und die Bundesregierung beauftragte eine Enquetekommission, die »Zukunft des Bürgerschaftlichen Engagements« zu untersuchen.[17] In dieser Zeit brachten besonders viele Menschen von ihren Studienaufenthalten in den USA positive Impulse für mehr Engagement, für ein besseres Zusammenleben und für mehr soziale Verantwortung mit. Sie hatten erlebt, wie Menschen sich für ein Projekt engagieren, das ganz unmittelbar dazu beiträgt, dass sich alle als Teil einer Gemeinschaft sehen, in der jeder Einzelne wichtig ist – ob in der Nachbarschaft, in der Schule oder in der Kirche, in der Bibliothek, in der Obdachlosenküche, im Tanzprojekt. Solche Beispiele zeigten eindrücklich, wie wichtig Nähe und Identifikation sind, wenn es darum geht, sich persönlich einzusetzen und – auch das eine amerikanische Selbstverständlichkeit – jeder Einzelne dadurch an Anerkennung und Selbstachtung gewinnt. Erste Community-Organizing-Projekte gibt es auch in Deutschland.[18]

---

17 Olk, 2002.
18 Penta, 2007.

Der Tagesthemenmoderator Tom Buhrow und seine Frau, Sabine Stamer, die auch Journalistin ist, lebten viele Jahre in den USA. In ihrem Buch
Mein Amerika – dein Amerika schildern sie eindrucksvoll, welch wichtige
Rolle die Wohltätigkeit im Alltag, vor allem von Kindern, spielt. »Schon
in der Schule lernen Erstklässler, dass *donating* [Spenden] und *volunteering*
[Ehrenamt] zu den sozialen Pflichten der Bürger gehört. Sie beteiligen
sich an gesponserten Märschen für Obdachlose, sammeln bei Verwandten und Nachbarn Spenden für medizinische Forschung und steuern zu
Weihnachten Geschenke für Hilfsbedürftige bei. [...] Die Schulen selbst
stellen ihr Budget nach diesem Prinzip zusammen. [...] Den Höhepunkt
zum Ende des Schuljahres bildet zumeist eine festlich gestaltete Auktion,
monatelang vorbereitet von einem Elternkomitee [...] Der Luxusknaller
war eine Woche in einem Ferienhaus für elf Personen auf der beliebten
Ostküsteninsel Martha's Vineyard – eine Familie stellt ihren Besitz zum
Wohle der Schule zur Verfügung. Wer wenig besitzt, steuert seine Zeit
bei. Mütter und Väter organisieren Vorleseabende oder Zoobesuche für
Kindergruppen. [...] Verschwendungssucht und Hilfsbereitschaft, Egois-
mus und Altruismus schließen sich hier nicht aus. Sie sind im Gegenteil
nur zwei Seiten derselben Medaille.«[19]

Die gesellschaftlichen Voraussetzungen für bürgerschaftliches Engagement unterscheiden sich, wie wir wissen, in den USA grundlegend von
denen in Deutschland. Petra Krimphove ist dieser Frage wissenschaftlich
nachgegangen und fasst die Unterschiede in einem signifikanten Beispiel
zusammen: »Wo in amerikanischen Kommunen Freiwillige Dienste in öffentlichen Bibliotheken leisten, verhindern in Deutschland von Gewerk-
schaftsprotesten bis zu Absicherungsfragen zahlreiche Gründe eine solche Lösung.«[20]

Die Vereinigten Staaten als Vorbild für soziale Modelle? Das provoziert
bei vielen Menschen hierzulande Gegenwehr, als hieße das automatisch,
den Sozialstaat abbauen zu wollen. Roland Roth, Politikwissenschaftler
an der Universität Magdeburg-Stendal räumt diese Bedenken aus: »Von

---

19 Buhrow & Stamer, 2006, S. 200–205.
20 Krimphove, 2004/2005.

den USA lernen, das heißt ja nicht die sozialstaatlichen Errungenschaften abzubauen, sondern die bürgerschaftliche Komponente zu stärken.« In Deutschland tun sich bei diesem Thema immer wieder alte ideologische Gräben auf. Um es auf den Punkt zu bringen: Die Verfechter des Sozialstaats auf der einen Seite und die Kritiker der »sozialen Hängematte« auf der anderen Seite streiten sich darum, wie viel Sozialstaat den Menschen zusteht. Die einen fürchten sich davor, dass soziale Errungenschaften noch stärker abgebaut werden könnten. Die anderen finden, dass viele Menschen in Deutschland zu sehr versorgt werden und zahlreiche Empfänger darunter sind, die sich staatliche Leistungen »erschleichen«, anstatt sich selbst mehr anzustrengen. Genau an dem Scharnier zwischen diesen beiden Positionen sitzt Empowerment.[21]

Die Ziele des Empowerment – Selbstbefähigung und die Stärkung von Autonomie und Eigenmacht – setzen eine völlig neue Haltung voraus: Sie basieren darauf, dass jedem Menschen Gestaltungsmöglichkeiten und Gestaltungskompetenzen zustehen, und zwar objektiv (durch Geld, Arbeit, Gesetze) – und subjektiv (durch Bildung und Unterstützung).

Empowerment heißt zum Beispiel, in seinem Stadtteil, in seinem Quartier, für ein bestimmtes Anliegen einzutreten, sich vor Ort mit Menschen zusammenzutun und Lösungen zu suchen. Empowerment heißt darüber hinaus, gesellschaftliche Gruppen am Rande nicht als hilfsbedürftig anzusehen, sondern ihnen zu helfen, sich selbst zu helfen. Und noch mehr als das: Zu Ende gedacht heißt Empowerment, Menschen Gestaltungsspielräume zu geben, um ihre eigenen, vielleicht unkonventionellen Lösungen umzusetzen.

Seit einigen Jahren ist das Thema bürgerschaftliches Engagement in Deutschland in den Fokus staatlichen Interesses geraten. Die Regierungen werden sich der helfenden Kraft ihrer Bürger bewusst. Auch auf Seiten der Bürger ist das Selbstbewusstsein gewachsen. Auch wenn – zum Teil aufgestachelt durch Medienberichte – immer mehr Menschen über Kriminalität, Gewalt, Werteverfall und soziale Kälte in unserer Gesellschaft klagen, ist gleichzeitig eine erfreuliche Gegenbewegung zu beobachten: Das

---

21 Mündlicher Vortrag am 1. April 2009 in der Körber-Stiftung, Hamburg.

Bewusstsein für gesamtgesellschaftliche Herausforderungen wächst. Unternehmen, Organisationen und Einzelpersonen übernehmen Verantwortung und engagieren sich für das Gemeinwohl. Zwei individuelle Trends motivieren die Menschen, sich an politischen Entscheidungsprozessen zu beteiligen oder sich für das Gemeinwohl zu engagieren: das wachsende Bedürfnis nach Selbstbestimmung und die zunehmende Suche nach sinnstiftenden Tätigkeiten.

Besonders die Kommunen sind aufgefordert, dieses wertvolle Sozialkapital zum Nutzen aller zu aktivieren und dazu beizutragen, dass vor Ort eine Verantwortungsgemeinschaft wachsen kann. Wir sind aufgerufen, darüber nachzudenken, wie wir Menschen »in der zweiten Reihe« mehr Gestaltungskompetenzen übertragen können, wie wir sie *ermächtigen* können, sich um sich selbst und um das Wohlergehen der Menschen in ihrem sozialen Umfeld zu kümmern. Eine Mentoringbeziehung kann den Grundstein dafür legen.

Institutionen und Einrichtungen müssen sich also aktiv für Mitwirkung öffnen. Dazu gehört auch, die Botschaft der Mitwirkungsmöglichkeit angemessen zu kommunizieren und die Mitwirkungswilligen über alle wesentlichen Aspekte der betreffenden Materie zu informieren. »Zentrale Voraussetzung für die Übernahme von Verantwortung und Mitgestaltung sind transparente Strukturen unter den Gesichtspunkten von Kommunikation, Partizipation und Legitimation. [...] Es bedarf der Aktivierung von Partnerschaften und Projekten im lokalen Raum und der ausreichenden Unterstützung von Eigeninitiative, Selbsthilfe und nachbarschaftlicher Hilfe.«[22] In diesem Kontext sind auch Mentoringprojekte zu betrachten; sie stehen im Spannungsfeld zwischen Individuum und Gesellschaft, zwischen Staat und bürgerschaftlichem Engagement.

Gemeinsam die Welt entdecken und spüren, dass man etwas bewirken kann – dieser Lernerfolg wartet schließlich nicht nur auf die Kinder, sondern auf alle, die sich für sie engagieren. Neugier, Spaß, Lerneifer und Gemeinschaftssinn – davon profitieren alle großen und kleinen Menschen

---

22 Bundesjugendkuratorium, 2004b, S. 9.

zusammen, auch Eltern, Mitstreiter und Multiplikatoren und andere Bürger, die sich einbringen und sich einbinden lassen.

»Sozialraumorientierung erfordert neue Formen des Verwaltungsdenkens und -handelns und basiert gleichzeitig auf einer neuen Kultur der Beteiligung: Ohne die tatsächliche Partizipation der Betroffenen ist sie nicht zu verwirklichen. Sie zielt also auf ein Mehr an praktizierter Demokratie, an Teilhabe und auch an Effizienz«, so Hartmut Brocke, Mitglied des Bundesjugendkuratoriums, über die Bedingungen für Sozialraumorientierung. Ihre zentralen Kennzeichen sind nach Brocke:

- Empowerment (Perspektiven entwickeln, Projekte möglich machen, städtebauliche Investitionen konzentrieren und mit sozialen Infrastrukturpolitiken kombinieren)
- lokale Partnerschaften, lokale Ökonomie
- Vernetzung und Verflechtung, soziale Arbeit als Koproduktion
- Partizipation (Bürgerbeteiligung, Stärkung der Stellung der betroffenen Kinder und Jugendlichen und ihrer Eltern, Selbsthilfe und soziales nachbarschaftliches Engagement)
- Linkage-Politik (soziale Verantwortung der privaten Wirtschaft, Formulierung der Schnittstellen zwischen anderen Politikbereichen).[23]

Auch Mentoringprojekte sind ein Teil dieses Geflechts.

Brückenschlag zu einer neuen Lernkultur

Kinder und Jugendliche haben – in der Schule und in ihrer Freizeit – häufig einfach zu wenig Gelegenheiten, ihre Persönlichkeit zu entwickeln und das elementare Handwerkszeug des Zusammenlebens in der Gemeinschaft einzuüben. Das hat viele Gründe: Armut, Arbeitslosigkeit und veränderte Lebensstile tragen dazu genauso bei wie eine andere Zusammen-

---

23 Brocke, 2007, S. 1.

setzung der Bevölkerungsstruktur (demografischer Wandel). Auch die fortschreitende soziale Entmischung von Arm und Reich, Alt und Jung, Gebildeten und Benachteiligten innerhalb der Städte und zwischen Stadt und Land trägt dazu bei, dass soziale Schieflagen sich immer mehr verfestigen. Gleichzeitig reagiert die Bildungs- und Sozialpolitik zu schwerfällig auf gesellschaftlichen Wandel. Aber wir brauchen selbstständige, verantwortungsvolle, gebildete Menschen – für die Glückschancen jedes Einzelnen genauso wie für den Fortbestand der Gesellschaft.

Kinder und Jugendliche müssen deshalb nicht nur Inhalte lernen, sondern auch Lernkompetenzen, politische Partizipationsfähigkeit, Sozialkompetenz, die Fähigkeit, sich altersangemessen zu beschäftigen und ein gesundes Leben zu führen. Dafür brauchen wir einen neuen, ganzheitlichen Bildungsbegriff und damit verbunden eine neue Lernkultur, die Freude, Neugier und die sogenannte Selbstwirksamkeit in den Vordergrund stellt, sich an der Lebenswirklichkeit von Kindern orientiert und da anknüpft, wo sie stehen. Ein Mentor oder eine Mentorin kann der Anfang einer solchen Lernkultur sein.

Am Thema Mentoring entfaltet sich also ein wahres Universum aktueller, brennender Zeitfragen und Wertediskussionen von der Nächstenliebe über Chancengerechtigkeit bis zum Humankapital. Miteinander, Freundschaft und Hilfsbereitschaft sind für den Fortbestand unserer Kultur und unserer Demokratie überlebensnotwenig. Ob Kultur – Musik, Theater, Kunst und Architektur – oder Natur – Tiere, Pflanzen, Landschaften: Wir brauchen die Liebe der Menschen zu diesen vielen schönen und wichtigen Dingen. Deshalb ist Bildung eine der wichtigsten Grundlagen für ein zivilisiertes Zusammenleben, für Toleranz und menschliches Miteinander.

II. Starke Wurzeln: Internationale Mentoringprojekte und ihre Geschichte

3. Von Homer bis heute: Eine Idee mit Tradition

Du aber bist mir gefolgt in der Lehre,
im Leben und Streben, im Glauben, in der
Langmut, der Liebe und der Ausdauer.
BIBEL, ZWEITER BRIEF AN TIMOTHEUS

Mentoring erscheint uns aktuell, zeitgemäß, »modern«. Man könnte meinen, es sei für die Probleme unserer Zeit erfunden worden, damit Kinder – trotz vieler Irritationen in der Familie, in der Schule, in der Freizeit – glücklich, gesund und erfolgreich aufwachsen können. Aber das Bedürfnis nach einer Beziehung, in der wir zugleich Halt finden und wachsen können, ist genuin menschlich und natürlich und wahrscheinlich ebenso alt wie die Menschheit selbst. Vom antiken Drama über die Bibel bis hin zu den großen Entwicklungsromanen der Literatur, gibt es unzählige Geschichten, die erzählen, wie ein älterer Freund einen jungen Menschen unter seine Fittiche nimmt und für das Leben stark macht. Die Bezeichnung »Mentor« stammt tatsächlich aus der Antike, nämlich aus Homers *Odyssee*: Odysseus hat einen Sohn, Telemachos, der seinen seit vielen Jahren verschollenen Vater schmerzlich vermisst. Mentor ist der Name seines väterlichen Freundes (und Erziehers), der ihn schließlich überzeugt, sich auf die Suche nach dem Vater zu machen. Dass der Begriff Mentoring in diesem altgriechischen Epos seinen Ursprung hat, zeigt: Das Prinzip gab es schon immer, und es kann – wie wir sehen werden – in ganz unterschiedlichen Zusammenhängen und Konstellationen seine Wirkung entfalten.

Solche Geschichten überdauern die Jahrtausende, weil sie sich mit grundsätzlichen Menschheitsfragen befassen – Geschichten, die vom Streben nach Liebe, Macht, Wissen und Besitz handeln, von Freundschaft und Feindschaft, von Zugehörigkeit oder Ausgestoßensein.

Eine Geschichte neueren Datums ist Rudyard Kiplings *Das Dschungelbuch*, das erstmals 1894 in England und Indien erschienen ist. Die meisten von uns kennen Balu und Mogli, das berühmte »Mentoring-Tandem«, nicht aus diesem Roman, sondern aus dem gleichnamigen Walt-Disney-Film von 1967: Das Findelkind Mogli ist wohl behütet unter Wölfen aufgewachsen, kennt aber die Spielregeln des Dschungels nicht. Je älter es wird, desto mehr erweitert sich sein Radius und desto mehr begibt es sich in Gefahr. Ein Glück, dass es Balu, den Bären, kennenlernt. Die beiden freunden sich an, und ganz spielerisch und vergnüglich wird Mogli von seinem großen Kameraden nach und nach mit allen Freuden, Gefahren und Lebensregeln des Urwalds vertraut gemacht. Eigentlich hat Mogli aber zwei Mentoren, denn auch der Panther Baghira trägt entscheidend dazu bei, dass Mogli zu einem lebenstüchtigen Erwachsenen heranreifen und schließlich seinen eigenen Weg finden kann.

Kipling schreibt den beiden Freunden Moglis unterschiedliche menschliche Eigenschaften zu: Balu, der Bär, repräsentiert ungebremste Lebensfreude, Genuss, Entspannung und Sorglosigkeit, aber auch Naivität. Baghira verkörpert Intelligenz, wohlwollende Strenge und Verantwortungsgefühl – und eine gewisse Eitelkeit, so ist er zum Beispiel beleidigt, wenn Balu und Mogli seinem guten Rat nicht folgen wollen. Mogli hat also zwei Rollenvorbilder, an denen er sich messen und reifen kann. In ihrer Gesamtheit repräsentieren die beiden Tierfiguren – und ihre Auseinandersetzungen – die unterschiedlichen Pole einer gereiften Persönlichkeit, einer Persönlichkeit, der es gelingt, sich innerlich mit widerstreitenden Interessen auszusöhnen und zu einem verantwortungsvollen Handeln zu finden, das all diese Aspekte integriert. Aber beide, Balu und Baghira, haben auch etwas sehr Wichtiges gemeinsam: Beide sind rührende Beispiele für Sorge, Liebe und Warmherzigkeit, den Säulen, auf denen eine gute Mentoringbeziehung ruht.

Im Folgenden stellen wir die zwei ältesten großen Mentoringorganisationen vor. Sie stehen für zwei unterschiedliche Konzepte, was Organisationsstruktur und Finanzierung angeht, und halten deshalb eine Fülle von Anregungen für die noch junge Mentoringbewegung in Deutschland bereit.

Die amerikanische Organisation Big Brothers Big Sisters (BBBS) ist eine Non-Profit-Organisation, die sich durch Spender und Sponsoren finanziert. Die Mentoren und Mentorinnen sind Ehrenamtliche, die aber professionell begleitet werden. Die israelische Organisation PERACH arbeitet mit studentischen Mentoren, die für ihre Arbeit ein staatliches Teil-Stipendium erhalten. Die pyramidenförmigen Koordinations- und Begleitstrukturen sind in Israel rein ehrenamtlich, nur an der Spitze professionell. Die Arbeit wird durch ein Netz von staatlichen Bildungsstätten mit einer Art »Edutainment«-Konzept unterstützt.

Beide Organisationen bieten für Mentoringprojekte hierzulande eine Fülle von Grundlagenwissen, jahrzehntelange Erfahrung im Qualitätsmanagement und zahlreiche Beispiele im Sinne von Best Practice.

4. Big Brothers Big Sisters of America: Von einer privaten Initiative zur internationalen Erfolgsgeschichte

New York, 1904: Die Anfänge

Nicht bis in die Antike, aber doch ein ganzes Jahrhundert zurück reichen die Wurzeln der ältesten und größten Mentoringorganisation der Welt: Big Brothers Big Sisters of Amerika (BBBSA) in den USA. Rechnet man die BBBS-Organisation in Kanada hinzu, werden in Nordamerika zurzeit rund eine Viertelmillion Kinder und Jugendliche von einem »älteren Bruder« oder einer »älteren Schwester« begleitet. Wenn man die Geschichte dieser Organisation betrachtet, wird einmal mehr deutlich, dass die Philosophie des Mentoring am Anfang des 20. Jahrhunderts ebenso gültig ist wie am Anfang des 21. Jahrhunderts – und dass jede Zeit ihre eigenen sozialen Probleme hat.

Die Geschichte von Big Brothers Big Sisters begann vor mehr als hundert Jahren, genau am 3. Dezember 1904 im Stadtteil Lower Manhattan in New York. Das Leben eines Jungen war aus dem Gleichgewicht geraten: Wegen geringfügiger Straftaten wollte das Gericht ihn zu 18 Monaten »Besserungsanstalt« verurteilen. Richter Ernest Coulter hatte schon viele Jungen vor dieses Gericht treten sehen, und er ahnte, dass auch diesem Jungen der Richterspruch die Zukunft endgültig verderben könnte. Da hatte er eine Idee: Es müsste jemand gefunden werden, der als großer Bruder auf den Jungen aufpasst! Coulter war Mitglied in einem New Yorker Club für Unternehmer und wichtige Führungspersönlichkeiten. Vor diesem Publikum warb er leidenschaftlich für seine Idee. »There is only one possible way to save that youngster, and that is to have some earnest, true man volunteer to be his big brother. To look after him, to help him do right, to make the little chap feel that there is at least one human being in this great city who takes a personal interest in him, who cares whether he lives or dies. I call for a volunteer.«[1]

Dieses Plädoyer von Ernest Coulter wurde zur Geburtsstunde des Mentoring für Kinder und Jugendliche in den USA. Die Männer, die Ernest Coulters Worte hörten, erfassten sofort die Tragweite seiner Idee, die über das humanitäre Bestreben auch ein gesamtgesellschaftliches enthielt: »Just be a Brother and a companion [...] give him his individual chance to be honest, and to grow up into a useful citizen.«[2] – Noch am selben Tag meldeten sich 39 Freiwillige, um ebenso vielen Jugendlichen ein großer Bruder zu sein. Diese Freiwilligen wurden die ersten Mitglieder von Big Brothers of New York City, jener Organisation, aus der Big Brothers Big Sisters of America später hervorging. Die Organisation für Mädchen, Big Sisters, wurde von dem Wohlfahrtsverein Ladies of Charity, später Catholic Big Sisters of New York, gegründet.

1912 berichtete die *New York Times* über Aktivitäten von Big Brothers Big Sisters in 26 Städten der USA. Zwei Jahre später begannen die Planungen für eine nationale Dachorganisation. Ernest Coulter warb auf einer Vortragsreise durch die Staaten für das Konzept. 1917 fand in Grand Rapids im Bundesstaat Michigan die erste nationale Konferenz statt, die einige Zeit später in die Gründung der nationalen Big Brothers Big Sisters Federation mündete.

Bereits 1916 gab es Big-Brothers- und Big-Sisters-Organisationen in 96 Städten der USA. Und schon im Jahr 1923, kurz nach der Einführung des Tonfilms, realisierte Paramount Pictures einen Film, der die Geschichte einer Big-Brother-Beziehung erzählt. Auch einige Präsidenten der Vereinigten Staaten machten Big Brothers Big Sisters zu ihrer Sache. So fand

---

1 »Es gibt nur eine Möglichkeit, diesen Jungen zu retten: ein aufrichtiger Freiwilliger, der es als sein großer Bruder ernst mit ihm meint. Der auf ihn aufpasst und ihm hilft, sich zu bessern, und der diesem kleinen Kerl das Gefühl gibt, dass es schließlich doch einen Menschen in dieser großen Stadt gibt, der ein persönliches Interesse an ihm hat und dem es nicht egal ist, ob er lebt oder stirbt. Freiwillige vor!« Zitiert nach: www.bigsnyc.org/a-history.php (11.08.2009; Übersetzung B. Ramm).

2 »Sei einfach ein Bruder und Kamerad [...] gib ihm seine persönliche Chance, ein rechtschaffener Mensch und ein nützlicher Bürger zu werden.« (Ebd.)

1997 ein »Freiwilligen-Gipfeltreffen« unter der Schirmherrschaft von Bill Clinton statt, bei der BBBS eine Schlüsselrolle spielte. 2003 legte Präsident George W. Bush ein 450-Millionen-Dollar-Programm für drei Jahre auf. Seine Frau Laura Bush warb in einer landesweiten Kampagne um *volunteers* (Freiwillige).

Bereits in den achtziger Jahren wurde in einem langen Planungsprozess mit staatlicher Unterstützung die Qualitätsentwicklung vorangetrieben. Qualitätsanforderungen und -standards sind seither festgelegt und werden weltweit angewendet. Die neunziger Jahre standen im Zeichen eines Leitbild- und Strategieentwicklungsprozesses mit dem Titel *Project 21st Century*. 1998 wurde Big Brothers Big Sisters International (www. bbbsi.org) gegründet.

Die bedürftigsten Jugendlichen der Stadt zu unterstützen und die Stadt zu vereinigen – *supporting the city's neediest youth and helping to unite the city* –, in dieser Zielvorgabe aus den Anfängen der Organisation ist das ganze Spektrum dessen enthalten, was Mentoring bewirken kann: dem Einzelnen zur Seite stehen und gleichzeitig das Miteinander (von Arm und Reich und zwischen den Kulturen) zu stärken, und zwar auf der kleinsten denkbaren Ebene, nämlich zwischen zwei Menschen.

Big Brothers Big Sisters of America heute

Über die Jahrzehnte hinweg ist Big Brothers Big Sisters der Vision von Ernest Coulter treu geblieben: Wenn ein Kind rechtzeitig fürsorgliche Aufmerksamkeit durch einen Mentor oder eine Mentorin erfährt, kann sich sein Leben zum Positiven wenden. Der »große Bruder« oder die »große Schwester« sollen dem Kind dabei helfen, seinen Horizont zu erweitern, seine Potenziale zu entfalten und dadurch seine Zukunftschancen zu verbessern. An diesem Konzept des sogenannten *one-to-one-mentoring* hat sich seither nicht viel geändert. Big Brothers Big Sisters nimmt Kinder in sein Mentoringprogramm auf, die zwischen 6 und 18 Jahre alt sind. Mädchen bekommen eine Mentorin, Jungen einen Mentor. Das Programm erreicht heute mehr Mädchen und Jungen als jemals zuvor. Zurzeit gibt es 590 regionale Büros in Nordamerika. Über 250 000 Erwachsene sind dort als Mentoren und Mentorinnen aktiv, noch einmal 27 000 in Kanada. Rund ein Dutzend Länder haben das Programm übernommen, darunter Australien, die Niederlande, Polen, Russland und Deutschland – wir kommen später darauf zurück. Allein in New York sind jährlich 4000 Kinder und Jugendliche Mentees bei Big Brothers Big Sisters.

Coulters Haltung, seine Offenheit für neue Wege und Lösungen, wirkt bis heute fort. So weiß man mittlerweile, dass soziale Projekte am besten fruchten, wenn sie einen lokalen Anknüpfungspunkt haben. Auch die Gewinnung und Vermittlung von Mentoren funktioniert am besten im Stadtteil, wo die Menschen über die örtlichen Probleme Bescheid wissen. Deshalb sucht BBBS Partner vor Ort – Vereine, Stadtteilinitiativen, Kirchen –, deren Mitarbeiter und Ehrenamtliche dafür geschult werden, eigene Mentoringprogramme im Namen von BBBS durchzuführen. BBBS bietet heute viele Programme an, die für die vielfältigen Bedürfnisse von jungen Menschen maßgeschneidert sind, so zum Beispiel für Teenager-Mütter, Kinder mit Entwicklungsstörungen, Kinder von »Hispanics« (»Hispanic Mentoring Network«), von neuen Einwanderern oder die Kinder von Inhaftierten. Hinzu kommen spezielle Schulprogramme und andere Angebote, die an kommunale Institutionen und Organisationen angebunden sind, in denen Ehrenamtlichkeit seit jeher eine große Rolle spielt, zum Beispiel Kirchen, Hochschulen und Studentenorganisationen sowie Unternehmen. Alle Programme basieren auf den zwei Grundformen: *Community-based Mentoring* und *School-based Mentoring*.

1. *Community-based Mentoring*: Bei dieser »Grundform« trifft sich das Tandem mindestens einmal in der Woche zu gemeinsamen Aktivitäten, die entweder beim Mentor zu Hause oder außerhalb stattfinden, wie beispielsweise Museums- oder Kinobesuche, Sport oder gemeinsames Kochen.
2. *School-based Mentoring*: Hier treffen sich *Bigs and Littles* einmal in der Woche in der Schule, in einer Bibliothek oder in einem Gemeinschaftszentrum, um sich zu unterhalten oder miteinander zu

spielen und Spaß zu haben. Die Organisation betont stets, dass bei den Treffen nicht Nachhilfe und Lernen im engeren Sinne auf der Tagesordnung stehen sollen, sondern das Zusammensein mit einem Freund.

BBBSA verfügt über eine breite professionelle Basis sowie über einen großen Pool an Freiwilligen aus den unterschiedlichsten Gesellschaftsgruppen. In Trainingszentren werden die zukünftigen Mentoren auf ihre Aufgabe vorbereitet. Darüber hinaus werden dort Initiatoren fit gemacht, die in anderen Städten neue Big-Brothers-Big-Sisters-Agenturen gründen wollen.

Von den USA lernen: Öffentlichkeitsarbeit und Marketingstrategien

Eine überaus große Rolle bei Big Brothers Big Sisters of America spielt die Öffentlichkeitsarbeit. Für uns Europäer mag es überraschend sein, dass eine Non-Profit-Organisation derartig viel Energie und Geld einsetzt, um modernste Marketingstrategien zu entwickeln und umzusetzen. Auch wenn es ihr Ziel ist, Mentees und Mentoren zu begeistern sowie neue Organisatoren und Sponsoren anzuwerben, unterscheiden sie sich aus unserer Sicht in Stil und Sprache nicht wesentlich von der Werbung für Turnschuhe, Margarine oder ein Handy. Auf den zweiten Blick erkennt man in dieser hochprofessionellen Werbesprache, in dieser Mischung aus Konsumorientiertheit und Menschlichkeit, eine Spielart des Empowerment als logisches Resultat von Verantwortung des Einzelnen auf der einen Seite und Anerkennung durch die Gemeinschaft auf der anderen Seite. Surft man auf den Internet-Seiten von Big Brothers Big Sisters of America[3], springen einem die Slogans nur so in die Augen: *Volunteer Now! – Volunteering is fun – Your donation will make a difference – Get started today!*

---

3 www.BBBSA.org, Auszüge übersetzt von B. Ramm.

Die Website macht auch die Haltung der Amerikaner zum Ehrenamt deutlich: Kommuniziert wird, dass Mentoring ein niedrigschwelliges Angebot mit großem persönlichen Zugewinn ist. »Es ist wirklich so einfach: Ihr geht im Park spazieren, spielt ein Brettspiel, esst eine Pizza zusammen oder redet einfach miteinander – ein Big Brother zu sein, wird die beste Entscheidung sein, die du in deinem ganzen Leben getroffen hast! HIER kannst du dich anmelden, wir nehmen dann umgehend Kontakt zu dir auf. *Volunteer now! Read real life stories …*«

Einfache Sätze und plastische Beispiele wirken überzeugend – schon hat man sie angeklickt, die »wahren Geschichten«. Sie sind knapp, anrührend (bevorzugt man einen eher sachlichen Zugang würde man sagen: rührselig) und bringen in wenigen Zeilen auf den Punkt, was Mentoring bewirken kann. Zwei fröhliche Menschen lachen dem Betrachter aus einem Foto entgegen. Da es in den USA – genau wie in Deutschland – schwierig ist, männliche Mentoren zu finden, widmet die Website männlichen Tandems besondere Aufmerksamkeit. So werden beispielsweise Paul und Victor zitiert:

Paul: »Weil ich Victor habe, bin ich jetzt ein besserer Mensch und Vater, dafür bin ich wirklich dankbar.«

Victor: »Wenn ich groß bin, möchte ich so erfolgreich sein wie mein ›großer Bruder‹. Und ich möchte ein ›großer Bruder‹ sein, so wie er.«

Auch die Zitate von Michael und Frank bringen für diejenigen, die sich auf der Website einen ersten Eindruck verschaffen wollen, ihre positiven Erfahrungen auf den Punkt:

Michael: »Ein Mentor kann einem jungen Menschen helfen, seine eigene Zukunft zu sehen und daran zu glauben, dass er alles hat, um seine Träume zu erreichen.«

Frank: »Jetzt weiß ich, was ich alles kann!«

Spender und Sponsoren werden ebenfalls persönlich angesprochen. Sie erfahren, was mit ihren Spenden geschehen soll und welch große Wirkung auch eine geringfügige Spende hat.

Die Website von Big Brothers Big Sisters America wendet sich in einigen Teilen auch an spezielle Zielgruppen und versucht, sie mit einer Mischung aus Fakten und emotionalen Appellen als Mentoren oder Unterstützer zu gewinnen. Es geht dabei vor allem um Programme, die für bestimmte ethnische Gruppen angelegt sind, wie das »Hispanic Mentoring« oder das »African American Mentoring«. Besonders männliche Mentoren werden mit einem direkten Hilfs- und Solidaritätsappell angesprochen: »Wir stehen vor einer Krise, und Sie können helfen. Zu viele afroamerikanische Jungen überall im Land laufen Gefahr, die Schule abzubrechen, in die Drogenszene zu geraten und vom Weg abzukommen. Es ist wahrscheinlicher, dass sie ihren Schulabschluss im Gefängnis machen als dass sie studieren. Einen ›großen Bruder‹ zu haben, der sie führt und ihnen hilft, sich für das Bessere zu entscheiden, wird ihr Leben verändern und unser Gemeinwesen stärken.«

Auch wenn man diese suggestive Form vielleicht nicht liebt – man kann sich ihr nur schwer entziehen: Bei der Lektüre der Website von Big Brothers Big Sisters of America will man plötzlich nichts lieber tun, als Mentor oder Mentorin zu werden, eine Mentoringorganisation zu gründen oder sofort ein Überweisungsformular auszufüllen. Das überzeugende Konzept und die erfolgreiche Umsetzungsstrategie haben dazu geführt, dass Big Brothers Big Sisters sich in weiten Teilen der USA als geradezu selbstverständliche Einrichtung etablieren konnte. Die Prominenz der Unterstützer, das Spendenvolumen und die eindrucksvollen Teilnehmerzahlen sprechen für sich. Kapitel 14 wird zeigen, dass auch in Deutschland bei vielen Menschen der Funke übergesprungen ist.

5. PERACH: Eine Mentoringorganisation für Kinder und Studenten prägt die israelische Gesellschaft

*In den meisten Fällen ist Geld nicht das
Problem. Geldgeber lieben die Idee!
Ihnen gefällt, dass Mentoring so effektiv ist!*
AMOS CARMELI, NATIONAL DIRECTOR OF PERACH

Auch in Israel ist Mentoring seit fast 35 Jahren eine Selbstverständlichkeit. Fast jeder Israeli kennt die Organisation PERACH, und viele Menschen landauf, landab sind selbst einmal Mentees und Mentoren gewesen. PERACH bedeutet »Blüte« oder »Blume« und setzt sich aus den Anfangsbuchstaben von »Tutoring-Projekt« auf Hebräisch zusammen. Bei diesem staatlich initiierten Projekt helfen Studenten bedürftigen Kindern aus unterprivilegierten Familien, gleich ob Juden oder Araber, in schulischen und privaten Belangen. Dieser persönliche Freund schenkt ihnen zunächst einmal ungeteilte Aufmerksamkeit – die viele dieser Kinder sonst sehr vermissen. Gleichzeitig dient er als Rollenvorbild und als Beschützer vor Mobbing in der Peergroup. Diese Unterstützung hilft den Kindern, ihre Potenziale zu entfalten und zu selbstständigen Menschen heranzureifen. Das Konzept wird in vielen Ländern, unter anderem in Deutschland von »Balu und Du«, erfolgreich praktiziert.

Das PERACH-Projekt wurde 1974 am Weizmann Institute of Science von einer Handvoll Studenten gegründet, die neben dem Studium benachteiligte Kinder betreuten. Seitdem ist das Projekt in Größe und Bandbreite enorm gewachsen. Heute nehmen annähernd 15 % der Studenten aller Fachrichtungen in Israel und jährlich rund 55 000 Kinder an dem Projekt teil. Für ein Jahr treffen sich Pate und Patenkind zweimal in der Woche, um miteinander Zeit zu verbringen. Ziel ist es, die Sprach- und Integrationsfähigkeit zu fördern, die Kinder beim Erwerb von Lebenskompetenzen zu unterstützen und Bildungsunterschiede auszugleichen. Viele der Mentees, aber auch der Mentoren und Mentorinnen gehören ethnischen oder sozialen Minderheiten an. Das Programm stößt auf breite Zustimmung in der Gesellschaft.

Von PERACH profitieren zum einen die Kinder selbst; so lässt sich zum Beispiel meistens bald eine erhöhte Lernmotivation feststellen. Der regelmäßige Kontakt zu ihrem Mentor festigt die Persönlichkeit der Kinder und lässt sie in der Schule seltener scheitern. Viele Kinder können sich durch ein Mentoring aus dem sozialen Status ihrer Herkunft befreien und einen höheren Bildungsabschluss oder sogar einen akademischen Grad erreichen. Außerdem gewinnen diese Kinder Selbstachtung und Selbstvertrauen – die beste Prävention gegen aggressives Verhalten, Gewalt und Kriminalität, sagen die Initiatoren von PERACH. Ihre Erfahrung wird inzwischen durch Evaluationsstudien gestützt.[1]

Zum anderen profitieren die Studenten auf vielfältige Weise von ihrer Mentorentätigkeit: Als Anreiz, am PERACH-Programm teilzunehmen, zahlen sie nur die Hälfte der Studiengebühren und werden im pädagogischen und interkulturellen Bereich geschult. Nicht zu unterschätzen ist aber auch der persönliche Gewinn: Die jungen Mentoren sammeln wertvolles Wissen, Erfahrungen und persönliche Kompetenzen, die sie ihr Leben lang brauchen können. Auf beiden Seiten – der der Mentees und der der Mentoren – ist es das Ziel von PERACH, die Integration von Minderheiten in die multiethnische israelische Gesellschaft zu unterstützen. Die kulturellen Unterschiede, beispielsweise zwischen Juden und Arabern oder äthiopischen und russischen Einwanderern, stellen in Israel eine besondere Herausforderung für das Mentoring dar.

---

1 Mündlicher Vortrag von Amos Carmeli, National Director of PERACH, auf der Tagung »Tutoring and Mentoring Projects at Universities – Students for disadvantaged children. International Conference at the University of Osnabrück«. 30. März – 1. April 2009. Selbstauskunft der Organisation unter www.perach.org.il.

Die Leidenschaft eines ehrgeizigen Physikers

Die Anfänge von PERACH liegen rund dreißig Jahre zurück. Im November 1972 wandte sich Rony Attar, Doktorand der Informatik am Weizmann Institute of Science, an das Israelische Bildungsministerium. Seine Idee: In einem nationalen Mentorenprogramm sollten Studenten im großen Stil Einzelbetreuungen für benachteiligte Kinder übernehmen. Aber wie sollte man die Studenten dazu bringen, sich für so eine Aufgabe zu engagieren? Dafür hatte Rony Attar eine Lösung: Als Anreiz sollten die Studenten von einem Teil ihrer Studiengebühren befreit werden. Das überzeugte die Regierung. Schon ein halbes Jahr später, im April 1973, startete das Projekt am Weizmann Institute.

Begeisterter Partner bei der Umsetzung des Plans wurde ein junger, besonders ehrgeiziger Mann: der Physikprofessor Haim Harari, der 1967 mit nur 27 Jahren der jüngste Professor am Weizmann Institute geworden war und 25 Jahre später dessen Präsident wurde. Neben seiner wissenschaftlichen Forschung im Bereich der Teilchenphysik hatte Haim Harari eine Leidenschaft: Er wollte wissen, wie wissenschaftliche Bildung und Wissensmanagement am besten »funktionieren« und wie man junge Menschen für die Naturwissenschaften faszinieren kann. Heute ist Haim Harari – wen könnte das überraschen – Lehrstuhlinhaber eines Instituts für wissenschaftliche Ausbildung am Weizmann Institute, das mit rund 2500 Naturwissenschaftlern aller Fachrichtungen eine der weltweit führenden Forschungsinstitutionen ist. Auf Vortragsreisen durch die ganze Welt wirbt er nach wie vor unermüdlich dafür, junge Menschen für die Naturwissenschaften zu begeistern.

Es dauerte nur sechs Jahre, bis die beiden Protagonisten das einzigartige Vorhaben als nationales Projekt etabliert hatten. Den Anfang machte ein Dutzend Studenten und Doktoranden am Weizmann Institute, doch innerhalb dieser Zeit schaffte es Rony Attar, PERACH an allen israelischen Universitäten zu etablieren. Professor Haim Harari unterstützte das Vorhaben, indem er ihm im Weizmann Institute eine wissenschaftliche und verwaltungstechnische Heimat gab und die israelische Regierung davon überzeugte, das Projekt zu ihrer Sache zu machen. Wie so oft führten auch hier Überzeugung, Tatkraft und Führungsqualität Einzelner dazu, dass aus einer guten Idee innerhalb weniger Jahre ein umfangreiches Projekt werden konnte. Mit der Gründung von PERACH haben Haim Harari, der bis 2009 Vorsitzender des National PERACH Council blieb, und seine Mitstreiter einen großen Beitrag zur Bildungslandschaft in Israel geleistet. 1978 wurde Amos Carmeli General Manager des Projekts. Er entwickelte PERACH weiter und schaffte es innerhalb weniger Jahre, dass jährlich rund 25 000 Studenten in dem Projekt aktiv waren. Dabei war es ihm wichtig, die schmale und effiziente Verwaltung nicht unnötig zu vergrößern. Bis heute hat PERACH im Leben von rund einer Million Israelis – Mentoren und Kindern – eine Rolle gespielt. Fast jeder im Land kennt die Einrichtung: PERACH gilt heute als nationale Errungenschaft. Weltweit gibt es Nachahmer in zwanzig Ländern, die sich bei ihrem israelischen Vorbild Anregung und praktische Unterstützung holen.

Studentische Mentoren begegnen der sozialen Realität

Die aktuellen Zahlen sprechen für sich: PERACH gibt es in über 200 Städten und Orten Israels. Im Frühjahr 2009 waren rund 55 000 Kinder in ein Mentoringprojekt eingebunden. Sie wurden von rund 28 000 Mentoren betreut – dies ist auch gleichzeitig die Zahl der durch das Weizmann Institute vergebenen Stipendien. Auch die Zahl der kooperierenden Schulen – es sind 1500 – ist in diesem relativ kleinen Land beeindruckend.

Drei Grundpfeiler tragen seit den siebziger Jahren unverändert das Vorhaben:

1. Die Verknüpfung von Freiwilligkeit mit dem Anreiz durch ein Stipendium, das einen Teil der Studiengebühren abdeckt.
   Die Mentorentätigkeit gilt für die Studenten zudem als Leistungsnachweis im Rahmen der Studienordnung.
2. Der Aufbau von Beziehungen in Form von Tandems (und nicht in Gruppen) zu sozial benachteiligten Grundschulkindern in

Form von Unterstützung in der Schule und flankierenden
Aktivitäten.

3. Empowerment und Förderung der Studentenvertretungen und
   Dekane der Fakultäten in allen Universitäten, damit sie die
   erforderlichen Organisationsstrukturen selbst schaffen.
   Dadurch wird der Hauptsitz von PERACH am Weizmann Institute,
   der die nationalen Aktivitäten kontrolliert und koordiniert,
   personell schmal gehalten, und die demokratischen Strukturen
   sind gesichert.

»Jedes Kind trägt eine ganze Welt in sich«, so Amos Carmeli, »aber um die
zu entfalten, braucht es eine warmherzige Beziehung zu einem Vorbild.
Mentoring ist eine ganz einfache und natürliche Sache, etwa so wie Kinder in der Natur von ihren Eltern lernen. Fast jeder kann jemanden als
Mentor begleiten und seine Welt ändern. Es eignet sich für alle möglichen
Bedürfnisse und bietet viele Möglichkeiten. Außerdem ist es sehr effi-
zient. In den meisten Fällen ist Geld nicht das Problem. Geldgeber lieben
die Idee! Ihnen gefällt, dass Mentoring so effektiv ist. Die zugrunde liegen-
de Idee ist nicht kompliziert: Unsere Kinder kommen aus benachteiligten
Lebensverhältnissen, sie sind Grundschüler, aber die meisten gehen nicht
gerne zur Schule. Aber alle spielen gerne! Die einfache Schlussfolgerung:
Alles kann spielend gelernt werden!«, so fasst der National Director von
PERACH die Philosophie der Organisation zusammen.[2]

Wenn Studenten als die zukünftige Führungsschicht des Landes mit
Armut, Benachteiligung und Diskriminierung in Berührung kommen,
dann – das gehört zu den Grundannahmen des Projekts – könnte das dabei helfen, die Gräben in der israelischen Gesellschaft zu überwinden und
durch gemeinsame Aktivitäten für Toleranz und Verständigung zwischen
sozialen, religiösen und ethnischen Gruppen zu werben. Die Arbeit für
PERACH wird deshalb als ein Gewinn für die gesamte Gesellschaft gese-

---

2 Aus dem Einführungsvortrag *Why mentoring? Inside-out. The story of a tutoring
   and mentoring project* am 30. März 2009 auf der Internationalen Tagung »Tutoring
   and Mentoring Projects at Universities«.

hen. Mentor für ein benachteiligtes Kind zu sein, bedeutet für die Studenten und Studentinnen, Erfahrungen aus erster Hand zu sammeln und mit den brennenden sozialen Problemen des Landes konfrontiert zu werden. Amos Carmeli erklärt: »Mentoring erhöht das Bewusstsein der jungen Leute für die Probleme vor ihrer Haustür. Studenten kennen die sozialen Probleme in ihrem Land und in ihrer eigenen Stadt häufig gar nicht. So hilft Mentoring ihnen auch, bessere Bürger zu werden. Auf diese Weise verbindet Mentoring Menschen, überwindet Gegensätze und ermöglicht einen Dialog zwischen Fremden.«[3]

Die PERACH-Mentees sind Kinder mit prekärem sozioökonomischen Hintergrund, die unter Lernproblemen, Entwicklungsstörungen und Verhaltensauffälligkeiten leiden. Annähernd 20 % der PERACH-Kinder sind sogenannte neue Immigranten. Noch einmal so viele kommen aus der arabischen Bevölkerungsgruppe. Andere Kinder sind behindert oder haben einen Vater, der inhaftiert ist. Auf eine andere Altersgruppe zielt Mentoring für Oberstufenschüler ab, deren Schulabschluss gefährdet ist, sowie für Studenten, die Schwierigkeiten haben, weil sie beispielsweise blind sind oder unter Legasthenie leiden. Bei PERACH geht man davon aus, dass all diese jungen Menschen das Potenzial besitzen, um ihre Persönlichkeit zu entwickeln, sich sozial zu integrieren und Leistungsanforderung – sei es in der Schule oder an der Universität – zu erfüllen.

Die Organisationsstruktur von PERACH ist pyramidenförmig: An ihrer Spitze steht die kleine Hauptverwaltung am Weizmann Institute of Science, die mit wenigen regionalen Zweigstellen in allen Landesteilen verknüpft ist. In jeder Zweigstelle ist ein Regionalmanager für jeweils 50 bis 70 Koordinatoren zuständig. Diese Koordinatoren – selbst Studenten und Studentinnen, die in früheren Semestern als Mentoren tätig waren – sind jeweils verantwortlich für wiederum 50 Mentoren. Der Koordinator stellt die Tandems zusammen, nachdem er mit Mentor und Mentee Einzelgespräche geführt und Hintergrundinformationen über den Mentee eingeholt hat. Der Koordinator unterstützt und begleitet die Mentoren und Mentorinnen mit ihren Schützlingen ein Jahr.

---

3 Ebd.

Die Mentoren treffen sich zweimal in der Woche mindestens zwei Stunden lang mit ihren Mentees. Diese Treffen können bei den Kindern zu Hause stattfinden – damit der Mentor das Zuhause und das Familienleben kennenlernt – oder auf Spielplätzen, in Bibliotheken, Museen oder in den *PERACH's Enrichment Centers*. Viele gemeinsame Aktivitäten finden auch auf dem Universitätscampus statt, denn, wie Amos Carmeli erläutert: »Die Mentees lernen dadurch, dass die Universität nicht etwas Unerreichbares, etwas Unwirkliches, auf dem Mond oder hinter den Bergen ist.«[4]

Der studentische Koordinator stellt Supervision und Begleitung sicher und gibt Empfehlungen für die Aktivitäten. Die Tandems können ihre gemeinsame Zeit aber weitgehend frei gestalten: Hausaufgaben machen, am Computer spielen oder Sport treiben, ins Kino gehen oder die Natur erkunden.

Den weitaus größten Teil der studentischen PERACH-Aktivitäten, nämlich mehr als Dreiviertel (77 %), macht das persönliche Mentoring aus. Aber immerhin ein Viertel der Teilnehmer wird dafür ausgebildet, Inhalte ihres Studienfachs in vielfältige Gruppenangebote einzubringen, die es überall in Israel gibt. Dafür wurden professionelle Lehrpläne entwickelt. Darüber hinaus erhalten die Studenten spezielle Fachliteratur sowie eine inhaltliche Begleitung und Supervision. Durch diese für sie aufbereiteten Inhalte erhalten die Kinder und Jugendlichen Einblicke in ganz unterschiedliche Themen, wie zum Beispiel Gesundheit, Umweltschutz und Naturwissenschaften, Recht und Gesetz, Musik und vieles mehr. Auch die Studenten profitieren durch die praktische Arbeit auf vielfältige Weise. Wie umfangreich sie ihre persönlichen und beruflichen Kompetenzen erweitern, darauf kommen wir in Kapitel 11 zurück.

Eine Besonderheit beim israelischen Mentoring sind die *PERACH's Enrichment Centers* und die *Havayeda Teva Science Centers*, die von PERACH eigens eingerichtet wurden, um allen Kindern Zugang zu Bildung zu ermöglichen. Die *PERACH's Enrichment Centers* – wörtlich übersetzt: »Zentren der Bereicherung« (wir würden vielleicht sagen: Bildungsförderung) – sind meistens in der städtischen Peripherie angesiedelt. Sie öffnen

---

4 Ebd.

nachmittags und bieten den Mentoring-Tandems die Möglichkeit, sich in Ruhe ihren inhaltlichen Interessen zu widmen. Dafür finden sie in den Einrichtungen Lernspiele, Bücher, Videos, Material zum Malen und Basteln und Computer.

Auch in den *Havayeda Teva Science Centers* können Mentor und Mentee gemeinsam lernen. Hier werden Kinder ermutigt, sich interaktiv und spielerisch mit naturwissenschaftlichen Themen zu beschäftigen und Naturphänomene in spannenden Experimenten zu erforschen. Neun dieser von PERACH betriebenen Einrichtungen gibt es landesweit. Ihr Name *Havayeda Teva* setzt sich aus den hebräischen Wörtern für »Wissen« und »Spaß« zusammen. Der Name steht für die pädagogische Haltung, dass Kinder am besten durch Selbermachen und Erfahrung lernen.

Den Erfolg von PERACH bestätigt auch Alon, einst ein Mentee, jetzt selbst Mentor: »Als ich nach Israel kam, war ich zehn Jahre alt. Meine Familie und ich gingen durch sehr schwere Zeiten. Was mir in dieser Zeit am meisten geholfen hat, war das PERACH-Projekt. Mein Mentor, Boris, war auch ein neuer Immigrant. Er brachte mir Hebräisch bei, half mir bei den Hausaufgaben und reiste mit mir zu den schönsten Landschaften Israels. Meinem Mentor und seiner warmherzigen Zuwendung habe ich es zu verdanken, dass ich mich heute fühle wie jeder andere! Jetzt fühle ich mich in jeder Beziehung als Israeli und arbeite auch als Mentor für PERACH. Nun kann ich zurückgeben, was ich bekommen habe – für jemanden da zu sein, der mich braucht, der Wärme, Zuwendung, Wissen und Erfahrung braucht, damit er mit seinem Leben zurechtkommt. Als Michael, mein Mentee, mich fragte, wie er mir für alles danken könnte, was ich für ihn getan habe, sagte ich zu ihm: ›Lerne dein Leben zu meistern, geh zur Universität, und dann kannst du auch ein PERACH-Mentor werden.‹« [5]

Auch Amos Carmelis fasst die Arbeit von PERACH zufrieden zusammen: »Beim Mentoring gibt es nur Gewinner: die Kinder und ihre Familien, die Studenten, die Schulen und die Lehrer, das örtliche Umfeld und die Kommune. Lasst es uns anpacken!« [6]

---

5 www.perach.org.il/English; Übersetzung des englischen Textes durch B. Ramm.

6 Einführungsvortrag *Why Mentoring?*, Tagung in Osnabrück, März 2009.

Big Brothers Big Sisters und PERACH stehen für zwei Konzepte, die in wesentlichen Punkten völlig unterschiedlich sind: So ist die amerikanische Organisation Big Brothers Big Sisters eine Non-Profit-Organisation, die mit Geldern von Spendern und Sponsoren arbeitet. Die Mentoren sind Freiwillige, die aber auf breiter Basis professionell begleitet werden. Die israelische Organisation PERACH arbeitet mit studentischen Mentoren, die für ihre Arbeit ein staatliches Teil-Stipendium erhalten. Die pyramidenförmigen Koordinations- und Begleitstrukturen sind in Israel rein ehrenamtlich, nur an der Spitze professionell. Die Arbeit wird durch ein Netz von staatlichen Bildungsstätten mit einer Art »Edutainment«-Konzept unterstützt. Im nächsten Kapitel betrachten wir ein staatlich initiiertes Mentoringnetzwerk aus England und knüpfen damit an die bildungs- und sozialpolitischen Forderungen aus Teil I an.

6. Die *Mentoring and Befriending Foundation*: Mentoring als nationale Strategie

Wie eine Regierung es schaffen kann, im ganzen Land genau das umzusetzen, was Experten für eine moderne Bildungs- und Sozialpolitik fordern, zeigt das Beispiel Großbritannien.

In Bezug auf eine fortschrittliche Bildungs- und Sozialpolitik hat Großbritannien heute in vielerlei Hinsicht Modellcharakter. Kein Wunder, dass in diesem Klima auch Mentoringprojekte für Kinder und Jugendliche gut gedeihen. Auch beim Mentoring gilt Großbritannien in Europa als Vorreiter. Unter dem Dach der *Mentoring and Befriending Foundation* (MBF), die auf einer Initiative der Regierung beruht, sind landesweit mehrere Tausend Organisationen vernetzt, die Patenschaften für benachteiligte Kinder und andere Menschen in schwierigen Lebenslagen anbieten.

Besonders England hatte lange Zeit ähnlich wie Deutschland mit dem Sterben ganzer Industriezweige zu kämpfen. Wo einst Bergbau, Stahlproduktion und Hafenwirtschaft die Menschen ernährten, führte Massenarbeitslosigkeit innerhalb weniger Jahre zu einem rasanten Anstieg von Armut und Bildungsbenachteiligung. Wie in vielen anderen europäischen Ländern wurden auch in England die Segnungen der Dienstleistungsgesellschaft beschworen. Aber auch dort – wie etwa auch bei uns im Ruhrgebiet – macht man die Erfahrung, dass es sehr lange dauert, bis sich dieser Umwandlungsprozess vom Stahlofen zum Computer vollzogen hat. Die schmerzhafte Folge: Durch den wirtschaftlichen Strukturwandel verschärft sich soziale Ungleichheit zunächst eher noch, anstatt dass sie sich verringert. Denn mit der Schließung von Zechen, Stahlöfen und Werften fällt fast eine ganze Generation von Industriearbeitern aus dem Arbeitsprozess, während erst die nächste Generation in zum Teil neu entwickelten Dienstleistungssegmenten Ausbildung und Einkommen findet.

In England führte dies zu besonders starken sozialen Verwerfungen: »1997 erbte die neu gewählte Labour-Regierung eine der armseligsten Bilanzen bezogen auf Kinderarmut in den Industrieländern.«[1] Binnen weniger Jahre hatte sich die Zahl der Kinder, die in Armut lebten, von 1,4 Millionen im Jahr 1979 auf 4,3 Millionen in den Jahren 1992/93 verdreifacht. Obwohl sich Ende der neunziger Jahre die Zunahme der Kinderarmut verlangsamt hatte, lebten zu dieser Zeit 35 % (4,5 Millionen Kinder) in Familien mit weniger als 50 % des durchschnittlichen Einkommens.[2]

Die britische Regierung erkannte, dass sie das Steuer herumreißen musste, und wandte der Bildungs- und Sozialpolitik eine bisher unbekannte Aufmerksamkeit zu. Oberstes Ziel war es, Kindern aus (finanziell oder ethnisch) benachteiligten sozialen Gruppen Bildungschancen zu eröffnen, die diesen bisher nicht offengestanden hatten. Dabei orientierte sich die Politik am neuesten Stand der internationalen Forschungsergebnisse und investierte in lokale Netzwerke für benachteiligte Kinder und deren Familien. Professionelle Sozialarbeiter, Psychologen, Erzieher und Pädagogen arbeiten seither gemeinsam in Projekten mit Eltern, Nachbarn und Freiwilligen im Interesse der Kinder zusammen. Wichtige Elemente der breit angelegten Regierungsstrategie war die Verbesserung von Erziehungs- und Bildungsstandards, die Unterstützung von Familien, der Abbau sozialer Isolation, die Verbesserung der Gesundheit der Gesamtbevölkerung und der Abbau der Kinderarmut.

Dafür wurden Ende der neunziger Jahre, zunächst in 29 Pilotprojekten, »Early Excellence Centres« und »Sure Start Centres« eingerichtet. In ihnen sollten die in Armut lebenden Kinder mit ihren Eltern oder mit ihren allein erziehenden Müttern – im Wesentlichen aus bildungsfernen Schichten – an eine Früherziehung und Familienbildung herangeführt werden. Familien und Kinder erhalten dort spürbare Unterstützung, zum Beispiel in Hinblick auf die Verbesserung der Beziehungen und die Bewältigung von Stresssituationen in der Familie, die Stärkung von Selbstwertgefühl, Selbstvertrauen und Ehrgeiz oder einen Zugewinn an Gesundheit

---

1 Ridge, 2005, S. 15.

2 Ebd.

und seelischem Wohlbefinden. Die Zentren bieten qualifizierte Vorschulerziehung gebündelt mit Dienstleistungen des Gesundheitswesens an. Ein Prinzip der Arbeit ist, die Eltern vor Ort als Multiplikatoren zu qualifizieren. Ein Zentrum erreicht mit ca. 30 Mitarbeitern rund 400 Familien.

Heute gibt es in England weit über hundert dieser Einrichtungen. Ihre Arbeit kann als Beispiel dafür dienen, dass Eltern und Familien – auch solche in benachteiligten Lebenslagen – Verantwortung für ihre Kinder übernehmen und an der pädagogischen Arbeit partizipieren, wenn man ihnen dazu Gelegenheiten und Unterstützung bietet. »[Sie] lernen, die Bildungsprozesse ihrer Kinder von klein auf zu verstehen und wertzuschätzen. Nicht selten entstehen daraus für die Eltern selbst Bildungsherausforderungen, denen sie sich stellen und die ihnen helfen, neue Erziehungskompetenzen zu entwickeln und ihre eigenen Bildungspotenziale besser zu nutzen.«[3] Gleichzeitig dienen die *Early Excellence Centers* dazu, in verschiedenen Schwerpunkten innovative Konzepte und Methoden zu erproben und als gute Beispiele anderen zugänglich zu machen. Der Erfolg sei »bahnbrechend«, urteilt der 7. *Familienbericht* der deutschen Bundesregierung.[4] Für die Jahre 2002 bis 2006 wurden die Programme signifikant aufgestockt (*Early Years* und *Sure Start* mit einem Investitionsvolumen von insgesamt 1,5 Milliarden Pfund) sowie eine ressortübergreifende Abteilung *Sure Start Unit* im Ministerium für Erziehung und Ausbildung (*Department for Education und Skills*) gegründet.[5]

Heute verzeichnet England den deutlichsten Rückgang relativer Kinderarmut unter den Industrienationen. Von 1990 bis 2004 sank die Kinderarmut dort um 3,1 %.[6] So macht Großbritannien uns vor, wie Handlungsdruck auf der einen Seite und wissenschaftliche Erkenntnisse auf der anderen Seite in eine gesamtstaatlichen Strategie münden können, die praktische Hilfe für Familien Wirklichkeit werden lässt.[7]

---

3 Bundesjugendkuratorium, 2004 b, S. 27.

4 Bundesministerium für Familie, Senioren, Frauen und Jugend, 2005 a.

5 Bundesministerium für Familie, Senioren, Frauen und Jugend, 2005 b.

6 UNICEF, 2005.

7 Brocke, 2007.

Auch die *Mentoring and Befriending Foundation* (MBF)[8] ist in diesem Zusammenhang entstanden. Sie dient rund 5000 Organisationen und Initiativen im Land als Netzwerk für den Austausch über ihre praktische Arbeit, veranstaltet Tagungen und Fortbildungen und bietet Unterstützung bei der Organisationsentwicklung an. Wichtiges Ziel ist die Sensibilisierung der Akteure für die Einhaltung der Qualitätsstandards, welche die *Mentoring and Befriending Foundation* entwickelt hat.

»Die tiefgreifende Wirkung der Arbeit von Mensch zu Mensch«

Ein Interview mit Steve Leach

Steve Leach, der Deputy Chief Executive der MBF, stand für ein Gespräch zur Verfügung. Steve Leach ist seit 2005 für den Aufbau des Mentoringnetzwerkes verantwortlich. Nach einer ersten Bestandsaufnahme bestand seine Aufgabe darin, die Arbeit in den bestehenden Mentoringorganisationen in allen neun Verwaltungsbezirken Großbritanniens zu professionalisieren und in eine nationale Strategie zu integrieren sowie in ländlichen Regionen neue Netzwerk-Standorte zu entwickeln. Ein wesentliches Ziel war es, bei den Projekten vor Ort einheitliche Handlungsrichtlinien zur Qualitätssicherung einzuführen und umzusetzen. Die Stiftung befasst sich dabei mit zwei inhaltlich verwandten, aber doch unterschiedlichen Arten von Projekten zur persönlichen Unterstützung: »Mentoring« bezeichnet hier eher ein (klar definiertes) Verhältnis zwischen einem älteren Paten und einem jüngeren Schützling; unter »Befriending« hingegen versteht man eine Unterstützungs-Beziehung zwischen zwei Menschen auf der Grundlage gleicher Interessen, Erfahrungen und Identifikationen.

---

8 Philip und Spratt, 2007.

BEATE RAMM: *Steve, wie und mit welchem Ziel ist die* Mentoring and Befriending Foundation *entstanden?*

STEVE LEACH: Bei uns in England gab es viele Organisationen, die schon lange im Bereich *Mentoring and Befriending* tätig waren. Die Notwendigkeit, diese Aktivitäten zusammenzubringen, wurde schon vor rund fünfzehn Jahren erkannt. Anlass war, dass es eine ganze Reihe Mentoren gab, die mit Schulkindern arbeiteten. Sie brauchten dringend eine Organisation, die sie unterstützte und gezielt anleiten konnte. Wir bekamen dann sehr bald – das war noch vor meiner Zeit – zunächst 5000 Pfund, um die Netzwerkarbeit unter den vielen verschiedenen lokalen Initiativen auf nationaler Ebene zu entwickeln. Das war vor ungefähr zwölf Jahren, und diese Vorleistung wiederum half uns dabei, regionale Netzwerkorganisationen ins Leben zu rufen.

Bei der Mentoring and Befriending Foundation *geht es nicht nur um benachteiligte Kinder, sondern auch um ganz andere Zielgruppen, nicht wahr?*

Ja, eigentlich um jeden Bereich, den man sich denken kann: ältere Menschen, psychisch Kranke, Kinder mit Lernbehinderungen, Strafgefangene, ehemalige Straftäter, Familien in der Krise, Kinder, die Nachhilfe brauchen oder nicht in die Schule gehen wollen, Kinder, die straffällig wurden oder werden könnten – in all diesen Bereichen gibt es Projekte, um die wir uns mit der *Foundation* kümmern.

Gibt es in England, wie in den USA, eine lange Tradition der Wohltätigkeit, des Ehrenamts? Dort gehört es ja praktisch zum guten Ton, sich zu engagieren oder zu spenden.

Das formale Mentoring hatte Vorläufer – ich nenne es informelles Mentoring –, und das hat eine lange Tradition. Leute aus dem Kirchenvorstand, dem Stadtrat oder Gemeindezentrum haben diese Arbeit ja schon immer irgendwie gemacht, in England genauso wie in Deutschland. Die Notwendigkeit, einen nationalen Verband zu gründen, wurde deutlich, als das Innenministerium mit einer landesweiten Bestandsaufnahme der Mentoringorganisationen begann. Ich glaube, sie bekamen einen gründlichen Schock, als sie sahen, wer da landauf landab mit Mentoring beschäftigt war! Im Jahr 2001 erfasste ihre kleine Kartierungsübung bereits über 2000 Organisationen. Diese Erkenntnis hinterließ einen bleibenden Eindruck: Der Regierung wurde klar, dass sie mehr Informationen darüber brauchte, was aktuell in dem Bereich lief. Das war der Startschuss für ein Pilotprojekt, das darin bestand, in vier Regionen *Mentoring-and-Befriending*-Programme aufzulegen, deren Ziele zunächst die nationale Bestandsaufnahme und die Entwicklung eines Netzwerks waren.

Worin bestand konkret die Arbeit in diesen vier Regionen?

Neben der Bestandsaufnahme ging es hauptsächlich darum, Unterstützung für neue Projekte oder bei der Entwicklung von Projektideen anbieten zu können. Es gab eigens Leute, die den Bedarf in den Regionen ermittelt haben. Aus diesen Aktivitäten in den Pilotregionen entwickelten wir auch unsere Standards und Richtlinien für *Mentoring and Befriending*.

Und wie sah diese Unterstützung der Mentoringorganisationen dann genau aus?

Wir haben kostenlose Fortbildungen angeboten und Koordinatoren geschickt, die sich die Arbeit vor Ort ansehen und die Entwicklung in den Organisationen fachlich begleiten sollten. In manchen Fällen gab es ein kleines Budget, um die Netzwerkarbeit zu entwickeln und zu begleiten, beispielsweise um zu Veranstaltungen gehen und dort Kontakte knüpfen zu können. Es gab aber kein Geld für Projekte, nur das Angebot, die Qualitätsentwicklung voranzutreiben und Fortbildungen durchzuführen.

Wer finanziert Ihre Arbeit?

Anfangs gab es Mittel vom Innenministerium, aber als nach zwei, drei Jahren die Bedeutung von *Mentoring and Befriending* deutlich wurde, wurde die Verantwortung direkt beim *Cabinet Office* angesiedelt, wo gerade das *Office of the Third Sector*, ein neues »Ministerium für den dritten Sektor« aus der Taufe gehoben wurde. Eine Aufgabe dieses Ministeriums war es, alles, was regional mit Ehrenamt und Gemeinwesen zu tun hatte, ressortübergreifend und zentral zu überblicken. 2006 hat die Regierung dann gemerkt, dass wir einen nationalen Dachverband brauchen, um *Mentoring and Befriending* in allen Regierungsbezirken fördern und auf nationaler Ebene dafür werben zu können.

Das klingt, als würden eine Menge Leute für die MBF arbeiten!

Wir haben 13 regionale Koordinatoren in den neun Regionen, und es gibt ein Team, das nur daran arbeitet, Projekte in Schulen zu entwickeln und zu unterstützen. In der Zentrale arbeiten ungefähr zehn Leute. Es sind also insgesamt 27 oder 28 Angestellte, die in der *Mentoring and Befriending Foundation* arbeiten.

Wie kann das gehen, wenn Ihrem Netzwerk inzwischen mehrere Tausend Organisationen angehören?

Das funktioniert, weil diese Leute wirklich sehr viel herumreisen. Wir haben neun Regionen mit inzwischen 5000 Organisationen – da muss jeder eine ganze Menge Projekte abdecken. Deshalb versuchen wir, lokal Netzwerke zu etablieren, die sich selbst erhalten und unterstützen sie durch Seminare bzw. durch unsere Standards, die sie übernehmen können. Am Ende sehen wir uns dann gemeinsam an, wie das Projekt gelaufen ist. Auf unserer nationalen Konferenz und auf unseren Veranstaltungen und Fortbildungen achten wir sehr darauf, wer zu wem passt, damit die Teilnehmer voneinander profitieren können.

Wie hoch ist Ihr Budget?

Wir bekommen von der Regierung eine Million Pfund pro Jahr und vom Familienministerium noch mal anderthalb Millionen. Das ist vielleicht mehr, als es woanders gibt, aber eine besonders riesige Summe ist es auch nicht. Und das Geld ist gut angelegt: Wenn Sie eine nationale Strategie wollen, dann müssen Sie eine Organisation haben, die das für Sie übernimmt.

Ist es Teil Ihrer Aufgabe, die Regierung davon zu überzeugen, dass Ihre Arbeit effektiver ist als andere soziale Maßnahmen?

Auf jeden Fall. Wir wollen zeigen, was soziales Engagement – im Vergleich zu anderen sozialpolitischen Strategien – für den Zusammenhalt in der Gesellschaft bewirken kann. Aus diesem Grund fördert die Politik ja soziales Engagement: Weil man die Menschen so dazu bekommt, anderen zu trauen und sie zu respektieren – anders, als sie einem Sozialarbeiter trauen, der in einem städtischen Amt arbeitet und der an dessen Zielvorgaben und Handlungsanweisungen gebunden ist.

Gibt es eine Konkurrenz zwischen den Ehrenamtlichen und den Leuten, die professionelle Sozialarbeit machen?

Das ist eine interessante Frage. Ja, es gibt diese Befürchtung. Zum einen sorgen sich die Professionellen, dass ehrenamtliche Arbeit ineffektiv und unprofessionell sei – dieser Gedanke zieht quer durch alle Bereiche, in denen auch Ehrenamtliche tätig sind. Zum anderen fürchten sie, dass Ehrenamtliche ihre Rolle einnehmen und ihre Arbeit billiger anbieten könnten, so dass die Regierung die Stellen einsparen wird. Das sind berechtigte Fragen, die wir nicht einfach so abtun können. Aber erstens machen die Ehrenamtlichen eine andere Arbeit, und zweitens ist sie nicht billig, denn sie braucht ja einen professionellen Hintergrund! Dass wir den zurzeit noch nicht so haben, heißt ja nicht, dass wir nicht zum Beispiel Supervision, Fortbildung, Entwicklung und Evaluation brauchen – deshalb ist es auch nicht die billigere Variante derselben Arbeit. Irgendwann werden die Institutionen und die Menschen den Wert dieser Arbeit erkennen und feststellen, wie sehr sie davon profitieren.

Das klingt sehr vielversprechend, aber Mentoring ist ja auch nicht die Antwort auf jedes Problem.

Absolut nicht! *Mentoring and Befriending* sind nicht der goldene Weg und lösen nicht alle Probleme. Sie funktionieren am besten in Partnerschaft mit anderen Maßnahmen, und wir tun alles dafür, diese Partnerschaften zu fördern – wir brauchen schließlich jede Art von Unterstützung.

Ich möchte auf ein anderes Thema kommen. In Deutschland gibt es viele Familien, in denen nicht deutsch gesprochen wird. Die Kinder lernen dementsprechend schlecht deutsch und bekommen in der Schule Probleme. Wie ist das in England? Stammen die meisten Einwanderer nicht aus dem englischsprachigen Commonwealth, sodass es dieses Sprachproblem in England gar nicht in dieser Form gibt?

Ich verstehe, was Sie meinen, aber wir haben auch viele neue Immigranten, die kein Englisch sprechen und Unterstützung brauchen. Aber ich bewerte das Thema etwas anders, als es häufig gesehen wird. Es kommt doch darauf an, wie engagiert Menschen auf Menschen zugehen und ob sie mit dem Herzen dabei sind und ob man sich mit Respekt begegnet. Dann kommunizieren Menschen auch ohne gemeinsame Sprache. Dafür sind Mentoring und Befriending starke Werkzeuge. Für die Äthiopier, die zu uns ins Land kommen, gibt es zum Beispiel ganz kleine Initiativen von Ehrenamtlichen, darunter auch Äthiopier, die Englisch sprechen und die die diesen Menschen helfen können. Es gibt auch Initiativen, die kultur-übergreifend arbeiten und Menschen ganz individuell zusammenbrin-gen, da geht es nicht darum, ob einer die Sprache beherrscht, sondern ob er als Individuum gesehen wird. Es ist eine Sache der Mentalität des Ein-wanderungslandes, ob wir sagen, die Sprache ist eine Barriere, anstatt zu sagen, sie ist nur ein Thema von vielen, das wir angehen müssen. Wenn man die Sprache als Problem sieht, sieht man auch den Menschen als Pro-blem. Ich bin etwas besorgt, dass bei uns und in Deutschland Sprache als Barriere dargestellt wird, die man entweder überwindet oder an der man scheitert. Aber Menschen scheitern nicht an der Sprache. Sie scheitern als

Bürger, als Individuen. Die Leute gehen zu ihrem Sprachkurs und dann zurück in ihre kleine, isolierte Wohnung. Und da liegt doch eigentlich das Problem: Auf diese Weise kann gar keine Verbindung zu Menschen entstehen.

Wie überzeugt man Menschen, dass es eine gute Sache ist, sich mit einem Mentor zu treffen? Wie überzeugt man Eltern von Schulkindern, dass sie mit einem Mentor ihrem Kind zu einem glücklicheren und erfolgreicheren Start ins Leben verhelfen?

Wir können niemanden überzeugen, und es gibt auch immer mal wieder negative Reaktionen. Aber die guten Erfahrungen sprechen sich herum. Ein verhaltensauffälliges Kind zum Beispiel ist ja nicht nur in der Schule so, sondern auch zu Hause. Wir machen beim Mentoring immer wieder die Erfahrung, dass es zuerst nur um das Kind geht und sich die Beziehung dann manchmal in die Familie hinein erweitert. Das Kind oder der Jugendliche nutzt den Mentor als Mediator zwischen sich und der Familie. Und was passiert? In ganz kleinen Schritten ändern alle ihr Verhalten, und nach einem Jahr ist die Familie völlig überrascht, wie sich die ganze Atmosphäre verändert hat, obwohl sie den Mentor zuerst vielleicht sogar abgelehnt hat. Das funktioniert natürlich nicht immer, aber wenn doch, spricht es sich herum. Manche Kinder sehen diese Beziehung ja bei anderen und fragen dann: »Warum habe ich keinen Mentor?«

Diese One-to-One-Beziehungen sind ja, wie wir wissen, nicht nur auf der persönlichen Ebene, sondern auch auf der gesellschaftlichen Ebene wirksam. Wie sehen Sie diesen Zusammenhang?

Die Gesellschaft besteht ja nicht aus einer riesigen Masse, sondern aus Individuen. Um zu verstehen, wie Beziehungen funktionieren, schaut man sich ja nicht eine riesige Masse von Menschen an, sondern man guckt, wie das Miteinander von einzelnen Menschen funktioniert. Das ist die Basis, und wenn Sie etwas in der Gesellschaft verändern wollen, dann müssen Sie ganz unten, bei diesen Beziehungen anfangen und Herzen und Haltungen verändern. Zurzeit beschäftigt sich die *Mentoring and Befriending Foundation* mit der Frage, wie wir dieses Entwicklungspotenzial beim Mentor – genauso wie beim Mentee – entfalten können.

Ich gebe Ihnen ein Beispiel: Ein Jugendlicher aus dem Norden Englands, unter armen Lebensumständen aufgewachsen, geriet in eine radikale rassistische Organisation. Er zog herum, beschimpfte und verprügelte Menschen. Er war erst 14 oder 15 Jahre alt und stand nun vor der Wahl, entweder einen Mentor zu nehmen oder in Jugendarrest zu kommen. Der Mentor kam aus einer asiatischen Community. Anfangs war es fast unmöglich, ihn zu irgendeiner Zusammenarbeit zu bewegen. Aber nach einem halben Jahr änderte sich das plötzlich: Die Beziehung war langsam gewachsen, und der Junge merkte, dass die Bilder von sich und den anderen, die er vorher im Kopf hatte, völlig falsch waren. Heute arbeitet er selbst in einer Mentoringorganisation Dies ist ein Beispiel dafür, was für tiefgreifende Veränderungen Mentoring bei einzelnen Menschen hervorrufen kann und dass diese persönlichen Veränderungen gesellschaftlich von großer Bedeutung sind.

Die Gesellschaft hat sich in den letzten Jahrzehnten sehr verändert, und es sieht so aus, als hätten sich die sozialen Probleme verschärft. Glauben Sie, dass dadurch ein größerer Druck auf die Politik entstanden ist, mehr in soziale Aufgaben zu investieren?

Mir scheint, die Politik merkt langsam, dass es eine Verbindung zwischen den verschiedenen großen und wichtigen Fragen unserer Gesellschaft gibt: Umwelt als Schlüsselthema, sozialer Zusammenhalt, Jugendarbeitslosigkeit, die soziale Isolation von Menschen, die alt, gebrechlich oder behindert sind oder anderen Einschränkungen unterliegen. Die Politik kommt langsam zu der Erkenntnis, dass all diese Faktoren gravierende Auswirkungen auf die Basis unserer Gesellschaft haben und ebenso gravierende Auswirkungen darauf, ob die gewohnten Strategien noch wirken. Ja, Sie haben völlig recht: Die Politik versteht langsam die Zusammenhänge, und ihr wird klar, dass deshalb auch die Institutionen, wie die Ministerien, ressortübergreifend Lösungen finden müssen.

Das Thema Mentoring offenbart ja auf eindrucksvolle Weise, dass sich die Realität nicht in Ressorts und Zuständigkeiten aufteilen lässt und dass wir wieder lernen müssen, die Zusammenhänge zu sehen: zwischen Bildung, Lebensumständen, Geld, Arbeit, Wirtschaft, Umwelt ...

Aber das Problem ist eben, dass das traditionelle Denken in Einzelressorts nicht zu dieser Beobachtung passt und dass die bestehenden politischen Strukturen geradezu verhindern, eine übergreifende Sichtweise einzunehmen. In Großbritannien setzt sich langsam die Erkenntnis durch, dass wir noch viel mehr Netzwerkarbeit zwischen den Ministerien brauchen. Dafür haben wir in der *Mentoring and Befriending Foundation* eine Arbeitsgruppe eingerichtet, in der wir Schlüsselpersonen aus den Ressorts zusammenbringen, um dann gemeinsam zu überlegen, was wir zusammen als Partner tun können. Wir sind noch nicht ganz so weit, dass wir wirklich konsequent neue Verbindungen zwischen den Themen und den Zuständigkeiten herstellen, aber die Einsicht, dass es geschehen muss, ist da. Wir müssen das hinbekommen und zwar auf vielen Ebenen!

Vielen Dank, Steve!

Diese Geschichten stimmen optimistisch. Das können wir doch auch! Ja, genau so ist es. Und an vielen Orten, in vielen Organisationen und Initiativen, geknüpft an Schulen, Kirchen oder öffentliche Angebote in den Stadtteilen, ist auch in Deutschland in den letzten Jahren eine fast unüberschaubare Anzahl an Mentoringprojekten entstanden. Sie setzen unterschiedliche Schwerpunkte, wenden sich an unterschiedliche Zielgruppen. Und wie seinerzeit in England, stehen auch wir jetzt vor der Frage, was diese Projekte verbindet, worin sie sich unterscheiden und inwiefern man voneinander lernen kann. Wenn Mentoring mehr sein soll als der gelegentliche ehrenamtliche Einsatz von Laien, wenn Mentoring neben professioneller sozialer Arbeit Bestand haben will, müssen wir uns über Zielvorstellungen und Qualitätskriterien verständigen. Wenn Mentoring in eine gesamtgesellschaftliche Strategie eingebettet sein soll, in politische Fragestellungen, in pädagogische Konzepte, dann muss es seine Bedeutung und vor allem seine Wirkung wissenschaftlich unter Beweis stellen. Nur so lässt sich die Politik überzeugen, nur so lassen sich dringend benötigte professionelle und finanzielle Unterstützungsstrukturen rechtfertigen, und nur so kann Mentoring in der Sozialpolitik und in der Sozialforschung den Platz erringen, der diesem Ansatz zusteht.

Deshalb werden im folgenden Teil eine Reihe von internationalen Evaluationsstudien vorgestellt, die sich mit der Wirkungsweise von Mentoring befassen. Dabei geht es zunächst um die Auswirkungen auf das Verhalten, die Leistungen und die Zufriedenheit der Mentees, aber auch um Grenzen des Mentoring bei Kindern mit bestimmten Auffälligkeiten und Problemlagen. Betrachtet werden sollen auch die Wirkungen auf die Mentoren (in erster Linie studentische Mentoren), die aus ihrem Engagement einen großen persönlichen und beruflichen Gewinn ziehen.

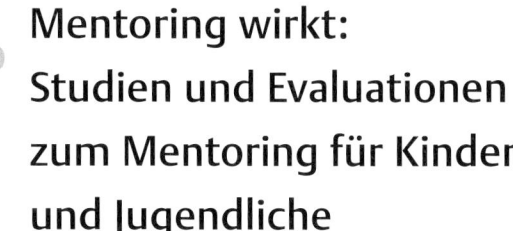

III. Mentoring wirkt: Studien und Evaluationen zum Mentoring für Kinder und Jugendliche

7. Die amerikanische Studie *Making a Difference*: Mentoring macht stark und verbessert das Lern- und Sozialverhalten

Trotz der in den USA weit verbreiteten Begeisterung für Mentoring-projekte mit Kindern und Jugendlichen gab es dort bis in die neunziger Jahre keine große wissenschaftliche Wirkungsanalyse. Das änderte die erstmals im Jahr 1995 veröffentlichte Studie *Making a Difference: An Impact Study of Big Brothers Big Sisters*.[1] Sie überprüfte die Effektivität des One-to-One-Mentoring auf der Basis einer vergleichenden Untersuchung von fast 1000 Kindern und Jugendlichen und lieferte erstmals den wissenschaftlichen Beweis für etwas, das Praktiker aus der eigenen Anschauung wussten: Mentoring wirkt! Eine gute Mentoringbeziehung hat direkte und messbare Auswirkungen auf das Leben von Kindern und Jugendlichen.

Die Untersuchung wurde von der Non-Profit-Organisation Public/Private Ventures (P/PV) aus Philadelphia durchgeführt und war Teil einer achtjährigen Forschungsarbeit zum Thema »Beziehungsprojekte zwischen Erwachsenen und Kindern oder Jugendlichen«.

Sie basiert auf Daten, die gemeinsam mit acht lokalen Agenturen von Big Brothers Big Sisters erhoben wurden. Die Daten stammen von insgesamt 959 Kindern und Jugendlichen zwischen 10 und 16 Jahren, die 1992 und 1993 für ein BBBS-Programm angemeldet waren. Eine Hälfte dieser Untersuchungsgruppe nahm an einem Mentoringprogramm teil, die andere Hälfte bildete die Kontrollgruppe. Letztere standen auf der Warteliste und hatten im Untersuchungszeitraum keinen Mentor. Nach 18 Monaten wurden die Teilnehmer anhand bestimmter Kriterien verglichen.

---

1 Tierney et al., 1995 (Neuauflage: 2000).

Die Studie kam zu eindeutig positiven Ergebnissen. Zusammenfassend kann man sagen: Die am BBBS-Programm teilnehmenden Kinder und Jugendlichen waren zufriedener und ausdauernder in der Schule und zuversichtlicher in Bezug auf ihre Leistungen. Sie hatten signifikant seltener begonnen, Drogen und Alkohol zu konsumieren, und waren in Konflikten seltener gewalttätig geworden als die Kontrollgruppe. Die Beziehungen zu Gleichaltrigen und zur Familie wurden entspannter und vertrauensvoller.[2]

Die Autoren der Studie betonen, dass die positiven Ergebnisse der Untersuchung nicht auf jedwede Form von Mentoring übertragen werden könnten. Bestimmte Qualitätsstandards seien eine unabdingbare Voraussetzung, damit eine Mentoringbeziehung ihre Wirkung entfalten könnte. Die vorliegende Studie sei daher eng mit den Zielen, der sorgfältigen Arbeit und den Qualitätsstandards von Big Brothers Big Sisters verbunden, und um die Ergebnisse richtig einordnen zu können, sei es unerlässlich zu verstehen, wie BBBS-Programme angelegt sind und welche Kriterien ihnen zugrunde liegen.

Um Eltern und Jugendliche für die Teilnahme an der Untersuchung zu gewinnen, wurde ihnen erklärt, dass dies eine schnellere Vermittlung zur Folge haben könnte, sie aber mit 50%iger Wahrscheinlichkeit der Kontrollgruppe zugeordnet würden, deren Teilnehmer noch 18 Monate warten müssten. Wer dieses Risiko nicht eingehen wollte, kam automatisch für 12 Monate auf eine Warteliste.

Beide Gruppen wurden im Abstand von 18 Monaten zweimal interviewt. Die Fragen wurden den Kindern und Jugendlichen ausführlich erklärt. Von den ursprünglich 1138 Jugendlichen nahmen 959 (84,3 %) auch an dem zweiten Interview teil. Auf den Ergebnissen aus dieser Stichprobe basiert die Untersuchung.

Von den 487 Jugendlichen in der Mentoringgruppe begannen 378 im Untersuchungszeitraum eine Mentoringbeziehung und erhielten die übliche Begleitung und Supervision durch eine Agentur von Big Brothers Big Sisters. In der Kontrollgruppe befanden sich 472 Kinder. Die Mentees

---

2 Tierny et al., 1995, passim, Auszüge übersetzt durch B. Ramm.

trafen ihren Mentor durchschnittlich ein ganzes Jahr lang rund drei Mal im Monat für jeweils vier Stunden. Das Ziel der Untersuchung war es zu bestimmen, ob die Erfahrung einer One-to-One-Mentoringbeziehung das Leben dieser jungen Menschen spürbar verändern würde. Die Forschungshypothesen entstanden in Zusammenarbeit mit dem Dachverband von Big Brothers Big Sisters of America und Vertretern der lokalen Agenturen. Sie orientierten sich an den Zielen, den Handlungsrichtlinien und Qualitätsstandards der Organisation. Die für die Fragestellung relevanten Parameter zu identifizieren, sei eine komplexe Aufgabe gewesen, so die Wissenschaftler, besonders weil BBBS ein individualisiertes Programm sei, das für jedes Tandem unterschiedliche Ziele formuliert.

Es wurden sechs Untersuchungsbereiche identifiziert, in denen Effekte vermutet wurden. Diese sechs Bereiche waren:

1. antisoziales Verhalten
2. Lernleistungen, Haltungen und Verhalten in der Schule
3. die Beziehungen zur Familie
4. die Beziehungen zu Freunden
5. Selbstkonzept
6. soziale und kulturelle Aktivitäten[3]

Design der Studie und Stichprobenauswahl

Die untersuchten Jugendlichen waren zwischen 10 and 16 Jahre alt (davon 93 % zwischen 10 und 14 Jahre), als sie für das BBBS-Programm ausgewählt wurden. Etwas über 60 % waren Jungen und mehr als die Hälfte Angehörige von Minderheiten, von diesen etwa 70 % *African Americans*. Rund 15 % waren weiße Mädchen; Jungen, die einer Minderheit angehörten, waren mit 34 % die größte Untergruppe, 18 % waren *Hispanics*, 5 % hatten binationale Eltern, 3 % waren *Native Americans*. Ebenfalls 3 % waren keiner dieser Gruppen zuzuordnen.

---

3 Tierny et al., 1995, S. 4–10.

Fast alle lebten in Familien mit nur einem Elternteil, meistens mit ihrer Mutter, die übrigen waren der Familienpflege überstellt oder lebten bei einem Verwandten, zum Beispiel bei der Großmutter. Letzteres war häufiger bei den Angehörigen der Minderheiten der Fall.

Die Mehrzahl (80 %) stammte aus gering verdienenden Haushalten. 40 % lebten in Familien, die öffentliche Unterstützung erhielten. Eine bedeutende Anzahl brachte eine von häuslicher Gewalt, Drogenmissbrauch oder anderen zerrütteten Lebensumständen geprägte familiäre Vorgeschichte mit: 40 % lebten in Familien mit Drogenerfahrungen, 28 % mit der Erfahrung häuslicher Gewalt, und 27 % waren selbst betroffen von emotionalem, physischem oder sexuellem Missbrauch.

Über 400 Mentoren wurden mit den Jugendlichen der Untersuchungsgruppe zusammengebracht. Diese Big Brothers und Big Sisters waren gut gebildete junge Berufstätige. Rund 60 % hatten einen Hochschulabschluss, weitere 27 % verfügten über einen höheren Schulabschluss und nur 13 % über einen mittleren oder einen niedrigeren Schulabschluss. Nur rund ein Drittel lebte in Haushalten mit einem Einkommen unter $ 25 000, während rund 40 % ein Haushaltseinkommen von über $ 40 000 zur Verfügung stand. Rund 50 % der Mentoren und Mentorinnen arbeiteten in führenden oder leitenden Positionen, 25 % übten technische, kaufmännische oder Verwaltungstätigkeiten aus.[4]

Die Ergebnisse im Einzelnen

Konsum von illegalen Drogen: Im Vergleich zu den Kindern und Jugendlichen in der Kontrollgruppe ohne Mentor hatten im Untersuchungszeitraum von den Kindern und Jugendlichen mit Mentor rund 50 % weniger Kinder begonnen, Drogen zu konsumieren. Die Auswirkungen waren bei den Kindern und Jugendlichen, die einer Minderheit angehörten, noch deutlicher: Fast zwei Drittel weniger Drogenkonsum im Vergleich zur

---

4 Tierny et al., 1995, S. 12–19.

Kontrollgruppe bei den Jungen und etwas mehr als zwei Drittel weniger bei den Mädchen. Es wurden nur diejenigen in die Untersuchungsgruppe aufgenommen, die im Anfangsinterview angegeben hatten, keine Drogen oder Alkohol zu konsumieren.

Konsum von Alkohol: Alkohol zu trinken ist für Jugendliche in den USA weniger verbreitet als hierzulande. Gewisse Erfahrungen mit Alkohol machen aber auch in den USA fast alle Jugendlichen, und daher beschäftigten sich die Autoren der Studie mit dem möglichen Einwand, dass dieser sporadische Konsum nicht automatisch ein »Abrutschen« zur Folge habe. Ihr Argument für die Aufnahme von Alkoholkonsum in die Studie war, dass es wissenschaftlich belegt sei, dass Alkoholabstinenz die Wahrscheinlichkeit, kriminell zu werden, um den Faktor 4 verringere. Das Ergebnis ist weniger deutlich als beim Drogenkonsum. Trotzdem war festzustellen, dass die Gruppe derjenigen Kinder und Jugendlichen, die begannen, Alkohol zu trinken, kleiner war als in der Vergleichsgruppe ohne Mentor: Die Gruppe derjenigen, die keinen Alkohol tranken, war etwa um ein Viertel kleiner als ohne Mentor. Dieses Ergebnis zeigte sich noch deutlicher bei den Mädchen aus Minderheiten-Gruppen, wo der Anteil der Mädchen, die im Untersuchungszeitraum Alkohol tranken, fast die Hälfte ausmachte.

Bei den Kindern mit Mentor waren auch Auswirkungen auf das *Verhalten und die Leistungen in der Schule* nachweisbar: Sie fehlten nur halb so viele Tage in der Schule, fühlten sich besser in der Lage, ihre Schulaufgaben gut zu bewältigen, und hatten einen besseren Notendurchschnitt als die Kinder der Vergleichsgruppe ohne Mentor. Am deutlichsten zeigte sich dies bei den Mädchen, die einer Minderheit angehörten. Sie fühlten sich um 10 % häufiger optimistisch bezüglich ihrer Lernkompetenzen, schwänzten um 78 % seltener die Schule als die Vergleichsgruppe und kamen zu einem signifikant besseren Notendurchschnitt.

Auch das *Verhältnis zu den Eltern* hatte sich bei den Kindern aus dem BBBS-Mentoringprogramm nach Abschluss des Untersuchungszeitraums im Vergleich zur Kontrollgruppe verbessert. In erster Linie zeigte sich das durch ein größeres Vertrauen, bei den weißen Jungen auch noch durch eine bessere Kommunikation.

Dies gilt auch für die *Kontakte zu Gleichaltrigen.* Besonders Jungen, die Minderheiten angehören, fühlten in der Peergroup mehr emotionalen Rückhalt als die in der Kontrollgruppe. Bei weißen Jungen verringerte die Mentoringbeziehung außerdem in besonderem Ausmaß die Gewaltbereitschaft.

Die Studie konnte keine signifikanten Auswirkungen in Bezug auf *Selbstwertgefühl, Selbstvertrauen* und *soziale Anerkennung* feststellen. Ebenfalls keine signifikanten Unterschiede gab es bei den *sozialen und kulturellen Aktivitäten* im Vergleich zur Kontrollgruppe.

Mehr Vertrauen, weniger Lügen, weniger Streit in der Familie bzw. mit der Mutter – aus diesem Ergebnis ziehen die Forscher weitreichende Schlussfolgerungen. Denn eine verbesserte Kommunikationsfähigkeit gibt den Jugendlichen nicht nur ein Stück der verloren gegangenen häuslichen Unterstützung zurück, sondern eröffnet ihnen auch den Zugang zu Beziehungen außerhalb der familiären Umgebung, in denen sie wiederum erfolgreicher und emotional sicherer agieren können. Mentoring kann also auch dazu führen, dass Unterstützung durch Erwachsene und Rollenvorbilder in anderen Lebenszusammenhängen der Jugendlichen wieder an Gewicht und Bedeutung gewinnen.

Auch unter Gleichaltrigen fühlten sich die Jugendlichen mit Mentor nach Abschluss des Untersuchungszeitraums wohler. Sie fühlten sich stärker angenommen und weniger kritisiert – ein Zeichen, so die Forscher, dass Misstrauen und Aggressionen innerhalb der Peergroup durch Mentoring abgebaut werden könnten. Angesichts der Tatsache, dass die Erfahrungen, die ein Jugendlicher in der Peergroup macht, sich bedeutend auf die spätere Beziehungsfähigkeit als Erwachsener auswirkt, könne man diesen Effekt gar nicht hoch genug einschätzen, meinten die Wissenschaftler von Public/Private Ventures.

Die Studie konnte also nachweisen, dass die Untersuchungsgruppe, die ein Mentoringprogramm von Big Brothers Big Sisters durchlaufen hatte, unterm Strich signifikant bessere Entwicklungstendenzen aufwies als die Kontrollgruppe. Eine ungeprüfte Verallgemeinerung dieser Ergebnisse lehnten die Forscher aber ab. Der Forschungsbericht stelle keinerlei

Beweis dafür dar, dass jedwede Form von Mentoring effektiv sei, so die Autoren, sondern beziehe sich auf die professionelle Einzelfallarbeit nach den Qualitätsstandards von BBBS.[5]

Was braucht ein erfolgreiches Mentoringprogramm?

Als unabdingbare Voraussetzungen für den Erfolg von Mentoringprogrammen nennt die Studie:

- Die freiwilligen Mentoren und Mentorinnen müssen gründlich geprüft werden. Werden sie dabei bleiben? Werden sie den Zeitaufwand leisten können? Gibt es andere Risiken?
- Die Mentoren und Mentorinnen müssen an einer Fortbildung teilnehmen, die zum Beispiel Kommunikationstraining, Beziehungsaufbau und Interaktion mit den jungen Menschen beinhaltet, aber auch darauf vorbereitet, Grenzen setzen zu müssen.
- Beim Zusammenstellen der Tandems sollten die Wünsche des Mentees, seiner Eltern und des Mentors berücksichtigt werden. Das geschieht am besten durch einen professionellen Fallmanager, der analysiert, wer mit wem am besten arbeiten kann.
- Eine intensive Supervision und die Unterstützung jedes Tandems durch einen Fallmanager, der auch regelmäßigen Kontakt zu den Erziehungsberechtigten hat und allen Beteiligten bei Bedarf oder wenn Probleme auftreten, Hilfe anbietet, muss sichergestellt sein.
- Und nicht zuletzt: Die Tandems müssen bereit sein, lang anhaltende, ernst gemeinte Beziehungen miteinander einzugehen.

Die amerikanische Studie *Making a Difference: An Impact Study of Big Brothers Big Sisters* hat gezeigt, dass Programme, die fürsorgliche Beziehungen zwischen Erwachsenen und Kindern herstellen und unterstützen,

---

5 Tierny et al., 1995, S. 22–29.

eine große Bandbreite an Vorteilen für die betreffenden Kinder haben können. Der Bedarf ist groß, und viele Millionen Jugendliche könnten davon profitieren, so das Fazit der Autoren. Dafür müssten aber, so schlussfolgerten sie, Mentoringprojekte noch weiter verbreitet werden. Für die Wissenschaftler stellte sich jedoch die immer noch aktuelle Frage, wie die dafür erforderliche Zahl an Ehrenamtlichen akquiriert werden kann. Auch um die Finanzierung eines Projekts mit diesem professionellen Hintergrund – mindestens $ 1000 kostete schon vor 15 Jahren das Matching und die Begleitung der Tandems – machten sie sich Gedanken, denn es schien ihnen schwierig, diese Summe aus privaten Spenden zusammenzubringen. Daher appellierten sie an die Politik: Nun, da die positiven Effekte gegen Drogenmissbrauch und Gewalttätigkeit und für bessere Schulleistungen erwiesen seien, sollte die Politik ihre Sichtweise erweitern und neue sozialpolitische Programme entwickeln, die sich weniger an den Problemen als an den Bedürfnissen von Jugendlichen orientierten. Denn die Herangehensweise von BBBS ziele ja nicht auf diese Probleme ab, sondern sorge primär dafür, dass die Kinder und Jugendlichen einmal im Leben einen fürsorglichen Freund an der Seite hätten und dadurch widerstandsfähiger gegen die vielfältigen Irritationen würden, die ihre Lebensverhältnisse mit sich bringen.[6]

Auch rückblickend sagen ehemalige Mentees von Big Brothers Big Sisters, dass ihre Mentoringbeziehung zu wichtigen Weichenstellungen in ihrem Leben beigetragen habe. Das zeigt eine neue Befragung im Auftrag von BBBS durch das Marktforschungsunternehmen Harris Interactive im März/April 2009. Ziel der Befragung war, die Langzeitwirkung des Mentorenprogramms Big Brothers Big Sisters of America zu ermitteln. Befragt wurden 200 Personen, die in ihrer Jugend einen Mentor oder eine Mentorin hatten (Alumni, also ehemalige Mentees), sowie 249 Personen, die dasselbe Lebensprofil, aber keinen Mentor hatten (Non-Alumni).

---

6 Tierny et al., 1995, S. 30–33.

Die Ergebnisse:

- 77 % der ehemaligen Mentees (Alumni) sagen, ihr Mentor habe ihnen geholfen, besser in der Schule zu werden. 65 % meinen, dank Mentoring einen höheren Schulabschluss erreicht zu haben, als sonst möglich gewesen wäre. 52 % äußerten, ihr Mentor habe ihnen geholfen, die Schule nicht abzubrechen.
- Alumni erreichten weit häufiger als Non-Alumni (28 % versus 16 %) einen Hochschulabschluss (*4-year college degree*, vergleichbar mit dem Bachelor). Sie sind damit auch erfolgreicher als ihre Eltern: 42 % der Alumni schaffen den Bachelor-Abschluss, gegenüber 22 % ihrer Väter und 25 % ihrer Mütter.
- Sie verfügen später häufiger über ein Haushaltseinkommen von 75 000 Dollar oder höher (46 % versus 33 %).
- Zwei Drittel sagen, sie seien sehr zufrieden mit ihrem Leben (64 %), während dies nur 35 % der Nicht-Alumni von sich sagen.
- Über die Hälfte von ihnen engagiert sich heute selbst ehrenamtlich (52 %), während es bei den Nicht-Alumni nur ein Drittel (35 %) ist.

Auch die Ergebnisse dieser Langzeitstudie bestätigen, dass Mentoring bei Big Brothers Big Sisters zu besseren Lebensperspektiven bei den Befragten geführt hat.[7] Im folgenden Kapitel wollen wir den positiven Einfluss des Mentoring genauer betrachten und der Frage nachgehen, warum die damit verbundenen positiven Erfahrungen häufig so beständig sind, dass sie Leistungen, Verhalten und möglicherweise die gesamte Persönlichkeitsentwicklung langfristig beeinflussen können.

---

7 Die Studie von Harris Interactive wurde im Auftrag von Big Brothers Big Sisters of America erstellt. Ich danke Sabine Scheltwort von Big Brothers Big Sisters Deutschland für die freundliche Überlassung der Daten aus dieser unveröffentlichten Studie.

8. Schule des Lebens: Informelles Lernen und der Erwerb sozio-moralischer Kompetenzen

*»Vor allem, Scout«, sagte er, »musst du einen
ganz einfachen Trick lernen, dann wirst du viel
besser mit Menschen aller Art auskommen.
Man kann einen anderen nur richtig verstehen,
wenn man die Dinge von seinem Gesichtspunkt
aus betrachtet … Ich meine, wenn man in seine
Haut steigt und damit herumläuft.«*

HARPER LEE, »WER DIE NACHTIGALL STÖRT …«

Warum wirken Gefühle besser als Argumente?

Ein Mentoring-Tandem, das hat die amerikanische Studie gezeigt, kann bei einem Kind oder einem Jugendlichen sehr viel und sehr Entscheidendes bewirken. Wenn die Beziehung zu dem älteren Mentor einen jungen Menschen so stärken kann, dass er Drogen widersteht, seine Angst vor Versagen sich verflüchtigt; wenn er nicht mehr herumbrüllen oder zuschlagen muss; wenn die Beziehungen zu den Eltern und Freunden vertrauensvoller werden; wenn das Verhältnis zur Schule sich ins Positive wandelt – dann öffnen sich Wege für gute Erfahrungen und dann wird es leichter, erfolgreich mit Menschen umzugehen und Anforderungen zu bewältigen. Die Spirale aus Versagen, Schelte und Scham auf der einen Seite und Angst, Wut und Verweigerung auf der anderen Seite wird durchbrochen: Ein besserer Weg kann beginnen.

Aber woran liegt es genau, dass Mentoringbeziehungen so wirksam sind? Warum ist die Erfahrung von Zuwendung und Freundschaft so stark, dass sie bisher erworbenes Verhalten verändern kann? Warum wirken gute Gefühle besser als Argumente?

Zwei Sachverhalte, die dafür verantwortlich sind, haben wir im ersten Kapitel schon angesprochen: Zum einen haben wir gesehen, dass Gelerntes besonders gut im Gedächtnis haftet, wenn positive Gefühle damit verknüpft sind. Zum anderen ist es so, dass Lernprozesse dann besonders effektiv sind, wenn sie nicht nur auf Wissensaneignung abzielen, sondern von Erfahren, Ausprobieren und Abgucken geprägt oder begleitet werden. Der größte Teil des Lernens in Kindheit, Jugend und auch noch im Erwachsenenalter erfolgt unbewusst, ohne dass wir es merken, ohne dass wir bewusst eine Frage stellen und ohne dass Lehrer oder Eltern es intendieren, ohne Unterricht, ohne Büffeln, ohne Lehrbuch. In verschiedenen Studien wird der Anteil des sogenannten *informellen Lernens* je nach Alter der Lernenden auf 70 bis 80 % geschätzt.

Es umfasst Wissen, Kompetenzen und Fähigkeiten, die wir uns aneignen, indem wir am sozialen Leben teilnehmen und beobachten, nachahmen, ausprobieren, zuhören, miteinander sprechen oder streiten.

Dies gilt besonders für die sogenannten sozio-moralischen Kompetenzen, die ein Kind befähigen, die Folgen eigenen und fremden Verhaltens auf die Rechte und das Wohlergehen anderer zu verstehen, die Perspektive des Gegenübers einzunehmen und Mitgefühl zu entwickeln. Diese Fähigkeiten erwirbt ein Kind in einem Geflecht aus Wissen und Gefühl, auf der Basis einer von Wärme, Vertrauen und Respekt geprägten Beziehung zu den erwachsenen Vorbildern, die dem Kind das erwünschte Verhalten vorleben und – sehr wichtig – in der konkreten Situation am Beispiel erklären.[1]

Gewaltprävention: Risiko mildern, gute Erfahrungen ermöglichen

Wenn die sozio-moralische Sensibilisierung in der Familie nicht stattfindet oder die Grunderfahrung fehlt, als Person akzeptiert und respektiert zu werden, werden sozio-moralische Kompetenzen nicht ausreichend

---

1 Keller & Malti, 2008.

und angemessen entwickelt. Diese Tatsache ist besonders in Bezug auf Fragen der Gewaltprävention relevant. Welche Bedingungen erhöhen für einen Heranwachsenden das Risiko, impulsive, aggressive und sogar gewalttätige Verhaltensweisen zu entwickeln? Beschreibt das Fehlen dieser Risikofaktoren gleichzeitig die Gelingensbedingungen einer friedfertigen Persönlichkeit? Und: Lassen sich daraus Schlussfolgerungen für Methoden der Gewaltprävention ableiten? Lassen sich diese Gelingensbedingungen in neuen Beziehungen – also auch beim Mentoring – nachahmen?

Als Risiko erhöhende Faktoren gelten beispielsweise Misshandlung und Missbrauch in der Familie, Kriminalität oder Drogenmissbrauch der Eltern, Zurückweisung, Vernachlässigung, strafende Erziehung und alle kindlichen Verhaltensauffälligkeiten, die daraus folgen können und wieder negative Reaktionen und Ereignisse nach sich ziehen. Häufig sind bei Kindern, die diese Erfahrungen machen, auch Defizite bezüglich der Intelligenz sowie der psychischen und neurologischen Gesundheit festzustellen.[2] Die sozialen und kognitiven Defizite, die aggressives Verhalten bei Kindern begünstigen, sind verhältnismäßig gut erforscht. Diese Defizite führen häufig zu Fehlinterpretationen in zwischenmenschlichen Situationen. Diese Kinder fühlen sich zum Beispiel schnell bedroht oder angegriffen. Kein Vertrauen zu Menschen zu haben in Verbindung mit einer niedrigen Reizschwelle, wird dann zu einem explosiven Gemisch. Kinder, die gewalttätiges Verhalten zeigen, wissen nicht, wie sie noch so kleine Konflikte lösen können und missverstehen neutrale Signale im Kontakt mit Freunden oder Unbekannten als Angriff. So kommt es zu feindseligen Interpretationen von Begegnungen, in denen sich diese Kinder als Opfer wahrnehmen und sich daher berechtigt oder genötigt sehen, sich zu wehren und gewalttätig zu reagieren.

Demgegenüber werden eine positive Eltern-Kind-Beziehung, ein in sich schlüssiger, nicht strafender Erziehungsstil, soziale Kompetenz, gute Schulleistungen, höhere Intelligenz und ein umgängliches Temperament als Risiko mildernde Faktoren angesehen.[3] Auf beides zielen Maßnahmen

---

2 Scheithauer et al., 2008, S. 39–64.

3 A.a.O.

108

der Gewaltprävention ab: die Risiko erhöhenden Bedingungen zu reduzieren und die Risiko mildernden Bedingungen zu fördern.

Lässt sich Resilienz erlernen?

Eine wichtige Variable ist in diesem Zusammenhang, wie wir bereits im ersten Kapitel erwähnt haben, die sogenannte »Resilienz«, die man als Widerstandskraft der Seele übersetzen könnte. Gemeint ist damit die Fähigkeit eines Kindes, schlechte Erfahrungen zu bewältigen und sich widriger Entwicklungsbedingungen zum Trotz »normal« zu entwickeln. Dazu gehören ein gesundes Selbstvertrauen, der Wille, das eigene Leben zu gestalten, die Fähigkeit und Bereitschaft, Entscheidungen zu treffen und Verantwortung zu übernehmen, Herausforderungen zu suchen und sich sinnvolle Ziele zu stecken. Diese »Selbstwirksamkeit«, diese Mischung aus Selbstvertrauen, praktischer Intelligenz und der Fähigkeit, Probleme zu lösen, halten viele Forscher für den mächtigsten aller inneren Schutzfaktoren.

Eltern und ältere Geschwister können, wie wir bereits im ersten Kapitel gesehen haben, viel dazu beitragen, dass ein Kind Resilienz entwickelt. Eine amerikanische Forschergruppe beschäftige sich Anfang der neunziger Jahre mit Flüchtlingsfamilien in den USA, die in Armut lebten und in der die Elterngeneration über eine geringe Bildung verfügte. Sie stellten fest, dass sich die Mehrzahl ihrer Kinder als resilient erwies, sich also ohne besondere Auffälligkeiten entwickelte. Emotional am stabilsten und schulisch am erfolgreichsten waren jedoch die Kinder aus den Familien, in denen sowohl von Eltern (die selbst keinen hohen Bildungsstand hatten) als auch von älteren Geschwistern viel Wert auf Bildung gelegt wurde, die außerdem nicht als Mittel zum Zweck, sondern als Selbstzweck betrachtet wurde. Einen ganz besonders positiven Einfluss hatte es, wenn die Eltern den Kindern vorlasen. In 45 % der Flüchtlingsfamilien war dies der Fall. Dabei spielte es keine Rolle, ob sie englische Bücher oder Bücher in ihrer Muttersprache vorlasen. Es kommt, laut Caplan und Choy, eher darauf an, dass das Vorlesen die emotionale Bindung zwischen Eltern und Kindern stärkt.[4]

Aber auch die Tatsache, als erstes Kind in der Geschwisterreihe geboren zu sein, kann ein solcher Resilienzfaktor sein. Die Entwicklung seelischer Widerstandsfähigkeit wird offenbar auch durch die frühe Übernahme von Verantwortung gefördert, was eher bei älteren Geschwistern der Fall ist.[5] Ein weiterer Faktor sind positive Beziehungen zu Freunden und Gleichaltrigen, die ein ungünstiges Klima in der Familie zum Teil auffangen können. Auch die Möglichkeit zu Rückzug und Kompensation scheint wichtig, wie sie gegeben ist, wenn ein Kind seine Interessen und Hobbys ausleben kann. Weniger den familiären Bedingungen ausgeliefert ist ein Kind zum Beispiel darüber hinaus, wenn es durch die Persönlichkeit, die es mitbringt – also nicht als Ergebnis von Erziehung – eher »unempfindlich« und nicht zu impulsiv oder gefühlvoll ist. Noch wesentlicher ist aber, ob ein Kind die Überzeugung behält, dass es Einfluss hat und seine Umgebung und seine Beziehungen aktiv mitgestalten kann.[6]

Seit Jahrzehnten beschäftigt sich die in Deutschland geborene amerikanische Psychologin Emmy Werner mit dem Resilienz-Begriff. In dem Artikel *Resilienz und Protektionsfaktoren im Lebensverlauf von Kriegskindern* arbeitet sie an ausgewählten Belastungssituationen noch einmal die bislang bekannten Faktoren heraus, welche die Ausbildung dieser inneren Widerstandskraft begünstigen – u.a. die Verfügbarkeit (außer oder neben den Eltern) weiterer liebevoller Personen und das Empfinden, Werte und religiöse Überzeugungen zu teilen, »die dem Leiden eine Bedeutung geben«.[7]

Offen ist die Frage nach Ursache und Wirkung: Sind die genannten Faktoren – Verantwortung, Selbstständigkeit, Interessen und die Überzeugung der Selbstwirksamkeit – nicht eher schon die Ergebnisse der Wechselbeziehung zwischen einem Kind und seiner Umwelt? Letztlich heißt

---

4 Caplan et al., 1992.

5 Scheithauer et al., 2008, S. 39–64.

6 Müller-Kohlenberg & Szczesny, 2008, S. 4f.

7 Werner, 2007, S. 47–56.

das: Was hat ein starker Mensch, was dem schwachen fehlt? Warum kann ein schlechter Start in ein gutes Leben münden? Warum können manche Menschen die widrigen Umstände ihrer Kindheit besser verarbeiten als andere? Neue Untersuchungen legen nahe, dass mindestens ein Drittel der Jungen und Mädchen, die unter schwierigen Bedingungen aufwachsen, einigermaßen oder auch gut im Leben zurechtkommt. Psychologen, Neurowissenschaftler, Pädagogen, Verhaltensbiologen und Genetiker haben sich in den letzten Jahren viel mit der Frage beschäftigt, welche Faktoren dazu führen und welche Schlussfolgerungen man daraus für eine gelingende Erziehung ableiten könnte. Und die meisten Forscher sind überzeugt, dass sich bereits im frühen Kindesalter seelische Robustheit systematisch stärken lässt.

Eine solche Stärkung wird umso wichtiger, je weniger die Eltern ihren Kindern gerecht werden. Laut einer Studie der University of Missouri waren Schüler aus gefährdeten Familien weniger gewalttätig und weniger anfällig für Drogen, wenn sie einen Lehrer gefunden hatten, der sie anleitete und der ihnen ein Vorbild war. Norman Garmezy, ein Pionier der Resilienzforschung in den USA, berichtet gar, dass 90 % der Kinder mit einem schizophrenen Elternteil langfristig seelisch gefestigt bleiben, wenn ein anderer Erwachsener ihnen zur Seite steht.[8] Selbst vielfach gefährdete Kinder könne man wappnen, meint auch Gerhard Suess, Professor für Psychologie an der Hochschule für Angewandte Wissenschaften Hamburg. »Womöglich nicht alle. Aber doch so viele, dass sich alle Mühe lohnt.« Wer im Grunde gestärkt sei, überstehe Momente von Trauer, Verlust, Gewalt oder Krankheit eher ohne schwere seelische Verletzung, so Suess.[9]

Auf diesen wissenschaftlichen Erkenntnissen basieren moderne Methoden der Gewaltprävention, die direkt mit den Eltern oder im Kindergarten und in der Schule durchgeführt werden, so beispielsweise das entwicklungsfördernde Eltern- und Kindertraining »Bleib locker«, die Trainings »Rucksack«, »Steep«, »Fast« und »Effekt«, die Methode der Posi-

---

8 Thimm, 2009, S. 70.

9 Ebd., S. 66.

tive Peer Culture[10] oder das Programm »Papilio« zur Primärprävention im Kindergarten[11].

Diese Präventionsprogramme, meist in den USA entwickelt, könnten gefährdeten Kindern direkt helfen oder auch vorbeugend für alle Kinder in pädagogische Konzepte einfließen. In den Schulen sind Präventionsmaßnahmen häufig an Streitschlichter-Programme und andere Trainings zur Gewaltfreiheit geknüpft. Sie zielen darauf ab, Konflikte mit Hilfe von gleichaltrigen, entsprechend geschulten »Streitschlichtern« in einem Aushandlungsprozess gewaltfrei zu lösen.

Im Klassenraum, als Themen im Unterricht, sind Gewaltfreiheit, Toleranz, Gerechtigkeit und Wahrheitsliebe zwar wichtige und dankbare Diskussionsthemen. Aber weil diese Unterrichtseinheiten meist theoretisch oder hypothetisch angelegt sind, eher auf intellektueller Erkenntnis als auf echten Gefühlen und Beziehungen basieren, lassen sich Auswirkungen auf die Konfliktlösungsstrategien, die ein Kind im Alltag schließlich anwendet, von ihnen kaum erwarten.

---

10 Lösel et al., 2008.
11 Scheithauer & Meyer, 2008, S. 221–239.

9. »Balu und Du«: Ein Mentoringprojekt mit wissenschaftlicher Begleitung

Weil informelles Lernen an reale Situationen und Gefühle, an Personen und Beziehungen gebunden ist, kann es in der Schule also nur unzureichend nachgeholt werden. »Da es wohl viele Kinder gibt, deren allmählicher Aufbau eines Wertekanons unbegleitet verläuft – ohne sozial akzeptable Vorbilder, ohne Zielrichtung, ohne unterstützende Reflexion –, sollten gerade im riesigen Feld des informellen Lernens Hilfen angeboten werden«, so die Osnabrücker Psychologin und Erziehungswissenschaftlerin Hildegard Müller-Kohlenberg, die zugleich Initiatorin des großen deutschen Mentoringprojekts »Balu und Du« ist. Im riesigen Feld des informellen Lernens Hilfen anbieten – dafür ist ein Mentoring-Tandem geradezu ideal. »Vor, außerhalb, während und auch nach der Schulzeit bietet der Alltag unzählige Lernanlässe, deren Bewältigung oftmals unbemerkt in den Fundus an Wissen, Überzeugungen, Normen und Kompetenzen einer Person eingeht«, so Müller-Kohlenberg.[1] Ein Mentor kann mit Einfühlungsvermögen, Geduld und Einfallsreichtum viele unauffällige Ereignisse in der Lebenswelt des Kindes aufgreifen und als Anlass dafür nutzen, miteinander darüber zu sprechen. Welche Gründe gibt es, sich so oder auch anders zu verhalten? Welche Gefühle und Reaktionen ruft mein Verhalten bei meinem Gegenüber hervor? Ist mein Anliegen berechtigt, oder muss ich es zugunsten von anderen wichtigen Dingen zurückstellen?

Moralische Kompetenz und Verantwortung lernt ein Kind am besten in echten (kleinen) Konfliktsituationen. Wenn es eine vertrauensvolle Beziehung zu einem Mentor hat, der ihm im Alltag hilft, die widerstreitenden Wertvorstellungen abzuwägen und die Folgen von alternativen Handlungsmöglichkeiten zu durchdenken, dann kann ein Kind Verant-

---

1 Müller-Kohlenberg, 2008 b, S. 230.

wortung und moralische Kompetenz entwickeln. Wenn das Tandem erst einmal ein Vertrauensverhältnis hergestellt hat – und das dauert einige Wochen –, wird der Mentor viele informelle Lernsituationen im Zusammensein mit dem Mentee finden, die er geschickt nutzen kann. Wie wirkungsvoll diese Methode ist, dafür hat die umfangreiche empirische Begleitforschung von »Balu und Du« zahlreiche Belege erbracht.

»Balu und Du« ist ein Mentorenprogramm für gefährdete Grundschülerinnen und Grundschüler zwischen sechs und zehn Jahren. Die Initialzündung für die Gründung waren die Erfahrungen von Tilly Bakker-Grunwald, einer mittlerweile verstorbenen Kollegin von Hildegard Müller-Kohlenberg, die als Mentorin bei PERACH in Israel gearbeitet hatte. Wieder in Deutschland, war sie so von dem Projekt beseelt, dass der Funke sofort auf ihre Kollegin übersprang. Im Jahr 2002 hoben sie das Projekt in Osnabrück aus der Taufe. Einige Zeit später wurde Dominik Esch vom Diözesan-Caritasverband für das Erzbistum Köln neuer Partner beim Aufbau der Organisation. Seitdem hat »Balu und Du« weit über 1000 Mentorships vermittelt und begleitet. Der universitäre Hintergrund hat wohl dazu geführt, dass das Projekt seine Arbeit von Beginn an mit einer umfassenden Evaluationsstudie begleitete, in der ein großer Teil dieser Tandems erfasst wurde. Die Studie konnte zahlreiche positive Auswirkungen auf die Kinder und Mentoren belegen.

Es gibt Standorte von »Balu und Du« in vielen anderen Städten, so z.B. in Hannover, Berlin, Dresden, Köln, Neuss, Leverkusen, Langenfeld, Hamm, Ibbenbüren und in Wien. Vor Ort kooperiert das Programm mit Grundschulen, weiterführenden Schulen und Universitäten, Caritas und Diakonie, Freiwilligen-Zentren und den Kirchen. Seit Gründung ist die Universität Osnabrück für die Evaluation verantwortlich und organisiert selbst den Standort in Osnabrück. Sie fungiert – zusammen mit der Geschäftsstelle in Köln – als Zentrum für das gesamte Netzwerk. Im Frühjahr 2009 feierte der Verein Balu und Du e.V. mit seinem Oldenburger Kooperationspartner, dem Kinderschutz-Zentrum Oldenburg, die Vermittlung des 1000. »Balu-und-Du«-Gespanns.[2]

---

2 www.balu-und-du.de/index.php?id=aktuell (31.07.2009) und www.bagkae.caritas.de

Die Kinder, Moglis genannt, werden von ihren Lehrerinnen und Lehrern vorgeschlagen. Es gibt keine streng definierten Auswahlkriterien. Die Lehrkräfte werden gebeten, Kinder auszuwählen, um die sie sich »Sorgen machen«. Das können Kinder sein, die zu Hause vernachlässigt werden; die von den Gleichaltrigen isoliert sind; die sich nicht konzentrieren können; Mobber oder Mobbingopfer; scheue, inaktive oder »sprachlose« Kinder; diejenigen, die sich überschätzen oder unterschätzen oder die durch verbale Aggressionen auffallen. Die Kinder werden durch junge Erwachsene, häufig Studierende, ein Jahr lang ehrenamtlich betreut. Die Mentorinnen und Mentoren, die Balus, werden in einem Seminar begleitet. Sie schreiben wöchentlich Tagebuch (per E-Mail) über den Verlauf der Beziehung.[3]

Ziel von »Balu und Du« ist es, dass Kinder in realen Alltagssituationen bisher versäumte Erfahrungen nachholen können und dadurch lernen, wie man besser mit sich und den anderen zurechtkommt. Der Mentor dient dabei als Rollenvorbild und Initiator von Alltagserlebnissen und neuen Erfahrungen. Bevor neue Lernerfahrungen richtig wirken können, muss die Beziehung natürlich erst einmal Zeit haben zu wachsen. Das dauert zwischen sechs und acht Wochen. Anfangs sind viele Kinder misstrauisch und können sich nicht so recht vorstellen, was sie mit dem Balu anfangen sollen und dass die Treffen wirklich überwiegend Freizeit, Spiel und Spaß dienen sollen. Nach den ersten gemeinsamen Unternehmungen ist ein Grundvertrauen meist hergestellt. Dann kann der Mentor sich zunehmend Gedanken darüber machen, wie er als eine Art Regisseur den Rahmen für informelle Lernerfahrungen aktiv gestalten kann. Nach und nach wird seine Aufmerksamkeit für kleine Gelegenheiten im Alltag geschärft, in denen die Kinder Verantwortung übernehmen (z.B. beim Backen) oder sich hilfsbereit verhalten können (z.B. beim Einkaufen). Zu den Zielen, die der Mentor dabei verfolgt oder zumindest im Hinterkopf behält, gehört es, Lernfreude und Neugier wachzurufen, durch Unterhaltungen die Ausdrucksfähigkeit zu verbessern, Selbstvertrauen und Konzentrationsfähigkeit zu stärken, Mitgefühl, Kooperationsbereitschaft, Selbstbeherrschung und Geduld zu üben.

---

3 Esch et al., 2007.

Zwei Beispiele mögen verdeutlichen, wie solche Alltagssituationen aussehen können. Das Mentoring-Tandem geht gemeinsam durch die Stadt. Eine ältere Frau schleppt sich mit schweren Einkaufstaschen ab. Der Mentor fragt, ob er behilflich sein kann. Das Kind wird sich mit Sicherheit darum reißen, auch eine Tasche tragen zu dürfen. An dieser Stelle hat es viel gelernt und gefühlt: Aufmerksamkeit, Hilfsbereitschaft, Verantwortung, Mut zum Fragen und am Ende Stolz und Selbstachtung.

Oder dies: Das Mentoring-Tandem geht in den Wald, um bunte Blätter zu sammeln, obwohl es ein kalter, windiger Tag ist. Beide haben gelernt, wie erfrischend, befriedigend und lustig so ein kleiner Ausflug sein kann und wie man sich über schöne Dinge aus der Natur freuen kann. Auch dass man sich manchmal erst einmal aufraffen muss, anstatt gemütlich zu Hause sitzen zu bleiben, ist eine gute Erfahrung.[4]

Wie Big Brothers Big Sisters und PERACH verfolgt auch »Balu und Du« bestimmte Qualitätsstandards. Dazu gehören in erster Linie die Begleitseminare für die Mentoren und Mentorinnen. Sie dienen der Fallanalyse, der Supervision und der Praxisberatung. Dreh- und Angelpunkt der Reflexion sind die Tagebucheinträge der Mentoren, in denen sie die Erlebnisse mit den Kindern Revue passieren lassen. Sie sind Grundlage für die Begleitseminare und für die Wirkungsforschung. Für die Tagebucheintragungen gibt es ein Onlinetool. Die Auswertung erfolgt mit geeigneter Software, die die Texte nach bestimmten Schlüsselwörtern sortiert, um die systematische Auswertung zu vereinfachen. Außerdem erhalten die Studierenden bei Bedarf breit gefächerte Materialien (sogenannte Memos) zu praktischen Fragen. Themen sind etwa das Vorstellungsgespräch bei den Eltern oder die Frage, wie man das Mentorenjahr beendet, ohne dass zugleich die neue Freundschaft endet. Die Memos geben auch Anregungen für das Zusammensein mit den Kindern, indem sie z.B. Vorschläge für Spiele in der Natur machen, oder sie berühren sensible Fragen, wie die, wie man mit mangelnder Körperhygiene umgehen kann. Diese Infomaterialien werden anhand der Praxiserfahrungen ständig weiterentwickelt.

---

4 Müller-Kohlenberg; Mündlicher Vortrag am 30. März 2009 auf der Tagung »Tutoring and Mentoring Projects at Universities – Students for disadvantaged children« in Osnabrück.

Ein Qualitätshandbuch auf der Homepage enthält alle weiteren wichtigen Materialien und Formblätter, so auch Verträge, Anmeldebögen und Vordrucke für die Kostenerstattung (10 Euro für gemeinsame Aktivitäten werden pro Monat erstattet).

Was Mentoring bewirkt: »Man sieht es schon in ihren Gesichtern«

Fröhliche, offene Kinder, die in der Pause mit anderen herumtoben, sich nachmittags mit Freunden verabreden und begeistert erzählen, was sie erlebt haben, das ist aus vielen Moglis geworden, wenn sie ein Jahr lang von einem Balu begleitet worden sind. Auch wissen sie meistens, was es bedeutet, einen Streit mit fairen Mitteln zu führen, und wenden diese neu erworbene Fähigkeit mit Stolz an.

»Man kann es schlichtweg sehen«, fasst Hildegard Müller-Kohlenberg die bisherigen Ergebnisse ihres Mentoringprojekts zusammen, »die Kinder lächeln, fühlen sich wohler, sie haben mehr Augenkontakt und Freude an Kommunikation.« Diese Wahrnehmung wird durch die Wirkungsstudie von »Balu und Du« bestätigt. Die Evaluationsforschung zu »Balu und Du« findet am Standort Osnabrück im Zusammenhang mit akademischen Lehrveranstaltungen der Universität statt. Auf der Suche nach den Wirkungsfaktoren von Mentoringbeziehungen hat die wissenschaftliche Begleitung von »Balu und Du« in den vergangenen Jahren bereits einen umfangreichen Fundus an Daten erhoben und ausgewertet. Dabei geht es nicht nur um die Frage, was Mentoring bei Kindern bewirkt, sondern auch darum herauszufinden, wie es im Einzelnen wirkt. Datengrundlage ist die qualitative Auswertung der anonymisierten wöchentlichen Tagebucheinträge der Mentoren und Mentorinnen sowie Interviews mit den Eltern, den Kindern und den Lehrkräften vor Beginn des Mentorings und nach einem Jahr. Außerdem werden die Beteiligten jeweils aufgefordert, auf einer fünfstufigen Skala zu bewerten, welche von insgesamt 24 Wirkungen mit welcher Stärke eingetreten sind. Die kindlichen Verhaltensänderungen werden zusätzlich anhand der Tagebucheinträge nach den

Regeln der qualitativen Sozialforschung analysiert. Für die Selbsteinschätzung der Kinder wurde ein weitgehend sprachfreier Test entwickelt, der EDV-gestützt und in persönlicher Interaktion durchgeführt wird. Außerdem nehmen die Kinder an einem standardisierten Aggressionstest teil. Die Studenten müssen auch den Grad ihres eigenen Kompetenzgewinns mittels einer Skala selbst einschätzen.

Obwohl die vorliegenden Evaluationsergebnisse erst den Anfang in einer als Längsschnittuntersuchung angelegten Wirkungsforschung darstellen, gibt es bereits heute deutliche Anzeichen dafür, dass die untersuchten Mentoring-Tandems von »Balu und Du« in vielerlei Hinsicht von ihren »inszenierten Freundschaften« profitiert haben. »Das ist ein Projekt mit vielen Gewinnern, denn sowohl die Kinder profitieren deutlich von der Begleitung wie auch die Studierenden. Als Mentorinnen oder Mentoren erwerben sie wichtige Schlüsselkompetenzen«, so Hildegard Müller-Kohlenberg. Die besonderen Lernerfolge von Studierenden, die als Mentorinnen und Mentoren tätig waren, konnten im Vergleich zu einer Kontrollgruppe nachgewiesen werden. Auch die Kinder, die ein Jahr lang begleitet werden, blühen auf und machen deutliche Fortschritte in ihrer Entwicklung. In den Kommunen ist das Projekt als Präventionsprogramm willkommen. Darüber hinaus profitieren die Universitäten, denn sie verfügten mit »Balu und Du« zum Beispiel in den Bachelor-Studiengängen über ein praxisnahes Lehrangebot zur Erlangung von Kompetenzen, das sie auf die spätere Arbeit mit Kindern und viele andere Berufsfelder gut vorbereitet. Denn beim lebenslangen Lernen ist es entscheidend, Lernanlässe zu identifizieren und für sich selbst oder andere Lernarrangements im informellen Feld zu entwickeln.

Ergebnisse aus der Wirkungsforschung von »Balu und Du«

Sowohl die Lehrer und Lehrerinnen als auch die Eltern stellten nach Abschluss des Mentorings vielfältige positive Effekte fest. Interessant ist, dass Lehrer, Mentoren und Eltern die Veränderungen bei den Moglis zum

Teil recht unterschiedlich wahrnahmen und bewerteten. Die Eltern nahmen die positive Entwicklung ihrer Kinder besonders stark wahr, auch in Bereichen, in denen Lehrkräfte keine nennenswerte Veränderung erkennen konnten.

Den Lehrkräften fiel zunächst einmal besonders auf, dass die Kinder, die sich in einem Mentoring-Tandem befanden, emotional ausgeglichener wirkten, sich schlichtweg wohler fühlten als früher und häufiger gut gelaunt waren. In der Folge waren die Kinder in den Pausen deutlich besser integriert und beliebter bei den anderen. Auch die Beteiligung am Unterricht verbesserte sich und näherte sich dem Durchschnitt an. Die Fähigkeit, Kontakte außerhalb der Familie zu knüpfen, verbesserte sich signifikant. Große Fortschritte wurden bei der Fähigkeit festgestellt, Konflikte zu bewältigen. Dieser Effekt wirkte sich auf das Klima in der Klasse insgesamt aus. Die größte Veränderung wurde bei der Verbesserung der verbalen Kommunikationsfreude festgestellt.

Zur Überraschung der Forscher zeigten sich keine nennenswerten Effekte im Feld der kognitiven Fähigkeiten. Im Schreiben, Sprechen und der Mathematik nahmen die befragten Lehrkräfte nur geringe Fortschritte wahr. Vielleicht braucht es mehr Zeit als das eine Jahr, das zwischen den beiden Befragungen liegt, bis die Effekte des Mentoring sich in den Schulleistungen niederschlagen, zumal es ja kein Projekt zur Nachhilfe ist. Aber die Eltern – und dies überraschte alle Beteiligten – stellten auch in diesem Bereich Fortschritte fest. Sie spürten viel größere Veränderungen bei ihren Kindern und bejahten Fortschritte in fast allen Bereichen. Ein besonders deutlicher Unterschied in der Wahrnehmung zeigte sich bei der Fähigkeit des Kindes, Kritik anzunehmen. Die Eltern bejahten diesen Fortschritt sehr viel häufiger als die Lehrkräfte. Dies lässt auf eine insgesamt entspanntere häusliche Atmosphäre schließen.

Besonders hervorzuheben ist die nachweislich starke Verbesserung in der Konfliktbewältigungskompetenz bei den Kindern. Den Moglis wurden zu Beginn des Projekts besonders geringe Fähigkeiten in diesem Bereich attestiert. Nach Abschluss des Projekts erkannten die Lehrkräfte hier sehr starke positive Veränderungen. Dieses Ergebnis ist besonders im Hinblick auf Fragen der frühen Gewaltprävention relevant: Mit Konflikten des Alltags umgehen zu können, ist eine Grundvoraussetzung zur Vermeidung von späteren aggressiven oder sogar gewalttätigen Auseinandersetzungen.

Besonders aufschlussreich sind die Ergebnisse auch im Hinblick auf die Konzentrationsfähigkeit. Hier hatten die Evaluationsforscher kaum Effekte erwartet, da zumindest die als Aufmerksamkeitsdefizitsyndrom und Hyperaktivität (ADS oder ADHS) diagnostizierten Verhaltensauffälligkeiten häufig als körperliche Dispositionen angesehen werden, die auf der erzieherischen oder verhaltenspsychologischen Ebene kaum zu beeinflussen sind. Aus der Sicht der Lehrkräfte hatte sich die Konzentrationsfähigkeit der teilnehmenden Kinder jedoch deutlich gesteigert. Eine weitere Überraschung lag darin, dass die Eltern diese Veränderung bei ihren Kindern noch viel stärker wahrnahmen. Für sie ist die verbesserte Fähigkeit zur Konzentration sogar die überzeugendste Leistung des Projekts.

Der begrenzte Ausschnitt der Wirklichkeit, den der Unterricht in einer Schulklasse repräsentiert, das wird hier deutlich, kann nicht alle Aspekte der kindlichen Entwicklung sichtbar machen. Dies zeigt auch die Frage nach der Unternehmungslust in der Untersuchung. Die Eltern bescheinigten den Kindern eine deutlich höhere Steigerung an Aktivität als die Lehrkräfte.

Eine weitere signifikante Wirkung des Mentoring ist eine bessere Integration der Kinder in die Gruppe der Gleichaltrigen. Etliche von ihnen waren zu Beginn der Mentoringbeziehung Außenseiter – was fatale Folgen für die weitere Entwicklung haben kann. So können Kinder, die häufig abseits stehen, ihre Kommunikationsfähigkeit und ihre sozialen Kompetenzen insgesamt nicht weiterentwickeln. Am Ende des Projektjahres waren die Kinder überwiegend gut integriert. Die Lehrkräfte führen diesen Effekt unter anderem darauf zurück, dass die Moglis einfach mehr zu erzählen hatten und dadurch für die Gruppe interessanter wurden.

Die größte Veränderung unter den 24 untersuchten Dimensionen ergab sich bei den Kontakten im sozialen Umfeld außerhalb der Familie. Gestärkt durch das Zusammensein mit dem älteren Freund, hatten die Kinder nach einem Jahr den Anschluss an Gleichaltrige und andere Bekannte außerhalb der Familie gefunden – ein Stück geglückte Integration. Damit zusammenhängend ist die verbale Kommunikationsfreude zu sehen, die sich fast ebenso stark entwickelte. Diese Fähigkeit ist als Motor für soziale Kontakte zu sehen – und stellt damit eine Grundvoraussetzung dar, um soziale Kompetenzen einzuüben und von anderen wahrgenommen zu werden. »Wer nicht gern redet, seine Sicht der Dinge nicht einbringt, nicht im Smalltalk dabei ist oder nicht fragen und antworten will bzw. kann, der oder die ist leicht Außenseiter«, erklärt Müller-Kohlenberg.[5] Da die Neigung zur Gewalt bei den Moglis zu Beginn des Projekts nach Einschätzung der Lehrer und Lehrerinnen und Eltern insgesamt eher gering ausgeprägt war – in dem Alter der beteiligten Kinder ist Gewaltbereitschaft ohnehin selten anzutreffen –, wurde, um auch in diesem Bereich Aussagen treffen zu können, mit den beteiligten Kindern ein standardisierter »Aggressionstest«[6] durchgeführt. Der Test ergab, dass im Gruppendurchschnitt eine Verminderung der Aggression bzw. eine Zunahme des »sozial erwünschten Verhaltens« nach Abschluss des Mentoring festzustellen war, und zwar in der Schule, zu Hause und in der Freizeit. Diejenigen Kinder, die zu Beginn besonders ungünstige, d. h. hohe Aggressionswerte erreicht hatten, profitierten besonders stark von der Mentorenbeziehung und machten die größten Fortschritte in Richtung Friedfertigkeit und positives Sozialverhalten.

Von den 24 geprüften Dimensionen ergaben sich 19 Mal erkennbare Fortschritte in die gewünschte Richtung. »Die Effektstärken des Mentoringprojekts ›Balu und Du‹ sind ermutigend«, so Hildegard Müller-Kohlenberg, »in einigen Dimensionen überschreiten sie sogar die Effektstärken professioneller Therapieprogramme.« Dennoch wisse man im Grunde noch zu wenig darüber, was im Zusammensein des Mentoring-Tandems genau die jeweilige Wirkung beim Kind auslöst. Um dieser Frage nachzugehen, wurden die Online-Tagebücher der Mentoren und Mentorinnen daraufhin untersucht, über welche Themen, Aktivitäten und Ereignisse dort am häufigsten berichtet wird. Am häufigsten schildern die Studen-

---

5 Müller-Kohlenberg & Szczesny, 2008 passim (Zitat S. 13).

6 Petermann & Petermann, 2000.

ten, wie sie mit ihren Moglis anhand von Alltagsereignissen Normen, Werte und Maßstäbe erörtern. An zweiter Stelle steht die »Arbeit am Phänomen des Entscheidens«.[7] Viele Mentoren und Mentorinnen machen die Erfahrung, dass ihre Schützlinge zu Beginn Schwierigkeiten haben, die einfachsten Dinge zu entscheiden, selbst wenn es darum geht, womit die Pizza belegt werden soll oder welche Zirkusnummer ihnen am besten gefallen hat. Die Kinder sagen dann »weiß nicht« oder »ist mir egal«. Der erste Schritt dazu, die eigenen Vorlieben und Bedürfnisse besser erkennen und benennen zu können, besteht dann zum Beispiel darin, das Kind zwischen zwei Dingen auswählen zu lassen. Weitere Themen, die in den Tagebüchern häufig behandelt werden, sind verbale Kommunikation, motorische Kompetenzen, Verständnis für Naturphänomene, Entwicklung von mehr Aktivität, Medienkompetenz, Ernährung und Verantwortung. Die Forscher kommen allerdings zu dem Schluss, dass sich aus diesen vielen positiven Indizien bisher keine wissenschaftlich eindeutigen Wirkungszusammenhänge – vereinfacht gesagt: wenn man dieses macht, kommt jenes dabei heraus – ablesen lassen. Auch weiß man bisher wenig über die Langfristigkeit der Effekte. Reicht ein Jahr in einem Mentoring-Tandem aus, um Weichenstellungen zu erreichen, die den weiteren Lebenslauf günstig beeinflussen? Man darf gespannt auf die Ergebnisse von Längsschnittstudien sein, die diese Fragen besser werden beantworten können.

Sicher ist, dass ein Kind, das immerhin ein ganzes Jahr im Tandem verbringt, in dieser Zeit eine Fülle von neuen Erfahrungen macht, die sich schließlich verselbstständigen können. Indem die Kinder durch das Mentoring nach und nach kommunikativer, fröhlicher und besser integriert sind, öffnet sich ihre Alltagswelt ganz von allein für immer neue Erfahrungen, die schließlich – wie in Wellenbewegungen – immer neue auslösen. Nach und nach sinken die damit verbundenen Erinnerungen vielleicht wie Sedimente in die Tiefen der Seele hinab.

---

7 Müller-Kohlenberg & Szczesny, 2008, S. 18.

10. Persönliche Verantwortung und fachliche Qualität: Möglichkeiten und Grenzen des Mentoring

Mentoring heißt: über meine Grenzen hinaus zu denken.
TIMOTHY A. CAVELL, UNIVERSITY OF ARKANSAS

Wirkungsweise, Risiken und Gefahren kennen

Qualität ist beim Mentoring unverzichtbar, sowohl bei der Auswahl der Mentoren als auch bei der Durchführung des Mentoring selbst. Wie wir gesehen haben, sind Wissenschaftler weltweit damit beschäftigt, die Gründe für das Gelingen von Mentoringbeziehungen zu erforschen. Heute weiß man bereits eine Menge darüber, wie Mentoring wirkt und welche Kriterien dazu beitragen. In den Forschungsergebnissen zeichnet sich aber auch sehr deutlich eine Tendenz ab, von der die Wissenschaftler selbst überrascht sind. Etwas überspitzt formuliert könnte man sagen: Mentoring wirkt – egal wie. Wir können uns zwar bemühen, die optimalen Bedingungen zu analysieren, zu verstehen und zu beschreiben. Aber letzten Endes entfalten viele unvorhersehbare, unbeabsichtigte und zuweilen auch unbemerkte Faktoren in der Mentoringbeziehung ihre Wirkung.

Einiges spricht dafür, dass Mentoring auf Ebenen wirkt, die sich dem bewussten Zugriff weitgehend entziehen. Wenn informelles Lernen sich dadurch auszeichnet, dass es eben nicht intendiert ist, sondern sich gewissermaßen nebenbei im Alltagsleben ereignet, dann stellt sich die Frage, inwieweit ein Mentor es willentlich inszenieren kann, oder ob es nicht, ein wenig ketzerisch gesagt, gar nicht so wichtig ist, mit welchen Zielen und Vorstellungen er das Zusammensein des Tandems gestaltet – Hauptsache, man unternimmt etwas Schönes zusammen!

Das stimmt einerseits: Viele Ergebnisse der Wirkungsforschung deuten darauf hin, dass man als Mentor wenig Möglichkeiten hat, Verhaltensmuster oder Haltungen des Schützlings gezielt zu beeinflussen. Eher ist anzunehmen, dass es etwas ganz anderes ist, was den positiven Einfluss der Mentoringbeziehung ausmacht: nämlich das durch Wärme, Anerkennung und Beachtung geprägte eigene Verhalten und Empfinden dem Mentee gegenüber. Wie anders wäre zu erklären, dass sich Mentoren manchmal an Ereignisse gar nicht erinnern können, von denen Kinder nach Abschluss des Mentorings sagen, sie seien für sie besonders wichtig gewesen? Aber was macht das schon? Wenn Mentoring wirkt, ist es doch egal wie!

Aber so einfach ist es nun auch wieder nicht. Denn wenn wir Mentoring propagieren wollen; wenn wir uns dafür einsetzen wollen, dass die Politik ganz selbstverständlich hilft, Strukturen zu schaffen, damit wir mit professionellen Akteuren aus anderen Bereichen kooperieren können; wenn wir Geldgeber werben wollen – dann müssen wir Mentoring im großen gesellschaftspolitischen Zusammenhang und im Zusammenhang von sozialpolitischen Hilfsstrukturen verorten. Wir müssen seine Voraussetzungen, Möglichkeiten und Grenzen kennen. Und vor allem müssen wir seine Gefahren und Risiken für die Kinder kennen.

Was ist Mentoring? Ein Akt der Freundschaft, Nächstenliebe und Mitmenschlichkeit? Ehrenamtliches Engagement für jedermann? Oder geht es um eine wissenschaftlich abgesicherte Methode, die in einen theoretischen Zusammenhang und ein professionelles Umfeld eingebettet ist und den Anspruch verfolgt, Wege und Wirkungen zu kennen und zu planen, zu überprüfen und zu reflektieren? Müssen wir über wissenschaftliche Erkenntnisse verfügen, um Mentoring durchzuführen oder zu propagieren? Auch wenn sie sich anscheinend widersprechen, können wir doch alle diese Fragen mit Ja beantworten. Jeder Erwachsene kann ein Mentor sein, wenn er nicht selbst Verhaltensstörungen oder psychische Probleme hat. Und ein Mentoring-Tandem muss natürlich kein wissenschaftlich abgesichertes Konzept verfolgen. Aber eins muss man sich immer bewusst machen: Wer mit Kindern arbeitet, trägt eine immense Verantwortung.

Wenn Mentoring Kindern helfen und nicht schaden soll, müssen wir nicht nur die Möglichkeiten, sondern auch die Grenzen des Mentoring kennen. Sonst birgt es Gefahren und Risiken, die wir nicht überblicken können und deren Auswirkungen sich unserem Einfluss entziehen. Deshalb brauchen wir wissenschaftliche Studien, deshalb braucht ein Mentor fachliche Begleitung.

Das fängt schon dort an, wo entschieden werden muss, welches Kind sich für ein Mentoringprogramm eignet und welches eben nicht, welches Kind ehrenamtlich von Laien unterstützt werden kann und welches professionelle Hilfe und Therapie braucht. An dieser Stelle wird evident, was dieses auf den ersten Blick so selbstverständliche, zwischenmenschliche Engagement mit Forschung und Fakten zu tun hat: Wenn wir Gefahren erkennen und Risiken ausschließen wollen, müssen wir mehr über Mentoring wissen; wir müssen Kriterien haben, mit denen wir die Situation und das Verhalten eines Kindes einschätzen können. Mentoren müssen einerseits viel Geduld haben und nicht gleich aufgeben. Andererseits müssen sie Zeichen erkennen können, die darauf hindeuten, dass andere Hilfe dringend notwendig ist. Ein Mentor muss Frustrationen aushalten können, aber er muss auch sehen, wenn die Beziehung zum Scheitern verurteilt ist. All dies erfordert mehr als persönliches Feingefühl. Es erfordert Wissen und auch die Bereitschaft, selbst Misserfolg und Kritik auszuhalten.

Das bedeutet nun nicht, dass man Mentoring für Kinder und Jugendliche nicht vorantreiben sollte, nur weil seine Wirkung noch nicht hinreichend erforscht ist. Aber man muss sehr aufmerksam die damit verbundenen Fragen im Kopf behalten und sowohl für Mentor als auch Mentee realistische Ziele setzen. Denn wir wissen: Mentoring wirkt immer – egal wie!

Eine seriöse wissenschaftliche Basis ist also unerlässlich. Forscher sind aufgefordert herauszufinden, wann Mentoring wirkt, bei wem und wie lange es wirkt. Außerdem müssen wir verstehen, warum Mentoring funktioniert. Letzteres ist die größte Herausforderung, denn um Chancen, aber auch Gefahren richtig einschätzen zu können, müssen wir mehr über die sozialen und entwicklungspsychologischen Zusammenhänge herausfinden, in denen Mentoring steht. Mentoring ist nicht per se ein Segen für die Kinder; es ist auch nicht neutral und bewirkt nicht »automatisch« etwas Positives, vor allem nicht bei besonders gefährdeten Kindern – das sollte man in der Euphorie über die Erfolge und in der Begeisterung über die Erfolgsgeschichten nicht vergessen. So kann beispielsweise eine Mentoringbeziehung, die vorzeitig beendet wird, das Selbstwertgefühl eines Kindes herabsetzen statt es zu steigern. Negative Auswirkungen hat es beispielsweise auch, wenn der Mentor es nicht schafft, regelmäßige Treffen einzuhalten – dies beeinflusst das Selbstbild, sogar in Bezug auf das eigene Aussehen, negativ.[1] Damit Praktiker verantwortungsvoll mit ihrer Aufgabe umgehen können, sind Forscher deshalb aufgefordert, den Prozess des Mentoring und sein Wirkungen noch viel besser zu verstehen.

Mentoring beim Mittagessen: Zwei Methoden aus den USA im Vergleich

»Mentoring war ursprünglich etwas für Erwachsene. Nun haben wir die Methode auf Kinder übertragen und müssen erst noch herausfinden, ob es ein Weg ist, den wir fördern, verhindern oder nur tolerieren sollten«, provozierte Timothy A. Cavell, einer der führenden Mentoringforscher in den USA, die Kollegen aus allen Kontinenten, die im Frühjahr 2009 auf Einladung von PERACH und »Balu und Du« zu der internationalen Konferenz »Mentoring and Tutoring Projects at Universities« nach Osnabrück gereist waren.

»Mentoring ist in den USA geradezu ein Lieblingsthema für Politiker: Es ist gut für Kinder, es ist eine dankbare Aufgabe für freiwilliges Engagement, es wirkt gegen antisoziales Verhalten und Gewalt«. Aber genau hierüber wisse man noch viel zu wenig, konstatiert Cavell, der als klinischer Kinderpsychologe und Direktor der Psychologischen Fakultät an der

---

1 Cavell, 2009.

University of Arkansas in den USA etliche Studien zum Thema Mentoring veröffentlicht hat. Der Schwerpunkt seiner Arbeit liegt auf der Entwicklung früher Interventionen für aggressive Kinder unter Einbeziehung von Eltern und Mentoren. Aber »Mentoring ist kein Allheilmittel«, sagt Cavell[2] und warnt, man wisse heute, dass Mentoring eben nicht per se wirksam und von Vorteil für Kinder sei. Gerade bei Kindern, die besonders risikogefährdet seien, könnte man mit einem Mentoringprogramm auch viel falsch machen und sogar verschlimmern. Die Mentoringforschung stehe erst am Anfang. Er selbst werde als Wissenschaftler immer wieder davon überrascht, dass Forschungshypothesen zum Mentoring sich häufig nicht bestätigten.[3]

Als ein Faktor für psychische Widerstandsfähigkeit gilt, wie wir wissen, eine Beziehung des Kindes zu mindestens einer erwachsenen Bezugsperson außerhalb der Familie. Dies habe seine langjährige praktische Erfahrung bestätigt, so Cavell: Kinder von Alkoholikern hatten bessere Chancen, wenn sie wenigstens einen anderen Erwachsenen hatten, an dem sie sich orientieren konnten. Aber er erinnert daran, dennoch genau hinzuschauen: Dies funktionierte nämlich nur, wenn die Beziehung von dem Erwachsenen ausging und diese Bezugsperson keine Beziehung zu den Eltern hatte, ansonsten erhöhte sich der Stress für die Kinder eher noch.

Ausgehend von der Annahme, dass aggressives Verhalten ein Ergebnis früher Beziehungserfahrungen ist, entwickelten Cavell und sein Kollege Jan N. Hughes im Jahr 2000 ein spezielles Mentoring-Präventions-Programm für aggressive Grundschulkinder. Der Eintritt in die Grundschule bringt oft Schwierigkeiten mit sich und macht Defizite offenbar: Die Kinder können nicht still sitzen, sich nicht konzentrieren, stören den Unterricht, erfahren Ablehnung. Das Ziel von Cavells und Hughes Programm ist daher: Die Kinder sollten einerseits belastbarer werden und andererseits lernen, mit »gefährlichen« Situationen besser umzugehen (*models of risk and resilience*). Dieses Modell mit dem Namen *PrimeTime* verbindet fertigkeitsbezogene (*skill-based*) Interventionen mit beziehungsbezogenen In-

---

2 »Mentoring is not a one-size-fits for all kinds of intervention!« Cavell, 2009.

3 A.a.O.

terventionen. Zusätzlich kombinierte man das *PrimeTime*-Mentoring mit eine Reihe von Begleitmaßnahmen: Die Eltern und Lehrkräfte wurden eingehend beraten und aufgeklärt, die Mentoren wurden in kindgerechter Spielkompetenz qualifiziert und umfassend betreut. Mit den Kindern führte man zusätzlich sogenannte *Social-Problems-Skills-Training-Groups* durch. Anschließend wurden die Wirkungen von *PrimeTime* mit einem »normalen« Mentoringprogramm verglichen, in dem die Mentoren und Mentorinnen nur eine geringe Vorbereitung und keine Supervision erhalten hatten. Dieser Vergleich erbrachte das erste von einer ganzen Reihe überraschender Ergebnisse: Die Kinder beider Gruppen verbesserten ihr Verhalten signifikant. Die zweite Überraschung folgte bereits ein Jahr später bei einer Nachuntersuchung: In beiden Gruppen stellten die Lehrkräfte keine Effekte mehr fest!

Was also bestimmt den Erfolg von Mentoring-Präventions-Programmen? Um zu einer differenzierteren Sichtweise zu gelangen, prüften Cavell und Hughes eine Reihe von Hypothesen.[4] Für Kinder der *PrimeTime*-Gruppe war beispielsweise die Eigenbewertung der Beziehungsqualität ausschlaggebend dafür, wie die Eltern und die Lehrkräfte die Entwicklung der Kinder nach Abschluss des Programms bewerteten. Die lässt zumindest den Schluss zu, dass die Bewertungen von verschiedener Seite – durch das Kind selbst, die Eltern und die Lehrkräfte – sich gegenseitig beeinflussen und deshalb nicht unabhängig voneinander gesehen werden können. Dieses Ergebnis könnte aber auch belegen, was sich eigentlich von selbst versteht: dass Mentoring nur wirkt, wenn das Kind es selbst als positiv erlebt und ihm – in manchen Fällen – sogar Hilfen an die Hand gegeben werden, den Mentoringprozess zu reflektieren. Dafür fanden die Wissenschaftler in ihren vergleichenden Untersuchungen viele Hinweise. Zum einen bestätigte sich, dass eine möglichst differenzierte Begutachtung der teilnehmenden Kinder vor Beginn der Maßnahme und ein entsprechend maßgeschneidertes Programm die Wirkung entscheidend verbesserte. Zum anderen erwiesen sich auch Maßnahmen zur Vorbereitung des *PrimeTime*-Mentoring, wie zum Beispiel Entspannungsübungen und

---

4 Cavell & Hughes, 2000.

therapeutische Begleitung, als wirkungsvoll. So wirkte das differenzierte und vielfältige *PrimeTime*-Modell auch bei Kindern, die für Hilfeleistungen und Feedback weniger offen waren, sowie bei Kindern, die durch ein besonders forderndes Verhalten und häufig überhöhte Selbstbilder auffielen.[5] Diese sowohl aggressiven als auch von Gleichaltrigen als narzisstisch empfundenen Kinder (d.h. »hochnäsig, oder sich für etwas Besseres haltend«) zeigten sich empfänglicher für das *PrimeTime*-Mentoringprogramm als für ein Mentoring unter Standardbedingungen: Lehrer bewerteten sie in der Nachuntersuchung als weniger aggressiv und Gleichaltrige akzeptierten sie besser.

»Indem wir beziehungsgefährdeten Kindern erlaubten, eine neue Beziehung erfolgreich einzugehen, erfolgreich zu unterhalten und erfolgreich zu beenden, ist es uns möglicherweise gelungen, einer Gruppe von Kindern zu helfen, für die Mentoring unter Standardbedingungen nicht hilfreich wäre.«[6] Aggressive Kinder, die von ihren Altersgenossen als weniger narzisstisch bewertet werden, sprachen auch auf ein Standard-Mentoring gut an.

Für ein Mentoring unter Präventionsgesichtspunkten, das zeigen diese Ergebnisse, sollten die teilnehmenden Kinder eingehend getestet werden. Dann kann ein Standard-Mentoring, also der wöchentliche Kontakt mit einem unangeleiteten, aber unterstützenden Mentor, eine kosteneffiziente Intervention darstellen. Dies gilt aber nur für Kinder, die sich für derartige Erfahrungen offen zeigen. Wenn die Mentees auch als narzisstisch einzustufen sind, empfiehlt sich nach Cavell und Hughes ein anderes Training oder Mentoring mit bestimmten Begleitmaßnahmen.

Neuere Untersuchungen von Cavell zeigen noch eine andere Alternative auf. Als besonders wirksam für mehrfach risikobehaftete Kinder erwies sich jüngst das extrem unaufwendige Konzept der *Lunch Buddies*, das Cavell selbst auf der Osnabrücker Konferenz vorstellte. Der Lunch Buddy begleitet ein Kind zwei Mal in der Woche für 40 Minuten in die Schulmensa; er wechselt jedes Trimester. Ein *PrimeTime*-Mentor betreut ein

---

5 Cavell & Smith, 2005.

6 Cavell & Hughes, 2000, S. 230 (Übersetzung: B. Ramm).

Kind dagegen ein ganzes Jahr lang. Nach einem Jahr wurden die Effekte des *PrimeTime*-Modells mit dem des *Lunch-Buddy*-Modells verglichen. Das Ergebnis: Auch zwischen dem Lunch Buddy und dem Kind entstand in dieser Zeit eine gute und wirksame Beziehung. Der Lunch Buddy erzielte besonders in den sogenannten Problemschulen sogar die besseren Effekte! Dies führen die Forscher darauf zurück, dass der Lunch Buddy das Ansehen der Schüler in der Peergroup verbessert und die täglichen Erfahrungen (zum Beispiel in Bezug auf Aggressivität) verändert habe. Er helfe in der konkreten Situation gegen Mobbing und ändere die Atmosphäre und die Kommunikation beim Mittagessen völlig. Dadurch machten die Kinder neue Erfahrungen, die nachhaltig wirken könnten. Cavell zeigte sich überrascht, dass eine »eher unspezifische Beziehung« wie der Lunch Buddy sich als so wirksam erwiesen hatte.

Mentoring betrifft komplizierte entwicklungspsychologische Prozesse, zu denen die Methoden der Sozialforschung offenbar nur schwer Zugang finden. Die Erwartungen der Forscher werden deshalb häufig nicht erfüllt. Aber wenn sie etwas anderes herausbekommen, als sie erwartet haben, kann dies, wie die unterschiedlichen Untersuchungsergebnisse von Cavell und Hughes zeigen, für die praktischen Konzepte von hohem Wert sein. Die Studien belegen außerdem, wie wichtig eine fachliche Begleitung ist, um die Grenzen von Mentoring zu erkennen und Selbstüberschätzung zu vermeiden. Und selbst wenn Evaluationsstudien nur zeigen, dass Mentoring wirkt, aber nicht wie, ist dies auch schon ein ermutigendes Signal.

Hannover: Bessere Schulabschlüsse und weniger Jugenddelinquenz

Eine andere Möglichkeit, die Wirkung von Mentoringprojekten festzustellen, funktioniert eher indirekt: Wenn im Laufe weniger Jahre in einer Stadt wie Hannover die Jugendkriminalität sinkt und die Schulabschlüsse sich deutlich verbessern, dann könnte dies ja durchaus auf die Tatsache zurückzuführen sein, dass in Hannover das Engagement für Jugendliche eine besonders große Rolle spielt. So interpretieren die Initiatoren einer Studie des Kriminologischen Forschungsinstituts Niedersachsen die Ergebnisse einer Befragung, die im Hinblick auf Schulbildung, Kriminalität und Drogenkonsum unter Jugendlichen in Hannover zu überraschend positiven Resultaten kam. Die Forscher gehen davon aus, dass steigendes bürgerschaftliches Engagement und Präventionsmaßnahmen für die schulische und soziale Integration von Kindern und Jugendlichen aus sozialen Randgruppen entscheidenden Anteil an dieser Entwicklung haben.[7]

So könnte zum Beispiel die Gründung der Bürgerstiftung Hannover zu der positiven Entwicklung beigetragen haben. In den letzten zehn Jahren hat sie mit insgesamt 750 000 Euro ca. 240 Projekte im Kinder- und Jugendbereich gefördert und dabei vor allem die engagierte Arbeit von Vereinen, Schulen und anderen Initiativen unterstützt. Darunter sind auch mehrere Mentoringprojekte: so der Verein Mentor e.V., der inzwischen mit seinen über 900 ehrenamtlichen Helfern 1200 Kinder und Jugendliche (und hierbei primär junge Migranten) dabei unterstützt, schulisch besser voranzukommen (s.a. Teil IV in diesem Buch). Als weitere Beispiele nennt die Studie den Verein »Balu und Du«, der in Hannover einen Standort unterhält, und den Verein »Glockseestrolche«, der in seinem Stadtviertel seit fast 20 Jahren nachmittags Schulkinder aus sozialen Randgruppen engagiert betreut.[8]

Grundlage der Studie ist eine Befragung von 1315 Schülern der 7. und 3661 Schülern der 9. Jahrgangsstufe im Februar und März 2006. Thematisch schließt diese Studie an Befragungen aus den Jahren 1998 und 2000 an, die sich der Verbreitung von Jugendgewalt und abweichendem Verhalten sowie deren Ursachen gewidmet haben. Zudem wurden im Jahr 2005 bundesweit in neun anderen Städten und Landkreisen thematisch gleich gelagerte Befragungen durchgeführt, sodass einerseits Erkenntnisse zur Entwicklung und zu den Entstehungsbedingungen der Jugenddelinquenz im Längsschnitt, andererseits aber auch zu ihrer Verbreitung im bundesdeutschen Vergleich erarbeitet werden können.

---

7 Rabold et al., 2008, S. 182.

8 A.a.O.

Die Untersuchungsgruppe setzt sich je zur Hälfte aus Jungen und Mädchen zusammen, die im Mittel 15 Jahre alt sind. Für bundesdeutsche Großstädte nicht ungewöhnlich ist die Beobachtung, dass fast die Hälfte aller befragten Schüler nichtdeutscher Herkunft ist.

Während die durchschnittliche soziale Situation der Bevölkerung in Hannover eher unter der in anderen deutschen Großstädten liegt, hat sich nach der Studie die Bildungssituation der Jugendlichen, besonders aus Migrantenfamilien, in den letzten zehn Jahren deutlich verbessert. Dieser Trend zeigt sich für alle Gruppen Hannoveraner Jugendlicher: Der Anteil der Hauptschüler ist insgesamt von 22,6 auf 16,7 % gesunken, die Quote der Gymnasiasten ist von 35,0 auf 40,5 % gestiegen. Der Anteil der Jugendlichen mit Migrationshintergrund, die ein Gymnasium besuchen, ist um drei Viertel gestiegen. Eine vergleichbare Entwicklung hat es weder in Stuttgart noch in München gegeben, zwei Städten, in denen ebenfalls wiederholt Schülerbefragungen durchgeführt wurden. In München hat sich die schulische Integration türkischer Jugendlicher sogar verschlechtert.

Der in Hannover festzustellende Trend zu höherer Schulbildung korrespondiert mit einer rückläufigen Delinquenzbereitschaft der Jugendlichen. Besondere Beachtung verdient, dass diese Entwicklung bei nichtdeutschen Jugendlichen sogar noch evidenter ist als bei deutschen. So ist der Anteil der deutschen Mehrfachtäter von 4,6 auf 3,2 % um ein Viertel gesunken, bei türkischen Jugendlichen hat er sich sogar von 15,3 auf 7,2 % halbiert.

Untersucht wurde die Häufigkeit von Ladendiebstahl, Schwarzfahren, Graffitisprühen und anderen Sachbeschädigungen sowie Drogenkonsum. Überall zeigte sich eine – zum Teil stark – rückläufige Tendenz. Abgenommen hatte auch die Bereitschaft, die Schule zu schwänzen, die häufig mit Delinquenz korreliert. Nur beim Alkoholkonsum bestätigte sich der bundesweit steigende Trend.[9]

9 Rabold et al., 2008, S. 182.

11.

»Learning by teaching«: Studenten als Mentoren

*Als Mentoren werden die Studenten mit den
sozialen Problemen in ihrer Heimat konfrontiert.
Diese Erfahrung vergessen sie nie.*
AMOS CARMELI

Mentoren und Mentorinnen lernen fürs Leben

Wir haben uns im ersten Teil dieses Buches ausführlich damit beschäftigt, wie wichtig Bildung in einem umfassenden Sinne nicht nur für den Einzelnen, sondern auch für die Gesellschaft ist. Bisher war unser Augenmerk auf Kinder und Jugendliche und auf die Fragestellung gerichtet, wie Mentoring ihre Bildungs- und Entwicklungschancen verbessern kann. Mentoring hilft aber auch dem Mentor, sich zu bilden und zu entwickeln – und zwar ganz entscheidend. Vor allem Studenten und Studentinnen profitieren auf unvergleichliche Weise von der Mentorentätigkeit. So sinken beispielsweise nicht nur die Schulabbrecherquoten der Kinder und Jugendlichen, die ein Mentoring erhalten. Auch Studenten und Studentinnen, die als Mentoren arbeiten, brechen prozentual seltener ihr Studium ab als ihre Kommilitonen.

Mentoring prägt fürs Leben. Dies gilt also auch in besonderer Weise für studentische Mentoren, denn sie sind junge Menschen in der Ausbildung, sie stehen am Anfang ihres Erwachsenenlebens. Was sie in dieser Lebensspanne lernen, was sie jetzt an Haltungen und Einstellungen zu sich selbst und zu anderen entwickeln, was sie jetzt an gesellschaftlichen Zusammenhängen begreifen, das kann später zur Entfaltung kommen – vielleicht an ganz entscheidender Stelle, in einem verantwortungsvollen Beruf, als engagierter Bürger und nicht zuletzt in ihrer Rolle als Eltern. Und wenn in Israel 15 % aller Studenten und Studentinnen als Mentoren bei der Organisation PERACH arbeiten, kann man getrost davon ausgehen, dass hier eine gesellschaftliche Kraftquelle sprudelt.

Dies gilt zunächst einmal unabhängig vom Studienfach. So lernt der 22-jährige Sayed aus Afghanistan, der im sechsten Fachsemester Physik studiert und den 14-jährigen türkischstämmigen Süleyman bei den Hausaufgaben betreut, genauso etwas fürs Leben wie eine Lehramtsstudentin, die mit einem Grundschulkind Kuchen backt. Für angehende Lehrerinnen und Lehrer bedeutet Mentoring aber weit mehr: Sie entwickeln Verständnis für Schülerinnen und Schüler, die oft ganz anders aufgewachsen sind als sie selbst. Das hilft ihnen dabei, eine andere Haltung zu »schwierigen« Kindern einzunehmen und den selbstreflektierten Umgang mit ihnen zu üben. Wenn sie später selbst unterrichten, können sie somit wesentlich dazu beitragen, dass benachteiligte Kinder sich in der Schule wohlfühlen. Diesen Entwicklungsprozess illustriert folgende kleine Geschichte über den Verlauf einer Mentoringbeziehung zwischen einer Lehramtsstudentin und einem achtjährigen Jungen:

»Andrej, Kind einer russischen Aussiedlerfamilie, wirkte bei den ersten Beobachtungen in sich zurückgezogen, blass und grau, wie ein sehr altes Kind, kaum in der Lage, sich auf ein Gegenüber einzulassen. Er folgte bereitwillig allen Vorschlägen von Stefanie P., seiner Studentin, die aber wenig eigenes Leben in ihm entdecken konnte und ihre Betreuungsaufgabe, zu der sie sich ein Jahr lang verpflichtet hatte, wie ein Bleigewicht an sich hängen fühlte. Die Wende kam, als sich Stefanie P. mit Andrej und einem anderen ›Projektpaar‹ im Schwimmbad zum Picknick verabredete und dort den ganzen Nachmittag verbrachte. Andrej nahm diese für ihn ganz und gar unbekannte Welt in Augenschein. Verwundert sah er einem Kind zu, das die Rutsche zum Schwimmbecken hinuntersauste und auf die Wasseroberfläche platschte, sodass es nach allen Seiten nur so spritzte. So etwas Komisches hatte er noch nie gesehen. Er schüttete sich aus vor Lachen, immer wieder. Das Eis war gebrochen, Andrej taute auf, war wie verwandelt. Das Ereignis wirkte bis in die Kleingruppe hinein. Stefanie P. sagte zu Beginn des nächsten Treffens: ›Stellt euch vor, Andrej hat gelacht!‹ Das war für uns alle wie eine Vitalisierungsspritze, verbreitete fröhliche Teilnahme und eine zuversichtliche Stimmung. Aus Andrej wurde gegen

Ende der Betreuungszeit ein vitaler Achtjähriger, der Sport liebte, gute Freunde fand und seiner Betreuerin sagte: ›Ich habe nun nicht mehr so viel Zeit für dich.‹ Sie musste begreifen, dass dies ein Fortschritt war.«[1]

Mehr Leistung und Selbstwertgefühl: Eine Studie der University of Dundee

Was genau die Tätigkeit des Mentoring beim Mentor bewirkt, auch darüber gibt es inzwischen viele wissenschaftliche Studien. Sie belegen eindeutig, wie umfangreich gerade studentische Mentoren ihr Wissen, ihre Fähigkeiten und Kompetenzen erweitern. Unter anderem erhöht eine Tätigkeit als Mentor die Lernmotivation, verbessert das Lernverhalten und steigert das Durchhaltevermögen. Das zeigt unter anderem eine Studie des Sozialforschers Keith Topping, Professor an der School of Education, Social Work and Community Education an der University of Dundee. Nach dieser schottischen Studie zeigten sich vor allem Auswirkungen auf die Soft Skills, die zugleich auch positiven Einfluss auf die Grundlagen des Lernens haben: So waren die Studenten und Studentinnen, die als Mentoren tätig waren, häufiger anwesend und arbeiteten sorgfältiger. Sie zeigten mehr Interesse und Ehrgeiz. Sie verbesserten ihre Selbstachtung und ihr Selbstvertrauen. Auch diejenigen, die sich schon vor ihrer Mentoringtätigkeit eine positive Selbsteinschätzung bescheinigten, sagten nach Abschluss des Projekts, sie hätten durch ihre Tätigkeit als Mentor noch an Stärke gewonnen. Die Studenten und Studentinnen sagten außerdem über sich selbst, dass sie leichter lernen und verstehen könnten und besser darin geworden seien, jemandem etwas zu zeigen und verbal zu kommunizieren.

»Tutoring und Mentoring lohnt sich wirklich!«, fasst Keith Topping knapp zusammen.[2] Festzustellen waren insgesamt bessere Kommunika-

---

1 Garlichs, 2007, S. 25 – 26.

2 »Tutoring and Mentoring is real worth.«; Topping, 2009 (mündlicher Vortrag).

tionsfähigkeiten, ein tieferes Verständnis der Lerninhalte und ein bessere Fähigkeit, diese in die Praxis umzusetzen. Außerdem – vielleicht durch den Praxisbezug – konnten die Mentoren-Studenten besser behalten, was sie gelernt hatten. »Learning by teaching« – dieses einfache »Rezept«, das zeigt die schottische Studie, wirkt sich auf viele kognitive Prozesse aus.

Mehr Selbstdisziplin und Kommunikationsfähigkeit: Ergebnisse von »Balu und Du«

Bei studentischen Mentoren und Mentorinnen sind Sozial- und Selbstkompetenzen nachweislich stärker ausgeprägt – dies ist auch das zentrale Ergebnis des Forschungsprojekts von »Balu und Du« in Osnabrück. Um diese Beobachtung, die sich inzwischen bei Hunderten von studentischen Mentorinnen und Mentoren augenscheinlich gezeigt hatte, durch genauere Analysen zu prüfen, wurden Studierende an der Universität Osnabrück um eine Selbsteinschätzung anhand einer Skala von 50 Themen mit einer je 5-stufigen Antwortmöglichkeit gebeten. Ziel war ein Vergleich des Kompetenzzuwachses zwischen Studierenden, die als Mentoren im Projekt »Balu und Du« engagiert waren oder sind (Balus), und ihren Kommilitoninnen und Kommilitonen, die nicht an dem Projekt teilnahmen (Nicht-Balus). Es beteiligten sich 208 Nicht-Balus und 74 Balus aus unterschiedlichen Semestern, größtenteils Bachelor-Studierende.

Die Studenten, die als Mentoren arbeiteten, unterschieden sich deutlich in zwei Komponenten von ihren Kommilitonen, und zwar im Hinblick auf Arbeitshaltung und Selbstdisziplin sowie auf die Fähigkeit zur Kommunikation in schwierigen Situationen bzw. zum Krisenmanagement.

Nach ihrer Selbsteinschätzung haben die Mentorinnen und Mentoren vor allem mehr Mitgefühl entwickelt (»merken, wenn jemand Hilfe braucht«). Die Studenten sagen von sich, dass sie ausdauernder und geduldiger geworden seien, eine bessere Einstellung zur Arbeit und insgesamt eine bessere Arbeitsmoral gewonnen hätten. Darunter fallen zum Beispiel eine bessere Selbstdisziplin (»inneren Schweinehund überwinden«), ein besseres Zeitmanagement, planvolleres Handeln, die Fähigkeit, Krisen zu bewältigen und in schwierigen Situationen zu kommunizieren. Außerdem befanden die Studenten, sie könnten jetzt besser zuhören und hätten ihre Fähigkeit zum kritischen und reflektierten Denken erhöht.

»Im Mentorenprojekt ›Balu und Du‹ sind immer wieder Situationen zu bewältigen, die alles andere als didaktisch arrangierte Übungsfelder sind. Es sind vielmehr reale Herausforderungen in schwierigen Alltagssituationen – z.B. wenn es um die Unterstützung eines benachteiligten oder vernachlässigten Kindes geht. Sie führen u.U. an die Grenzen der Belastbarkeit und stellen erhöhte Anforderungen an das (Selbst-)Management der Studierenden. […] Die Erfahrung, dass der Sinn des Lernens nicht nur im eigenen Fortkommen oder in der Karriere besteht, sondern in einem Beitrag für das soziale Gefüge (hier: im näheren Umfeld), fördert höchstwahrscheinlich die Bereitschaft zur Verantwortungsübernahme – auch in späteren beruflichen Kontexten. Aufgaben wie die, ein benachteiligtes Kind zuverlässig, geduldig und mit Einfallsreichtum zu fördern, können das Wachstum der Persönlichkeit der Mentor/-innen unterstützen.«[3]

Nähe und Grenzen: Der Mentor als »lebendiges Werkzeug«

Mentoring hat große Auswirkungen auf die persönlichen und beruflichen Fähigkeiten, auf die Entwicklung der studentischen Mentoren – das empfinden diese auch selbst so: »Für mich war es besonders schwer, Verständnis für die Familie meines Patenkindes aufzubringen und insbesondere dem Großvater nicht meine innerliche, ihm gegenüber abwertende Haltung zu zeigen. Durch das Projekt ist jeder Pate […] gezwungen, den Erziehungsberechtigten zwar bestimmt, aber verständnisvoll gegenüber zu treten, die eigene Meinung zwar zu artikulieren, jedoch die Familie und die Bedürfnisse des Kindes im Blick zu behalten – (eine) Erfahrung,

---

3 Szczesny et al., 2009.

die mich sicherlich für mein ganzes Leben geprägt hat«, berichtet eine Studentin von ihren Erfahrungen.[4]

Kommen dann seitens der Universität die entsprechenden Angebote zur Selbstreflexion dazu, kann sich das ganze Spektrum an Lernmöglichkeiten für studentische Mentorinnen und Mentoren entfalten. An einigen Standorten der Lehrerausbildung gibt es bereits seit den siebziger Jahren ambitionierte Mentoringprojekte mit der Grundidee, Studierende auch außerhalb der Schulpraktika mit Kindern in Kontakt zu bringen. Eine der ersten Pionierinnen auf diesem Gebiet war und ist die Pädagogin Ariane Garlichs. Sie berichtet: »Begleitend zu ihren Projekttätigkeiten fingen die meisten Studierenden an, ihr Studium bewusster zu organisieren. Sie suchten nach Veranstaltungsthemen, von denen sie sich unterstützende Informationen und Erkenntnisse für ihre Fallarbeit erhofften. Die Theoriebestände, die ihnen in den Lehrveranstaltungen angeboten wurden, setzten sie in Verbindung zu ihren Fallerfahrungen. In einem Seminar über Bindungstheorie von Bowlby fingen sie an, über die Bindungsmuster ihrer Schützlinge und über ihre eigenen Bindungsmuster zu diskutieren. Sie entdeckten, dass sich das Verhalten vieler Kinder mit einer inneren Logik auf dem Hintergrund ihrer Lebensgeschichte und Erfahrungswelt entfaltet und dadurch verständlicher wird. Die Auseinandersetzung mit Theorie wurde nun engagierter betrieben.«[5]

Auch für Studenten und Studentinnen mit Migrationshintergrund bieten Mentoringprojekte vielfältige Lernmöglichkeiten, auch und gerade im Hinblick auf die Reflexion der eigenen Identität. In diesen Projekten – so zum Beispiel »Junge Vorbilder« in Hamburg oder »MiCoach« in Bremen – begleiten Studierende mit Migrationshintergrund Schüler und Schülerinnen der oberen Jahrgänge mit Migrationshintergrund. Ziel ist es, bessere Schulabschlüsse zu erreichen und vielleicht den Wunsch zu studieren zu wecken (s. Kap. 5). Bei diesem Modell gibt es eine besonders große Ähnlichkeit zwischen Mentor und Mentee – was meistens ein Vorteil ist, manchmal aber auch Schwierigkeiten verursacht, denn zu viel Nähe ist

---

4 Garlichs, 2007, S. 177.

5 Ebd., S. 27.

nicht gut in einer Mentoringbeziehung. Dieses Problem kann besonders dann zum Tragen kommen, wenn durch altersmäßige und kulturelle Nähe und gleiche Erfahrungen ein Gefühl von Freundschaft und eine zu starke Bindung entsteht. Dieses Phänomen hat Anna Wojciechowicz – seit anderthalb Jahren studienbegleitende Projektkoordinatorin des »MiCoach«-Projekts zur Studienorientierung an der Universität Bremen – im Rahmen ihrer Diplomarbeit anhand von zwei Fallanalysen untersucht.

»In diesem Ansatz [dem »MiCoach«-Projekt] bringt sich der Coach durch eine gewisse ›Intimität‹ als ›lebendiges Werkzeug‹ mit der Struktur des in der besonderen eigenen Biographie eingebetteten nicht kodifizierbaren ›(Experten-)Wissens‹ in den Beratungsprozess ein. In diesem Teil des Praxisraums werden keine radikalen Grenzen zwischen der Beraterrolle und der beratenden Person als ›Alltagsperson‹ gesetzt.« Einerseits ist es Ziel, »dass sich die studentischen Coaches mit der ›Enthüllung‹ der eigenen studienbezogenen Lebensberichte in den Beratungsprozess einbringen sollen. Was also der Coach für den Beratungsprozess anbietet, ist weitgehend mit der arbeits- oder privatbezogenen ›Intimität‹ seiner Person verbunden. Und an dieser Stelle können weitreichende Schwierigkeiten in der Beziehungsstruktur entstehen.« In der Folge kann insbesondere für den Mentee die Grenze zwischen Professionalität und Freundschaft verschwimmen, erklärt Wojciechowicz. »Hier wird für den Coachee unklar, was genau zwischen ihm und der beratenden Person geschieht. Bei ungeklärten Beratungsbeziehungsmustern kann eine privat präsentierte ›Intimität‹ des Coachs als ein Angebot zu einer Freundschaftsbeziehung gelesen werden, die Hoffnungen ›auf mehr‹ weckt, was jedoch aufgrund der Tatsache, dass die Tätigkeit des Coachs [in diesem Fall; Anm. d. Verf.] eine bezahlte, zeitlich begrenzte ist und mit einer klaren Zielsetzung (Studienorientierung) verfolgt wird, unerfüllbar bleibt und unbearbeitet in Verunsicherungen beim Coachee enden kann.«[6] Wenn dies zu Beginn der Beziehung nicht hinreichend deutlich wurde, ist der Coach (der Mentor oder die Mentorin) spätestens jetzt aufgerufen, die berufsfachlichen Anteile in der Beziehung erkennbar zu machen.

---

6 Wojciechowicz, 2009, S. 99 f.

Jemand, der sich in das Abenteuer stürzt, eine inszenierte Beziehung zu einem fremden Menschen einzugehen – sei es zu einem Kind oder zu einem Jugendlichen –, muss sich darüber im Klaren sein, dass dies ein Vorhaben mit vielen Unbekannten ist, bei dem er viel über sich selbst erfährt, aber auch schmerzhafte Überraschungen erleben kann. In einer Beziehung zwischen zwei Menschen kann man sich nicht verstecken. Diese Herausforderung anzunehmen ist zunächst vielleicht ein unbequemer Weg – der aber so viele sinnstiftende und befriedigende Aspekte bereithält wie kaum eine andere Lebenserfahrung. Mentoring macht Freude – wie sonst wäre es zu erklären, dass so viele Menschen sich seit vielen Jahren in unzähligen Mentoringprojekten und Netzwerken begeistert für diese Aufgabe engagieren? Im Folgenden widmen wir uns einem Ausschnitt aus diesen Aktivitäten, die jede für sich als Beispiel für verschiedene wichtige Aspekte des Mentoring gelten können.

IV. Voneinander Lernen: Mentoringprojekte für Kinder und Jugendliche in Deutschland

12. Internationaler Austausch: Erste Netzwerke und Datenbanken

Encymo Europa und *Mentoring and Befriending Group*

Es gibt inzwischen so viele verschiedene kleine und große Mentoringprojekte, dass es unmöglich und auch sinnlos wäre, sie in diesem Buch alle vorstellen oder ihnen gerecht werden zu wollen. Tatsache ist: Es gibt in jeder Stadt und in fast jeder Kommune inzwischen Projekte, und in den Zeiten des Internets ist es glücklicherweise nicht schwer, sie zu finden. Dieses Kapitel enthält daher eine Auswahl an praktischen Beispielen für die Umsetzung von Mentoringprojekten und beschreibt einige der Netzwerke. Unsere Auswahl orientiert sich daran, Projekte in verschiedenen Größenordnungen, mit verschiedenen Konzepten, Organisationsformen, Finanzierungsmodellen und immer wieder etwas anderen Zielgruppen vorzustellen. Von jedem Projekt kann man etwas anderes lernen. So ergibt sich, hoffen wir, in der Gesamtheit ein Überblick über die verschiedenen Konzepte und Umsetzungsstrategien und ein schlüssiges Bild mit vielen Ideen, die zur Nachahmung anregen – mit praktischen Tipps, Erfolgsfaktoren und dem Hinweis auf Hürden, die überwunden werden wollen. Da etliche Projekte nicht von Mentoring, sondern von Patenschaften sprechen, benutzen wir im Folgenden jeweils die Bezeichnung, die vom Projekt selbst verwendet wird.

Zunächst kommen wir zu den überregionalen Netzwerken und Projekt-Datenbanken. Bei ihnen geht es zum einen um übergeordnete Ziele – beispielsweise darum, im fachlichen Austausch Materialien und Hilfen für Mentoren, Koordinatoren, Organisation und Supervision zu entwickeln –, und zum anderen geht es um Öffentlichkeitsarbeit, die Rekrutierung von Ehrenamtlichen und die Vernetzung der Akteure.

Die erste europäische Plattform für Mentoringprojekte gründete der ehemalige OECD-Mitarbeiter Randolf Gränzer schon vor zehn Jahren, als Mentoring für Kinder und Jugendliche in Deutschland noch in den Anfängen steckte: Die Website ENCYMO (European Network of Children and Youth Mentoring Organisations) besteht seit 1999. Sie enthält unter anderem Kontaktdaten von nationalen Organisationen und Netzwerken aus 19 Ländern.

Finanziert durch ein Programm von der Europäischen Kommission initiierte Randolf Gränzer im Jahr 2000 den ersten europäischen Mentoringkongress in Paris. »Der Kongress war ein großer Erfolg«, berichtet er. »Wir hatten Teilnehmer aus 10 europäischen Ländern am Tisch, darunter auch Dagmar McGill, die Auslandsbeauftragte von Big Brothers Big Sisters of America. Sie hatte bereits versucht, das amerikanische Modell in Europa bekannt zu machen. In Westeuropa hatte sich noch nicht viel getan, aber in Osteuropa, wo die Menschen aus einem totalitären System kamen, wurde das amerikanische Modell aufgegriffen und mit Hilfe des amerikanischen Investmentbankers ungarischer Herkunft, George Soros, einem Milliardär und Philanthropen, in mehreren osteuropäischen Ländern erfolgreich umgesetzt.«

Wie wir aus dem Interview mit Steve Leach wissen, gab es zu dieser Zeit in England bereits einen nationalen Koordinator für Mentoring, und die Aktivitäten der späteren *Mentoring and Befriending Foundation* waren dort bereits in vollem Gang. »Ich richtete während des Kongresses an die französischen und deutschen Teilnehmer den Appell, etwas Ähnliches in ihren Ländern zu unternehmen. Frankreich nahm die Idee sehr schnell und enthusiastisch auf. Es wurde daraus die staatlich unterstützte und heute sehr erfolgreiche Union Nationale des Associations de Parrainage de Proximité (UNAPP). Weil sich in Deutschland nichts dergleichen tat, gründete ich Patenschaften-Aktiv in München, um für Mentoring zu werben und eine regionale und überregionale Plattform für die Vermittlung zu schaffen«, erzählt Randolf Gränzer im Gespräch mit der Autorin.

Im Jahr 2007 schlug er seinen europäischen Kollegen bei der OECD vor, gemeinsam mit der Europäischen Kommission ein Projekt im Rahmen des Programms »Lifelong Learning« als Learning Partnership zur Finanzierung vorzulegen. Fünf der sieben Länder, die sich beworben hatten, wurden akzeptiert. Das Programm läuft seit 2008 unter dem Namen *European Mentoring and Befriending Group* (EMBG).

Teilnehmer sind je eine Organisation aus England *(Mentoring and Befriending Foundation),* Frankreich (UNAPP), Deutschland (»Aktion zusammen wachsen«, Patenschaften-Aktiv e.V.), Spanien (Punt de Referencia) und Belgien (Kinderdienst). Die Koordination hat Steve Leach von der britischen Organisation übernommen.

Kernpunkte der Arbeit der *European Mentoring and Befriending Group* sind die Entwicklung gemeinsamer Leitlinien für Praktiker in den europäischen Ländern, die in einer Europäischen Charta für Mentoring münden sollen, sowie die Entwicklung einer interaktiven Website für den europaweiten Austausch von guten Praxisbeispielen. Das Projekt dient dem fachlichen Austausch, aber auch der internationalen Begegnung von Menschen, die in Mentoringprojekten arbeiten. Bei den Besuchsprogrammen lernen sich Koordinatoren und Ehrenamtliche aus verschiedenen Ländern kennen und erfahren, wie die Arbeit und die Organisationsstrukturen der Mentoringprojekte in den Nachbarländern aussehen.[1]

Patenschaften-Aktiv e.V.

Randolf Gränzers Idealismus speist sich aus beruflichen und privaten Erfahrungen. Bei der OECD erlebte er mit, wie die Organisation im Laufe von Jahrzehnten bei ihrer wirtschaftspolitischen Arbeit immer mehr auch die sozial- und bildungspolitischen Elemente betonte. Unabhängig davon hatte er vor vielen Jahren eine erste ganz persönliche Erfahrung mit dem Thema Mentoring gemacht: Durch Zufall geriet er während seiner langjährigen Dienstzeit bei der OECD in Paris an einen kleinen Jungen ohne Vater und mit einer kranken Mutter. »Er war noch nie auf Ferien gefahren und hatte noch nie die Berge gesehen«, erzählt Randolf

---

1 www.encymo.org; über Mentoring in Europa s. auch Vortrag von Angelika Münz unter: www.aktion-zusammen-wachsen.de

Gränzer. »Ich machte der Mutter des Kleinen den Vorschlag, ihn einmal mit in die Berge zu nehmen. So begann eine spontane, zwanzig Jahre lang weitergeführte Aktivpatenschaft mit schönen und weniger schönen Überraschungen aller Art.«

In Frankreich gibt es ein Gesetz, wonach Fremde selbst mit Einverständnis der Mutter Kinder nicht regelmäßig außer Haus betreuen dürfen, wenn sie nicht bei einer Vermittlungsorganisation gemeldet sind. Zunächst widerwillig, beschloss Randolf Gränzer dann aber, sogar bei einer lokalen Vermittlungsorganisation aktiv zu werden. Das war der Anstoß dafür, nach seiner Pensionierung diese Tätigkeit auszuweiten. Der von ihm gegründete Förderverein Patenschaften-Aktiv e.V. ist ein privater, unabhängiger Verein mit einer sehr pragmatischen Ausrichtung: Ziel ist es, Paten deutschlandweit für die bestehenden lokalen Vermittlungen mithilfe einer Online-Datenbank zu finden,[2] die Schaffung neuer Patenschaftsprojekte anzuregen und die Idee der ehrenamtlichen Aktiv-Patenschaft (in Abgrenzung zu Geld-Patenschaften für Kinder in sogenannten Entwicklungsländern) in Deutschland bekannter zu machen.

»Aktivpatenschaft heißt: einen Dauerauftrag an sich selbst ausstellen«, sagt Randolf Gränzer, »nämlich die moralische Verpflichtung [zu übernehmen], regelmäßig etwas Zeit zu spenden für einen jungen Menschen, der auf einen wartet, mit dem man sich aber auch auseinandersetzen muss und bei dem man einfach hoffen muss, dass er irgendwie erkennen lässt, dass das alles etwas nützt. Wenn man erst mal dabei ist, lernt man, solche Zeichen zu sehen und sich darüber zu freuen. Die gefürchtete Unbequemlichkeit verwandelt sich in eine Kette von kleinen und großen Erfolgserlebnissen.«

---

2 www.aktivpatenschaften.de

13. Ein deutschlandweites Netzwerk für Patenschaftsprojekte: Die »Aktion zusammen wachsen«

Auf bundesweiter Ebene gibt es seit Mai 2008 ein Netzwerk für Bildungs-patenschaften: die »Aktion zusammen wachsen – Bildungspatenschaften stärken, Integration fördern« mit der bundesweiten Servicestelle in Berlin und fünf regionalen Servicestellen. Aufgabe der »Aktion zusammen wachsen« ist es, bestehende Patenschaftsprojekte für junge Menschen mit Zuwanderungshintergrund zu vernetzen, Qualifizierung anzubieten, die Gründung weiterer Projekte zu unterstützen und für Mentoring zu werben. Da sich die meisten Mentoringprojekte zwar nicht ausschließ-lich an Migranten wenden, diese aber häufig die Mehrzahl der Mentees ausmachen, sind in der Datenbank der »Aktion zusammen wachsen« viele der deutschen Mentoringorganisationen – mittlerweile über 500 – vertreten. Die »Aktion zusammen wachsen« gibt Informationsmaterialien zur Organisation und zur Qualitätssicherung von Patenschaftsprojekten heraus und organisiert Fachveranstaltungen und Kongresse, um den Wissenstransfer zwischen den Akteuren zu verbessern. Ein Ziel der »Aktion zusammen wachsen« ist es, dafür zu werben, dass sich mehr Menschen für bessere Bildungschancen von Kindern und Jugendlichen aus Zuwandererfamilien engagieren. Fünf regionale Servicestellen übernehmen die Netzwerkarbeit und Multiplikatorenfunktion vor Ort. Langfristig soll so ein bundesweites Netzwerk von Bildungs- und Ausbildungspatenschaften entstehen.

Die »Aktion zusammen wachsen« richtet den Fokus auf Patenschafts- und Mentoringprojekte für Kinder und Jugendliche. Mit dem Begriff »Bildungspatenschaften« werden vielfältige Formen der bürgerschaftlichen Unterstützung von Kindern und Jugendlichen bezeichnet, zu denen auch ehrenamtliche Lesepatenschaften und Hausaufgabenhilfe gehören – nied-

147

rigschwellige Angebote mit einem klar umgrenzten Anspruch. Sie sind weniger »schwierig« auf der Beziehungsebene und daher weniger aufwendig in der Begleitung, aber dennoch wirkungsvoll, wenn es darum geht, bei Kindern die Lust an Sprache, Lesen und Lernen zu fördern. Und natürlich sind Vorlesesituationen und die Unterstützung bei den Hausaufgaben auch geprägt von Kommunikation, Beziehung und Gefühlen und werden in ihrer Wirkung mitunter unterschätzt. Diese Projekte erfordern einen reflektierten organisatorischen Rahmen und sind daher genauso wie die »Großen« auf Starthilfe und Unterstützung angewiesen.

Aber auch Projekte für Betriebsinhaberinnen und -inhaber beim Ersteinstieg in die duale Berufsausbildung werden von der »Aktion zusammen wachsen« unterstützt. Damit will man vor allem dazu beitragen, dass auch in kleinen und mittelständischen Betrieben, deren Inhaber Migrationshintergrund haben, Ausbildungsplätze geschaffen werden. Hier werden nicht die (zukünftigen) Auszubildenden, sondern die Ausbilder unterstützt.

Die »Aktion zusammen wachsen« ist auf Initiative der Beauftragten der Bundesregierung für Migration, Flüchtlinge und Integration, Staatsministerin Maria Böhmer, gestartet worden.

Dieses Netzwerk ist eine von vielen integrationsfördernden Maßnahmen im *Nationalen Integrationsplan* aus dem Jahr 2007 und wird aus Mitteln der Bundesregierung finanziert. Der *Nationale Integrationsplan* ist eine Bestandsaufnahme und Selbstverpflichtung von Bund, Ländern und Gemeinden, gemeinsam mit Wohlfahrtsverbänden, Wissenschaft, Organisationen und Interessenvertretungen in klar definierten Bereichen mehr für die Integration von Menschen mit ausländischen Wurzeln zu unternehmen.[1]

Mit der Durchführung der »Aktion zusammen wachsen« wurde die Unternehmensberatung Roland Berger Strategy Consultants beauftragt. Das Projekt ist als Public-Private-Partnership (PPP) angelegt. Einige große Stiftungen unterstützen das Projekt, so etwa die Bertelsmann Stiftung, die

---

1 Bundesregierung, 2007.

Deutsche Bank Stiftung, die Körber-Stiftung, die Stiftung Mercator, die Robert Bosch Stiftung und die Vodafone Stiftung .

Die »Aktion zusammen wachsen« versteht sich als Dienstleister für Vernetzung, Öffentlichkeitsarbeit und Wissenstransfer. Eines der wichtigsten Ziele ist die Qualitätssicherung vor Ort in den Projekten; hierzu werden etwa Workshops und Fachtagungen angeboten. Neben der Website, einer Projektdatenbank und einem Newsletter entwickelte die »Aktion zusammen wachsen« eine große Anzahl an Handreichungen für Praktiker, Koordinatoren und Netzwerker, so unter anderem auch ein »Ideenhandbuch Anerkennung« und Arbeitshilfen für Fundraising und Öffentlichkeitsarbeit – eine oft vernachlässigte Seite des Mentoring.

Eine wertvolle Hilfe ist der *Leitfaden für Patenschaften*, den die »Aktion zusammen wachsen« mit Unterstützung der Vodafone Stiftung herausgebracht hat. Praxisnah und umsetzungsorientiert bekommen alle Akteure anhand von kurzen Texten, Checklisten, Beispielen und Zitaten einen Überblick über die wichtigsten Fragen rund um Mentoring und Patenschaften.

Leitfaden für Patenschaften: Die persönliche Seite des Mentoring

Ein ganzes Kapitel des *Leitfadens für Patenschaften* der »Aktion zusammen wachsen« widmet sich der menschlich-persönlichen Seite des Mentoring. Was macht eine gute Patin aus? Welche persönlichen Voraussetzungen sollte ein Mentor mitbringen? Welche Haltung, welche Rolle nimmt er ein? Worin besteht seine besondere Verantwortung?

Wer sich als Pate engagieren möchte, sollte »Begeisterung und Einsatz«, »Akzeptanz und Respekt«, »Zuverlässigkeit« und »menschliche Reife« mitbringen. Zu jedem dieser Bereiche gibt es im *Leitfaden* einen kleinen »Persönlichkeitstests« mit Fragen, die sich jeder zukünftige Mentor stellen sollte, wie zum Beispiel:

»Interessieren Sie sich für Menschen und sind bereit, andere Personen zu unterstützen, ihnen etwas zu geben und dabei Ihr eigenes Wissen und

Ihre persönlichen Erfahrungen weiterzugeben? Sind Sie selbstbewusst und motiviert? Sind Sie in der Lage, anderen Menschen neue Sichtweisen aufzuzeigen? Sind Sie bereit, regelmäßig und langfristig Zeit aufzuwenden, um einen jungen Menschen zu unterstützen? Sind Sie in der Lage, auch bei Konflikten ruhig zu bleiben und nicht gleich aufzugeben?«

Unter den Stichworten »Akzeptanz und Respekt« geht es um Kommunikationsfähigkeiten und die Haltung zum Mentee: »Können Sie gut mit anderen Menschen umgehen, auch wenn diese einen anderen kulturellen Hintergrund haben? Können Sie gut zuhören? Sind Sie in der Lage, sich in andere Menschen hineinzuversetzen? Sind Sie bereit, sich auf neue Ansichten einzulassen, auch wenn diese auf den ersten Blick Ihren eigenen Ideen und Vorstellungen widersprechen?«

Auch das Thema Zuverlässigkeit spielt – vor allem in der ersten Zeit der Patenschaft – eine zentrale Rolle für das Gelingen oder Misslingen der Beziehung. Der Mentor muss aushalten können, dass von ihm selbst absolute Zuverlässigkeit gefordert wird, während er gegenüber dem Mentee Toleranz und Geduld aufbringen und ihm Zeit lassen muss, falls dieser einmal gar nicht oder zu spät kommt. Auch das Thema Vertraulichkeit gehört zum Stichwort Zuverlässigkeit: Mentoren und Mentorinnen bewahren natürlich Stillschweigen über das zwischen ihnen Besprochene.

Das unendlich scheinende Feld der »menschlichen Reife« bringt der *Leitfaden für Patenschaften* in zwei Fragen knapp auf den Punkt: »Sind Sie bereit, einem Patenkind/Mentee die endgültigen Entscheidungen über sein Handeln allein zu überlassen? Sind Sie bereit, Ihr eigenes Verhalten kritisch zu hinterfragen und sich der Diskussion mit anderen Menschen über Verhaltensweisen und Erfahrungen zu stellen?« Dominanzansprüche, Eitelkeit und Rechthaberei, aber auch spontane Urteile und negative Gefühlsäußerungen – all das steckt in diesen Fragen – sind beim Mentoring fehl am Platz. Gleichzeitig verweist diese Stelle im *Leitfaden* auf die vielfältigen Reifungsprozesse, die eine Mentoringbeziehung auch beim Mentor in Gang setzen kann.[2]

---

2 Beauftragte der Bundesregierung für Migration, Flüchtlinge und Integration, 2009, S. 12.

Als »Ratgeber auf Augenhöhe« muss ein Mentor bestimmte »Prinzipien und Verhaltensrichtlinien« in der Beziehung einhalten. Dazu gehört es, Vertrauen herzustellen, dem Kind Bestätigung zu geben und sich mit Interesse und Akzeptanz seinen Lebensumständen und seinen Anschauungen zu widmen. Auch im Ehrenamt bedarf es einer gewissen Professionalität, das heißt, den Fortgang der Beziehung nicht dem Zufall zu überlassen, sondern nach bestimmten Regeln zu gestalten und dabei bestimmte Ziele im Kopf zu behalten. Um weder die eigenen Erwartungen noch die des Mentees zu enttäuschen, ist es wichtig, sich die Grenzen der Mentoringbeziehung klarzumachen. Auch zu diesem Themenbereich gibt der *Leitfaden* konkrete Empfehlungen, so zum Beispiel, die »Spielregeln« festzulegen und auf einen respektvollen Umgang zu achten sowie sich selbst und das Kind nicht zu überfordern. Dafür empfiehlt der Patenschaftsleitfaden, darauf zu achten, als Mentor nur das zu versprechen, was man auch leisten kann oder will und beim Patenkind nicht zu hohe Erwartungen zu wecken. Sach- oder Geldgeschenke sind tabu.[3]

Mentoring planvoll, zielorientiert und reflektiert gestalten

Der *Leitfaden für Patenschaften* beschäftigt sich intensiv mit der praktischen Seite des Mentoring. Wie läuft die Patenschaft ab? Wie geht man am besten vor? Eine wesentliche Funktion des *Leitfadens* besteht darin, dass er die inneren und äußeren Aspekte dieser Beziehung in eine übersichtliche Struktur bringt. Das erleichtert es für alle Beteiligten, besonders für den Mentor, die Beziehung zu reflektieren, planvoll zu organisieren und den Erfolg zu dokumentieren. Dies ist natürlich auch unter Gesichtspunkten der Qualitätssicherung von großer Bedeutung.

Der Patenschaftsleitfaden gibt Tipps zum ersten Treffen und erklärt, wie man in einem kindgerechten Gespräch die Erwartungen abklären, Ziele vereinbaren und eine Zeitperspektive festlegen kann. Dazu gibt es

---

3 Ebd., S. 17.

im Anhang des *Leitfadens* ein Fülle von Anregungen und Materialien in Form von Arbeitsblättern. Ein Schwerpunkt dieser Arbeitsblätter liegt auf der Analyse von Stärken und Schwächen des Patenkindes/Mentees und seiner Selbsteinschätzung – eine wichtige Voraussetzung, um als Pate dazu beitragen zu können, seine Kompetenzen zu stärken und bei Schwierigkeiten eine Hilfe zu sein.[4]

Beendigung der Patenschaft

Jeder zukünftige Mentor und jede zukünftige Mentorin fragt sich, wie man einem Kind, das man mindestens ein Jahr lang regelmäßig gesehen und mit dem man fröhliche Stunden verlebt hat, ein Ende der Beziehung zumuten kann. Man kann – und auch hierin offenbart sich der Unterschied zwischen einer gelungenen, professionellen Mentoringbeziehung und einer rein privaten Verbindung. Dennoch ist natürlich davon auszugehen, dass während der gemeinsamen Zeit eine emotionale Bindung entsteht. Nicht alle Mentoringorganisationen sehen ein geplantes Ende nach Ablauf einer vorher bestimmten Zeitspanne vor. Allen gemeinsam ist jedoch: Wenn die Beziehung beendet werden soll oder muss, gilt es, ein »rituelles« Abschlusstreffen zu inszenieren, bei dem z.B. auch Erinnerungsstücke – wie Fotos, Handabdrücke in Gips o. dgl. – angefertigt können.[5]

Für ein befriedigendes Ende der Partnerschaft ist es wichtig, die Erfahrungen und Ergebnisse dieser Zeit Revue passieren zu lassen, Schönes und Schwieriges zur Sprache zu bringen und sich den Lernerfolg vor Augen zu führen – immer in dem reflexiven Rahmen natürlich, in dem sich der Mentee bewegen kann.[6]

---

4 Ebd., S. 23.

5 Ebd., S. 28.

6 A.a.O.

Umgang mit Konfliktsituationen

Ein noch so professioneller und reflektierter Zugang kann ein Mentoring-Tandem letztlich nicht vor Konflikten bewahren. Die vielen fröhlichen Erlebnisberichte in den Werbebroschüren der Mentoringorganisationen können nicht darüber hinwegtäuschen, dass in einer Beziehung von Mensch zu Mensch immer mal etwas schiefgehen kann. In einer Mentoringbeziehung kann man sich nicht verstecken. Breiten Raum widmet der *Leitfaden* deshalb dem Umgang mit Konflikten. Soziale und kulturelle Gegensätze, Bildungsgefälle, vielleicht Erschrecken vor Haltungen, Gewohnheiten, den eigenen negativen Emotionen, Verunsicherung, Streit mit den Eltern des Mentees: Viele Hindernisse können besonders in der ersten Zeit den Fortgang der Mentoringbeziehung gefährden und – darin besteht die große Verantwortung – dem Kind dann mehr schaden als nützen. Andererseits fehlt aber auch nicht der Hinweis auf das Potenzial, das in Konflikten liegt: Die Auseinandersetzung ist auch eine Chance, die eigenen Haltungen zu überdenken und Verhalten zu korrigieren. Gelingt es Mentor und Mentee, gemeinsam einen Konflikt beizulegen, wird das ihre Beziehung eher stärken als schwächen.

Typische Ursachen für Konflikte sind: falsche oder überhöhte Erwartungen – durch die Paten-Organisation, die Eltern, Lehrer oder den Mentee; mangelnde Zuverlässigkeit oder Desinteresse des Mentees; unterschiedliche gesellschaftliche und/oder kulturelle Hintergründe und Wertvorstellung zwischen Patin/Pate und Patenkind/Mentee, Uneinigkeit über die Ziele und Prioritäten sowie die zeitliche oder kräftemäßige Überforderung der Patin/des Paten.

Auch zu diesen Themenkomplexen bietet der *Leitfaden für Patenschaften* kurze und knappe Empfehlungen, die zeigen, wie man sich im Konfliktfall am besten verhält und zu einer sachlichen und konstruktiven Lösung findet.[7]

---

7 Ebd., S. 30f.

In aller Kürze: Qualitätskriterien als Poster

Neben dem ausführlichen *Leitfaden für Patenschaften* stellt die »Aktion zusammen wachsen« noch das Poster *Qualitätssicherung für Patenschaftsprojekte* zur Verfügung. Es bietet einen systematischen Überblick über die institutionellen Rahmenbedingungen und unterstützenden Prozesse bei der Organisation und beim Projektmanagement sowie über die notwendigen Schritte für die Begleitung der Patenschaft.

Das Poster ist ein guter Orientierungsrahmen für Mentoringprojekte und -organisationen, die nachhaltig und qualitätsorientiert arbeiten wollen. Besonders in der Anfangsphase und bei kleineren Projekten hilft es dabei, sich im Gewirr von Ansprüchen und Anforderungen zurechtzufinden. Gleichzeitig stellt es eine Mahnung dar, Aufwand und Verantwortung bei Mentoringprojekten nicht zu unterschätzen.[8]

Der *Patenatlas*: Bestandsaufnahme und Handlungsempfehlungen für Akteure

Wenn Mentoringprojekte Schule machen sollen, brauchen sie sehr viel Öffentlichkeitsarbeit und Vertrauensbildung: in Richtung Eltern und in Richtung Institutionen – wie Kindertageseinrichtungen und Schulen –, aber auch zwischen Eltern und Institutionen. Ohne die Kooperation mit den Eltern können Mentoringprogramme nicht funktionieren. Aber letztlich stehen und fallen sie natürlich mit der Akquirierung von ehrenamtlichen Mentoren und Mentorinnen.

Will man sich darüber klar werden, welche Herausforderungen hier noch zu bewältigen sind, mag ein Blick auf eine Studie nützlich sein, die durch die Deutsche Bank Stiftung initiiert und von INBAS-Sozialforschung GmbH durchgeführt wurde. Die Studie wurde der »Aktion zusammen wachsen« im Juni 2008 übergeben. Ziel war es, sich ein Bild

---

8 Download unter: www.aktion-zusammen-wachsen.de/index.php?id=54 (11.08.2009).

von den bestehenden Mentoringaktivitäten in Deutschland zu verschaffen, ihre Erfolge und Schwierigkeiten zu dokumentieren und diese in Handlungsempfehlungen umzusetzen. Die Ergebnisse sind im *Patenatlas* zusammengefasst. Der Untersuchung liegt eine erste Bestandsaufnahme von 166 Projekten zugrunde, in denen sich mehr als 5100 Patinnen und Paten engagieren. Der Anteil der Mentees mit Migrationshintergrund betrug bei allen erfassten Projekten mindestens 20 %.

Aus der Untersuchung leiten die Fachleute eine zentrale Forderung ab: Patenprojekte müssten sich stärker auf frühe Förderung im Kindergartenalter fokussieren, um frühzeitig die Weichen für einen erfolgreichen Bildungsweg zu stellen und den späteren Nachholbedarf gar nicht erst entstehen zu lassen. Flankierend müssten Eltern das Angebot erhalten, ihre Erziehungskompetenzen zu stärken und Barrieren gegenüber Institutionen abzubauen. Als Voraussetzungen für gelingende Mentoringbeziehungen nennt der *Patenatlas* außerdem Qualifizierung, Erfahrungsaustausch, professionelle hauptamtliche Unterstützung, Vernetzung, Kooperation und die Einbeziehung von Paten und Patinnen mit Migrationshintergrund.

Untersucht wurde auch die Frage nach der Trägerschaft der befragten Projekte. In den Bereichen Kindertagesstätte und Grundschulen liegt die Trägerschaft zu einem Drittel bei Wohlfahrts- und Sozialverbänden, bei rund einem Viertel bei gemeinnützigen Vereinen und Verbänden, ein weiteres Drittel teilen sich Kommunen und Freiwilligenorganisationen. Die restlichen Projekte sind bei Stiftungen, Migrantenvereinen und -selbstorganisationen sowie bei Unternehmen und Unternehmensverbänden angesiedelt. Im Themenbereich Übergang Schule/Ausbildung und Beruf tragen gemeinnützige Vereine und Verbände knapp 40 % der Projekte, 26 % fallen auf Wohlfahrts- und Sozialverbände und 22 % auf kommunale Träger. Die restlichen 12 % teilen sich Stiftungen, Arbeitnehmervereinigungen, interkulturelle Vereine und Migrantenselbstorganisationen (je 3 %) sowie Freiwilligenorganisationen, Unternehmen und Unternehmensverbände und einige andere Träger.[9]

---

9 Beauftragte der Bundesregierung für Migration, Flüchtlinge und Integration, 2008, S. 10. Download unter: www.aktion-zusammen-wachsen.de/index.php?id=54 (11.08.009).

Aus den 166 recherchierten Projekten wurden 42 Projekte für eine vertiefende Analyse ausgewählt. Die Auswahl berücksichtigte die Verteilung der Projekte auf die drei Themenbereiche frühkindliche Bildung und Elternbildung, schulische Bildung und Übergang Schule/Beruf sowie den Bereich Ausbildung durch Unternehmer und Unternehmerinnen mit Migrationshintergrund (auf den wir hier nicht näher eingehen wollen). Die ausgewählten Projekte wurden durch telefonische und schriftliche Erhebungen näher untersucht, um so die Gelingensbedingungen für Patenschaftsprojekte zu ermitteln. In fast allen diesen Projekten (39) gibt es eine hauptamtliche Anleitung und Unterstützung. In 35 der ausgewählten 42 Projekte erhalten die Paten eine Einführung oder Basisqualifizierung, in 25 Projekten ist die Teilnahme an dieser Qualifizierung verpflichtend. Die Bandbreite reicht von Einzelgesprächen über einmalige mehrstündige Einführungsveranstaltungen bis hin zu mehrtägigen Seminaren und Hospitationen.[10] In 34 Projekten werden begleitende Weiterbildungs-, Beratungs- und Qualifizierungsmaßnahmen – beispielsweise zu sozialen und interkulturellen Kompetenzen oder didaktischen und pädagogischen Grundlagen – angeboten, in 13 Projekten sind diese verpflichtend.

Wichtige Fragen, zu denen sich jedes Projekt eine Lösung überlegen muss, sind Vergütung, Entschädigung und Anerkennungskultur. In 23 Projekten erhalten die Paten eine Aufwandsentschädigung und eine Auslagenerstattung bzw. finanzielle Vergütung – in einem Fall sind dies fünf Euro pro Einsatz, in drei Projekten eine Stundenpauschale zwischen fünf und zehn Euro. In acht Projekten werden monatliche Pauschalen zwischen zehn und 150 Euro gezahlt. In fast allen Projekten (38) erhalten die Mentoren und Mentorinnen (zusätzlich) andere Formen der Anerkennung, so zum Beispiel Einladungen zu Festen, Konzerten und Ausflügen oder Eintrittsgutscheine für Freizeitstätten und Kulturveranstaltungen. Weitere Formen sind Ehrungen durch Bürgermeister und Landräte, Berichte und Nennungen in Zeitungsartikeln und im Internet sowie die Verleihung von Auszeichnungen, kostenlose Fortbildungen, Zertifikate, Teilnahmenachweise, Geschenke und Glückwünsche.

---

10 Ebd., S. 17.

Auch über die zahlreichen Finanzierungsmöglichkeiten von Mentoringprojekten enthält die dem *Patenatlas* zugrunde liegende Erhebung wertvolle Informationen. Die meisten Projekte (16) werden durch Stiftungen, Sponsoren, Spenden, Mitgliedsbeiträge oder Teilnehmerbeiträge finanziert. Sechs Projekte erhalten ihre Finanzierung durch Stiftungen wie die Robert Bosch Stiftung, die Bürgerstiftung Göttingen oder die Stiftung Hilfswerk deutscher Zahnärzte. Vier Projekte finanzieren sich ausschließlich durch Spenden, drei Projekte werden von Sponsoringgeldern getragen, und drei weitere Projekte finanzieren sich neben Spenden auch durch Mitgliedsbeiträge und Teilnehmergebühren. Öffentliche Gelder von Kommunen, Kreisen, Bundesländern, Bundesprogrammen und der Europäischen Union decken die Finanzierung von 12 Projekten. Drei Projekte werden von Kommunen getragen, eines von einem Landkreis. Zwei Projekte erhalten ihre Förderung durch das Bundesamt für Migration und Flüchtlinge, vier Projekte arbeiten mit Mitteln von Bundesländern und des Europäischen Sozialfonds. Ein Projekt wird über das Programm »Soziale Stadt« finanziert und eines über das Bund-Länder-Programm »FörMig«. Die restlichen acht Projekte speisen ihr Budget aus einer Mischfinanzierung aus öffentlichen Geldern und Programmen sowie aus Stiftungen. Der jährliche Finanzbedarf liegt zwischen 10 000 und 50 000 Euro. Wie nicht anders zu erwarten, ist Geld für viele Projekte ein Problem – und zwar genau dort, wo der *Patenatlas* den größten Handlungsbedarf feststellt: bei der Ansprache und Gewinnung weiterer Paten, bei der Pflege und Initiierung von Kontakten und Kooperationen, bei der Öffentlichkeitsarbeit und für die hauptamtliche Koordinierung und Unterstützung. Die Hälfte der Projekte bräuchte außerdem zusätzliche Unterstützung für Weiterbildung und Qualifizierung. In zweiter Linie nennen die Projekte auch noch Räumlichkeiten, Fundraising, Projektmanagement und die Ansprache der Zielgruppe als Bereiche, in denen Geld gebraucht würde, um sich weiterentwickeln und den Fortbestand sichern zu können.

Bezüglich der Vernetzung mit anderen Trägern und Einrichtungen – städtischen Ämtern und Behörden, Beratungseinrichtungen, Vereinen und Verbänden, Freiwilligenagenturen, Unternehmen und Kirchen – erbrachte die Untersuchung ein positives Bild. Alle Einrichtungen, so das

Ergebnis, pflegen vielfältige Netzwerke und Kooperationsbeziehungen – was ja mehr oder weniger auch eine Grundvoraussetzung für die Arbeit ist.

Mit 33 Seiten ist der *Patenatlas* knapp und informativ. Aus den abschließenden Handlungsempfehlungen, deren Themenbereiche hier schon angesprochen worden sind, verdienen vielleicht noch zwei Aspekte besondere Erwähnung: Die Untersuchung der Geschlechterverteilung bei den Mentees und Mentoren ergab ein uneinheitliches Bild. In beruflichen bzw. berufsvorbereitenden Zusammenhängen sind Frauen und Mädchen bisher unterrepräsentiert, bei der frühen Förderung – wie nicht anders zu erwarten – überrepräsentiert. Außerdem gibt es das bekannte Missverhältnis zwischen »Angebot und Nachfrage« in den mittleren Altersgruppen der Kinder, wo vor allem männliche Mentoren fehlen. Diese Problematik gilt es im Auge zu behalten und Ideen dafür zu entwickeln. Darüber hinaus könnte man die Botschaft des *Patenatlasses* auch so interpretieren, dass weder Projekte noch Mentoren, noch Lehrkräfte sich selbst und die Möglichkeiten des Mentoring überschätzen sollten. Die Empfehlung lautet: sich erst einmal auf »die ›weniger schwierigen Fälle‹, also auf diejenigen Kinder, Eltern und Jugendlichen zu konzentrieren, die eher motiviert sind mitzumachen. Sind Patenschaftsprojekte dann besser etabliert, fällt die Ansprache, Gewinnung und Bindung weniger motivierter Personen durch Vorbilder und Erfolge des Projekts leichter.«[11]

Sich auf die »weniger schwierigen Fälle« zu konzentrieren, dies gilt – selbst wenn die Autoren es anders ausdrücken – auch für die Einbindung von Schulen und Kindertageseinrichtungen. Patenschaftsprojekte sollten sich auf diejenigen Institutionen und Personen konzentrieren, die motiviert sind mitzumachen, und zunächst einmal mit einer Kindergartengruppe oder Schulklasse starten. Nach den ersten Erfolgen werde es leichter, weitere Akteure einzubinden.

---

11 Ebd., S. 28.

14. Enthusiasmus und Qualitätssicherung: Big Brothers Big Sisters Deutschland

Immer wieder war es der Funke der Begeisterung, ein ganz persönlicher Impuls eines einzelnen engagierten Menschen, der dazu geführt hat, dass ein Mentoringprogramm aus der Taufe gehoben wurde: So war es bei dem amerikanischen Richter Coulter, der 1904 nicht mehr mitansehen konnte, wie Jugendliche ins Gefängnis wanderten. Ebenso war es 1972 als Rony Attar, Doktorand am Weizmann Institute of Science, die Idee hatte, dass Studenten sich um benachteiligte Kinder kümmern könnten, und auch, als Tilly Bakker-Grunwald aus Israel zurückkam, wo sie als Mentorin bei PERACH gearbeitet hatte und fasziniert von der Idee zusammen mit Hildegard Müller-Kohlenberg »Balu und Du« gründete. Allen gemeinsam ist, dass sie voller Überzeugung und Verantwortungsgefühl die Mentoring-Idee zu ihrer persönlichen Sache erklärten, mit außerordentlichem persönlichen Einsatz eine Bewegung ins Leben riefen, Widrigkeiten überwanden, andere mit ihrer Leidenschaft ansteckten und zu Mitstreitern machten.

Und damit ist die Reihe dieser Beispiele noch längst nicht zu Ende: Denn auch für Claudia Langen, die Geschäftsführerin von Big Brothers Big Sisters Deutschland, war es ein persönliches Erlebnis, das ihre Begeisterung für Mentoring weckte. Ihre Geschichte klingt wie eine richtig amerikanische Erfolgsgeschichte. Denn sie befand sich auf einer Wahlparty für Bill Clinton, als sie zum ersten Mal ein Mentoring-Tandem kennenlernte …

»Wir wollen, dass Kinder und Eltern darauf stolz sind!«

Interview mit Claudia Langen, Geschäftsführerin von
Big Brothers Big Sisters Deutschland

BEATE RAMM: *Eine Wahlparty von Bill Clinton – das klingt ja ungewöhnlich!*

CLAUDIA LANGEN: Ja, das war 1992. Ich war im Rahmen meiner Forschungen für die Doktorarbeit als Stipendiatin am Deutschen Historischen Institut in Washington. Dort lernte ich einige amerikanische Historiker-Kollegen kennen, die mich zu einer Wahlparty einluden. Auf dieser Veranstaltung traf ich dann Larry, der mir seinen »jüngeren Bruder« Steven vorstellte, einen Jugendlichen, der sich rege an unseren politischen Diskussionen beteiligte. Erst später im Gespräch erfuhr ich, dass Larry sein Mentor, also gar nicht sein echter großer Bruder, war! Das war meine erste Begegnung mit Big Brothers Big Sisters of America. So ist es manchmal, dass man die richtigen Menschen zur richtigen Zeit trifft.

Und dann hat Sie die Idee nicht mehr losgelassen?

Nein, über all die Jahre nicht. Nach meinem USA-Aufenthalt habe ich erst in einem großen Unternehmen und dann in verschiedenen Bildungsprojekten für eine Stiftung gearbeitet. Ich überlegte, wie man es angehen könnte, Big Brothers Big Sisters nach Deutschland zu holen. Aber die Zeit war noch nicht reif. Dann lernte ich Peter Harf kennen. Er ist Manager bei der Benckiser-Holding und hatte – wieder so ein Zufall – auch einen persönlichen Zugang zu Big Brothers Big Sisters of America. So entschied sich die Benckiser Stiftung für Jugendförderung, den Aufbau in Deutschland nachhaltig zu unterstützen. Eine gemeinnützige Gesellschaft (gGmbH) wurde gegründet, deren Geschäftsführung Peter Harf – ehrenamtlich – und ich übernahmen. Nach intensiven Vorbereitungen konnten wir Anfang 2007 in der Rhein-Neckar-Region starten.

Sie gründeten also nicht einfach einen Verein und legten los – wie wollten Sie die Sache stattdessen angehen?

Um herauszufinden, ob ein Mentorenprogramm nach dem bewährten amerikanischen Modell auch in Deutschland funktionieren würde, führten wir zunächst mehrere Gespräche mit Experten aus Wissenschaft, Politik und Schulen, zum Beispiel mit Professor Klaus Hurrelmann. Parallel ließen wir eine Marktforschung machen. 1000 Personen wurden befragt – nach ihrer Meinung zum Programm und auch zu ihren Motiven, sich persönlich zu engagieren. Und ich reiste in die USA, um alles Wesentliche über das Programm zu erfahren.

Welche Hürden mussten Sie dann überwinden?

Ich werde oft gefragt: »Das ist doch so eine überzeugende Idee, warum gab es das Programm bisher noch nicht in Deutschland?« Das hat vermutlich mit der anderen Mentalität, der anderen Haltung zu tun. Dazu kommt eine verbreitete Skepsis gegenüber Neuem. Hier in Deutschland sieht man ja häufig eher die Schwierigkeiten, weniger die Chancen, die in neuen Ansätzen liegen. Wenn ich anderen von Big Brothers Big Sisters erzählt habe, war die Antwort oft: »Das ist toll, aber …« Es gab Unmengen an vermeintlichen Problemen, und immer wieder wurde ich gewarnt, der englische Name sei nichts für uns. In den USA dagegen konzentriert man sich eher auf die Herausforderungen, die mit einer Idee verbunden sind, also zum Beispiel: Lasst uns gucken, wo und wie wir die Mentoren finden.

Trotzdem konnten Sie Ihr Vorhaben schließlich in die Praxis umsetzen. Welche Schritte waren dafür nötig?

Eine Kollegin und ich ließen uns in den USA schulen und tauschten uns mit den amerikanischen Kollegen aus. Wir haben geschaut, wie sich das Mentorenprogramm auf die deutschen Strukturen mit unserem Bildungs- und Sozialsystem übertragen lässt. Auch die Abläufe haben wir genau geprüft, Unterlagen übersetzt und angepasst. In Einzelfällen haben wir unsere Standards für Deutschland noch strenger formuliert: Während es in den USA zum Beispiel erlaubt ist, dass ein Kind bei einem Mentor übernachtet, ist dies bei uns nicht erwünscht. Danach entwickelten wir einen eintägigen Einführungsworkshop zur Schulung der Mentoren. Dann konnte es losgehen: Wir suchten Multiplikatoren und Kooperationspartner und begannen mit einer umfangreichen regionalen Vernetzung. Das war uns sehr wichtig: uns persönlich vorzustellen, alle Fragen zum Mentoring zu beantworten und verschiedene Möglichkeiten der Zusammenarbeit auszuloten. Erste Kontakte zu Familien und zu Mentoren folgten. Im Januar 2007 gingen wir mit einer Pressekonferenz in der Rhein-Neckar-Region an die Öffentlichkeit.

Was zeichnet Big Brothers Big Sisters Deutschland besonders aus?

Zu dem Programm gehören klar definierte Abläufe mit hohen Qualitäts- und Sicherheitsstandards: Die Mentoren durchlaufen ein mehrstufiges Aufnahmeverfahren. Die Tandems stellen wir sorgfältig nach Interessen und einer Reihe anderer Kriterien zusammen. Denn es geht ja darum, dass Vertrauen entsteht und beide sich etwas geben können. Darum freuen wir uns auch sehr darüber, dass sich ganz unterschiedliche Menschen bei Big Brothers Big Sisters engagieren: der ledige Wirtschaftsstudent ebenso wie der verheiratete Kfz-Meister, die junge Juristin ebenso wie die Seniorin, deren Enkel weit weg leben. Wenn wir dann ein Tandem zusammengestellt haben, unterstützen wir unsere ehrenamtlich engagierten Mentoren darin, dass es gut und stabil läuft. Jedes Tandem hat seinen festen Ansprechpartner bei uns.

Wie viele Angestellte brauchen Sie für ein Regionalbüro?
Was haben die hauptamtlichen Mitarbeiter für spezielle Qualifikationen?

In jedem unserer regionalen Büros arbeiten mindestens zwei hauptamtliche Diplom-Psychologen. Wir sind der Überzeugung, dass die ehrenamtliche Tätigkeit als Mentor für ein Kind zuverlässige Unterstützung braucht. Unsere Mitarbeiter stehen den Tandems und den Familien als persönliche Ansprechpartner zur Verfügung. Sie müssen den Mentoren auch mal über schwierige Situationen hinweghelfen. Es braucht einige Zeit, um Vertrauen zu dem Kind aufzubauen. Deshalb ist Langfristigkeit wichtig; in unserem Programm bedeutet das, dass ein Tandem mindestens ein Jahr zusammenbleibt, gerne auch länger. Denn viele Kinder haben ja in ihrem Leben schon Trennungen und Enttäuschungen erlebt. Deshalb gibt es für alle Beteiligten klare Regeln.

Aber es gibt ja auch Mentoringprogramme, die mit ehrenamtlichen Begleitern arbeiten.

Bei uns geht es um Kinder, und damit ist eine große Verantwortung verbunden. Deshalb muss Mentoring professionell vorbereitet und begleitet werden. Big Brothers Big Sisters hat sich, nicht nur in Deutschland, für eine hauptamtliche Basis entschieden, die Verlässlichkeit und Kontinuität auch von unserer Seite sicherstellt. Und wenn wir darüber hinaus Kooperationspartner von der Wirksamkeit und der Verlässlichkeit unseres Programms überzeugen wollen, wenn wir möglichst viele Menschen mit ins Boot holen wollen, auch Stifter und Unternehmen, wenn wir erreichen wollen, dass Bürgermeister sich für das Programm einsetzen – dann müssen wir überall dieselben Standards anbieten und dieselbe Qualität gewährleisten.

Wie haben Sie die Finanzierung hinbekommen, und wie schaffen Sie es heute, das wachsende Budget für den professionellen Hintergrund zu sichern?

BBBS ist ein seit über 100 Jahren erfolgreiches Mentorenprogramm und genießt einen sehr guten Ruf über die USA hinaus. Die evaluierte Qualität ist in Fachkreisen bekannt. Sie überzeugte auch die Benckiser Stiftung für Jugendförderung, die sich entschloss, den Aufbau des Mentorenprogramms in Deutschland nachhaltig und nicht nur als ein kurzfristig angelegtes Projekt zu fördern. Diese auf Nachhaltigkeit angelegte Förderung ermöglicht es uns, die hohen Qualitäts- und Sicherheitsstandards von BBBSD mit qualifizierten hauptamtlichen Mitarbeitern umzusetzen. Und diese Qualitätsstandards wiederum überzeugen weitere Förderer wie zum Beispiel die Fechtweltmeisterin Britta Heidemann, die im Mai 2009 in der Fernsehsendung »Starquiz« 50 000 Euro für BBBSD spendete.

Wie bei Ihrem Vorbild in den USA spielt ja auch bei Big Brothers Big Sisters Deutschland die Öffentlichkeitsarbeit eine große Rolle.

Ja, aber während in Nordamerika neun von zehn Befragten Big Brothers Big Sisters kennen und es dort lange Wartelisten von Kindern gibt, müssen in Deutschland Kinder und Eltern erst einmal für diesen Förderansatz gewonnen werden. Wir arbeiten daran, dass Kinder und Eltern stolz darauf sind, dass sie selbstbewusst von ihren Mentoringerfahrungen erzählen können. Dafür rühren wir die Werbetrommel, gemeinsam mit engagierten Menschen aus Schulen und vielen anderen Einrichtungen. Auch dadurch, dass wir in der Öffentlichkeit präsent sind, zum Beispiel durch Berichte über Tandems in der Lokalzeitung, erfährt man von uns, und die Mentoring-Idee wird bekannter. Auf diese Weise möchten wir auch weitere Menschen für ein Engagement als Mentor gewinnen.

Ehrenamtliches Engagement ist ja in den USA viel stärker verbreitet …

Das stimmt, aber wir merken, dass es auch hier immer mehr Menschen gibt, die sich engagieren wollen. Dafür ist Mentoring ideal: durch den bereichernden Kontakt zu Kindern, die Entdeckung völlig anderer Lebenswelten und das Gefühl, in der Freizeit etwas Sinnvolles für ein Kind und für die Gesellschaft zu tun. Als Mentor ist man Vorbild und hat in der Beziehung zu dem Kind ein direktes Feedback. Viele schätzen an dem Programm besonders die zeitliche Flexibilität. Man ist ja völlig unabhängig von festen Terminen! Bei welchem ehrenamtlichen Engagement kann man sich von Mal zu Mal neu verabreden? Dadurch wird es für viele überhaupt erst möglich, sich sozial zu engagieren.

Man hört überall, dass es schwierig ist, Männer als Mentoren zu gewinnen …

Ja, das soll in Zukunft ein Schwerpunkt unserer Arbeit sein. Die Beschäftigung mit Kindern wird immer noch von vielen als Frauenthema betrachtet. Doch für Jungen, die in den ersten zehn Jahren in einem weiblich geprägten Umfeld aufwachsen – in Kindergärten und Grundschulen haben sie häufig nur mit Frauen zu tun –, ist es wichtig, dass sie auch ein männliches Rollenvorbild haben.

Welche Vision haben Sie für die Zukunft?

Zunächst einmal möchten wir das Mentorenprogramm für Kinder und Jugendliche in Deutschland auf eine breite Basis stellen. Auf diesem Weg sind wir schon ein großes Stück vorangekommen. Und außerdem möchten wir dazu beitragen, dass ehrenamtliches Engagement auch in Deutschland eine Selbstverständlichkeit wird. Dafür brauchen wir viele Begeisterte und Überzeugte. Barack Obama sagt: Menschen und Geld müssen um Visionen herum verteilt werden – das trifft genau den Punkt. Mentoring hat etwas mit Haltung zu tun, mit Chancen, Stärken, Förderung, Anregung und Impulsen. Diese Vision möchten wir breit verankern: dass immer mehr Menschen die Begeisterungsfähigkeit mitbringen, Brücken zu bauen über Generationen, Kulturen und soziale Unterschiede hinweg.

Frau Langen, ich danke Ihnen für dieses Gespräch.

Zeit nehmen – Zeit geben – Zeit für sich selbst gewinnen

Einmal in der Woche klingelt es bei dem 13-jährigen Philipp an der Haustür. Dann ist die Freude groß: Sein »großer Bruder« Bernd steht vor der Tür, um ihn abzuholen. Heute haben die beiden etwas Besonderes vor: Sie wollen zusammen eine leckere Lasagne kochen. Philipps Mutter hat nichts dagegen. Sie ist alleinerziehend und hat mit Philipps kleineren Geschwistern eine Menge um die Ohren. Deshalb freut sie sich, dass der 40-jährige Bernd ihrem »Großen« jede Woche einige Stunden Zeit und Aufmerksamkeit schenkt. Philipp und Bernd sind durch Big Brothers Big Sisters Deutschland zusammengekommen.

Big Brothers Big Sisters Deutschland ist eine gemeinnützige GmbH mit Sitz in Ludwigshafen. Die Organisation bietet individuelle Förderung für Kinder und Jugendliche im Alter zwischen 6 und 16 Jahren, die aus ganz unterschiedlichen Lebensverhältnissen kommen. Viele von ihnen wachsen bei einer alleinerziehenden Mutter auf. Andere haben Migrationshintergrund oder kommen aus bildungsfernen Familien. Wieder andere brauchen in einer schwierigen Lebenssituation Ermutigung, wie beispielsweise bei der Trennung der Eltern oder dem Tod eines Elternteils.

Auch der neunjährige Kevin mag seinen »großen Bruder« Marko nicht mehr missen. Seit einem halben Jahr sehen sich die beiden regelmäßig. Kevins Mutter ist alleinerziehend mit mehreren Kindern. »Ich war total aufgeregt, als Marko und ich uns zum ersten Mal getroffen haben«, erzählt Kevin. Inzwischen sind sie ein eingespieltes Tandem, waren zusammen im Technik-Museum, auf dem Fußballplatz und bei der Feuerwehr. Aber am besten gefällt Kevin, dass er mit dem 38-jährigen Kfz-Mechaniker in der Werkstatt an Autos schrauben durfte. Heute gehen die beiden in die Kletterhalle. Marko hat selbst keine Kinder, fand die Idee des Mentoring aber »auf Anhieb spannend«. Gewünscht hat er sich ein aktives Kind, mit dem er etwas unternehmen kann, »Vorlesen und Basteln sind nicht so mein Ding«, sagt der Mentor. Beworben hat er sich gemeinsam mit seiner Lebensgefährtin. »Es gibt doch so viele Singles, die viel Zeit vor dem Fernseher verbringen, da ist doch so ein Projekt sinnvoller«, ermuntert Marko andere Männer mitzumachen.

Das Kind trifft sich mit seinem Mentor oder seiner Mentorin alle ein bis zwei Wochen ein bis zwei Stunden zu gemeinsamen Aktivitäten und bekommt so auf spielerische Weise Anregungen und neue Impulse für seine Entwicklung. Anerkennung und Wertschätzung durch die Mentoren stärken das Selbstvertrauen der jungen Menschen; Gespräche fördern ihre Kommunikationsfähigkeit. Gemeinsame Veranstaltungen für alle Tandems bieten die Gelegenheit, sich untereinander auszutauschen.

Der 37-jährige Sven, Vater eines neun Monate alten Sohnes, findet es ganz »normal«, mit seinem »kleinen Bruder«, dem elfjährigen Murad, zusammen in den Wildpark zu gehen oder Fahrradtouren in die nähere Umgebung zu machen. Manchmal spielen die beiden im Garten Federball oder erklimmen die Kletterspinne auf dem Spielplatz. »Murad ist schon viel mutiger geworden und bezwingt immer mehr seine Höhenangst«, stellt Sven fest.

Mentoring baut Brücken zwischen Generationen

Viele Menschen führen heute ein Leben ohne Kinder. Das bedeutet nicht nur, dass sie selbst keine Eltern geworden sind, sondern häufig auch, dass sich ihr Lebensalltag völlig ohne Kontakt zu Kindern abspielt. Es ist ja klar: Wer keine Kinder hat, geht in andere Restaurants, frequentiert andere Freizeit- und Kultureinrichtungen und bewegt sich in einer anderen städtischen Umgebung als Familien. Heute sind bis zu 50 % der 40-jährigen Männer kinderlos. Viele Singles, aber auch kinderlose Paare, kennen gar keine Kinder mehr und haben sich an ein Leben ohne Kinder gewöhnt. Es fällt ihnen gar nicht mehr auf. Wenn sie Nichten oder Neffen haben, wohnen diese häufig nicht am selben Ort. Die alten Eltern auch nicht. Und das heißt nicht nur, dass der Kontakt zu einer »Generation« von Kindern fehlt (und zu den Alten), sondern gleich zu mehreren: den Kleinkindern, den Grundschulkindern, zu Jugendlichen und Heranwachsenden, und selbst zu zwanzig Jahre jüngeren oder älteren Menschen hat heute nicht jeder Kontakt. Sogar im beruflichen Umfeld finden sich häufig recht altershomogene Kollegien. Auch hierfür gilt: Nahezu jede Dekade hat ihr eigenes städtisches und auch soziales Umfeld. Auffällig wird dieser Trend besonders bei der Partnerwahl. In den vergangenen Jahrzehnten ist die Partnerwahl unter Männern und Frauen aus verschiedenen sozialen und beruflichen Milieus stark zurückgegangen. Auch hier findet also kein Austausch mehr statt. Ein Phänomen, dem Mentoringprojekte entgegenwirken: »Mentoring verbindet verschiedene gesellschaftliche Gruppen und

Generationen in einer Region miteinander«, so Geschäftsführerin Claudia Langen. »Beim Mentoring geben Menschen ihr Wissen und ihre Lebenserfahrungen an Jüngere weiter.«

Tatsächlich ist es für alle Mentoringorganisationen schwer, männliche Mentoren als Rollenvorbilder für Jungen zu finden; der Bedarf ist jedoch groß. Hier besteht ein schmerzliches Missverhältnis. Doch gerade für Männer, das hat die Erfahrung gezeigt, kann im Mentoring ein großer persönlicher Gewinn stecken. Vielleicht, weil sie sonst häufig zu sehr auf ihren Berufsalltag fixiert sind, stellen Männer immer wieder überrascht fest, wie sehr sie diese »Auszeiten« mit ihrem Schützling selbst genießen. Die Erlebnisse mit ihrem Mentee rufen Erinnerungen an die eigene Kindheit wach und wecken bei manchen das »Kind im Manne«. Besonders kinderlose Männer erfahren häufig zum ersten Mal, was viele Väter längst wissen: Wie viel Freude es macht, einem Kind die Welt zu zeigen und gemeinsam die vielen Möglichkeiten auszuprobieren, die sie für uns bereithält. Verantwortung für jemanden zu haben und kleine Erfolge zu beobachten, auch dies gehört zu den Glücksgefühlen, die für Menschen, die in einer kinderlosen Welt leben, selten geworden sind. »Anfangs dachte ich, dass ich mir die Zeit nur für das Kind nehme«, bringt es ein Mentor auf den Punkt, »dann habe ich gemerkt, dass ich sie mir auch für mich nehme.«

So geht es auch dem 62-jährigen Gerhard Steeb, der sich seit über zwei Jahren mit dem inzwischen zwölfjährigen Ugur trifft. Eleonore Steeb, seine Frau, ist ebenfalls als Mentorin aktiv. Das Ehepaar hatte sich auf einen Zeitungsartikel über Big Brothers Big Sisters hin gemeldet.

Gerhard Steeb ist im Vorruhestand und freut sich, dass er nun einen Teil seiner Zeit seinem Mentee widmen kann. Inzwischen empfindet er ihn wie einen »engen Verwandten«. Das war nicht immer so, auch diese Beziehung musste erst einmal wachsen. Am Anfang fühlten sich beide befangen. Auf ihrem ersten Spaziergang wussten sie nicht so recht, worüber sie sprechen sollten. Die erste Unsicherheit wich jedoch bald und das Vertrauen wuchs. »Ich kann mit Herrn Steeb über alles reden«, sagt Ugur, »er hört mir immer zu.« Die beiden machen Radtouren oder gehen wandern, schwimmen, sie kochen zusammen oder gehen angeln. Außerdem hat Gerhard Steeb seinen Schützling im Boxverein angemeldet, wo er jetzt zweimal in der Woche trainiert. Er ermutigt den Jungen auch zum Lesen und spielt mit ihm Brettspiele. »Anfangs hatte Ugur kaum Geduld und wurde schnell aggressiv«, erinnert sich der Mentor, »das ist schon viel besser geworden.« Eben »wie ein großer Bruder« kümmere sich Steeb um ihn, beschreibt Ugur die Bindung, die er im Laufe der Zeit zu seinem Mentor entwickelt hat. »Wir haben viel voneinander gelernt« so das Fazit von Gerhard Steeb, der besonders die Kochkünste Ugurs bewundert. Gerhard Steeb setzt sich auch für seinen Mentee ein, wenn es zu Hause oder in der Schule mal Probleme gibt. Da zahlt es sich aus, dass er zu Ugurs Mutter im Laufe der Zeit einen guten Kontakt aufgebaut hat: Sie ruft ihn gelegentlich an, wenn es etwas zu klären gibt oder ein Gespräch mit einem Lehrer ansteht. Das übernimmt Gerhard Steeb gerne. Für ihn ist klar: Er will Ugur begleiten, bis er den Weg in ein eigenes Leben alleine schafft.

Mentor werden bei BBBSD

Wer bei Big Brothers Big Sisters Mentor werden möchte, durchläuft ein mehrstufiges Aufnahmeverfahren. Die Bewerber müssen ein polizeiliches Führungszeugnis vorlegen und drei Leumundszeugen aus Familie, Beruf oder Bekanntenkreis nennen, bei denen ein BBBSD-Mitarbeiter anrufen kann, um sich über den Bewerber zu informieren. Schließlich führt eine der fest angestellten Psychologinnen ein längeres Aufnahmegespräch mit dem Bewerber, um herauszufinden, ob er genug Zeit für seinen Schützling aufbringen kann – rund acht Stunden im Monat sollten es sein – und ob er es wirklich ernst meint. »Die Mentoren müssen mindestens 18 Jahre alt sein und eine verantwortungsvolle Einstellung haben«, so Claudia Wichmann, Mentoring-Teamleiterin von BBBSD in Frankfurt. »In einem intensiven Gespräch wird geklärt, welche Vorstellungen der Bewerber mit dieser ehrenamtlichen Tätigkeit verbindet. Wir sprechen unter anderem auch über die Erfahrungen in seiner eigenen Familie, wie er selbst aufgewachsen ist.« Inhalt des Gesprächs sind außerdem Lebensumstände,

Freunde und die Motive, die den angehenden Mentor bewegen. »Viele unserer Interessenten kommen mit dem Gefühl, ›ich möchte etwas zurückgeben, ich hatte so viel Glück im Leben‹.« Etliche der angehenden Mentoren sind selbst kinderlos und suchen Kontakt zur jungen Generation. Der Altersschwerpunkt liegt zwischen 20 und 40 Jahren. »Die Bewerber haben sich das gründlich überlegt«, meint Claudia Wichmann. Auch Hobbys und Interessen kommen zur Sprache. Die Berater machen sich auf diese Weise ein möglichst umfassendes Bild, um ein »Geschwisterkind« zu finden, das optimal zum Mentor passt.

Der Einführungsworkshop: Kinder verstehen lernen

Schließlich werden die angehenden Mentoren in einem Workshop geschult, damit sie gut auf ihre Aufgabe vorbereitet sind. »Sie sollen ja keine Ersatz-Eltern, sondern erwachsene Vertrauenspersonen sein«, so Linn Schöllhorn, Regionalleiterin Rhein-Neckar von BBBSD. Mentoren haben keinen Erziehungsauftrag – was das im Alltag mit dem Mentee heißt, dafür muss jeder Mentor selbst das nötige Feingefühl entwickeln. Denn Verhalten, Umgangsformen, Vorlieben und auch die Vorstellungen vom zukünftigen Zusammensein können sich ja vor allem zu Beginn der Beziehung sehr unterscheiden.

Die Teilnahme am Einführungsworkshop ist für alle Mentoren verpflichtend. Er findet in der Regel samstags statt, damit Berufstätige – und das sind viele der Mentoren – problemlos teilnehmen können. Weitergehende Angebote sind optional, zum Beispiel die Teilnahme am monatlichen Mentorentreff. Außerdem bietet BBBSD Fachvorträge an, beispielsweise in Kooperation mit der Pädagogischen Hochschule Heidelberg zum Thema »Was Kinder stark macht – Die Rolle von Erwachsenen bei Resilienz und Gesundheitsentwicklung«.

Besonders Mentoren, die noch keine Erfahrung mit Kindern haben, brauchen Informationen über deren Verhalten in den unterschiedlichen Entwicklungsstufen. So kann es etwa geschehen, dass ein Kind für reifer und »vernünftiger« gehalten wird, als es ist, einfach, weil zum Beispiel achtjährige Mädchen sprachlich häufig schon sehr fortgeschritten sind. »Da werden wir als Kinder-Übersetzer gebraucht, was die Bedürfnisse von Achtjährigen sind«, erzählt Claudia Wichmann. »Dafür bieten wir Übungen an, wie man den Entwicklungsstand eines Kindes erkennt.«

Anfangs haben die Mentoren in den Workshops viele Fragen. Am meisten beschäftigt sie, was das Besondere an der Rolle eines Mentors ist. »Ein Mentor ist kein Eltern-Ersatz, kein Nachhilfelehrer, kein Babysitter, sondern jemand, der ermutigt, stärkt, ein offenes Ohr hat. Er ist auch nicht die Person mit dem dicken Geldbeutel, sondern jemand, der Zeit und Aufmerksamkeit schenkt«, so Claudia Wichmann. Es sei wichtig, dem Mentor dies zu verdeutlichen, wenn zum Beispiel ein Kind immer wieder etwas gekauft haben möchte.

Ein wichtiges Thema für Mentoren ist auch die Beendigung der Mentoringbeziehung: Wie kommt das Tandem zu einem guten Abschluss, wenn sich meine Lebensumstände ändern und ich z.B. nach dem Studium umziehe? »Das ist ein Prozess, der von uns gut vorbereitet, rechtzeitig eingeleitet und sorgfältig moderiert wird. Kinder lernen dabei, mit dem Thema Abschied umzugehen. Wichtig ist, dass keine Enttäuschung zurückbleibt, sondern die Erinnerung an eine schöne Zeit. Danach läuft es manchmal wie bei Freundschaften aus der Kindheit. Erst telefoniert man öfter noch mal, dann wird es nach und nach weniger, und am Ende hat man vielleicht noch einmal im Jahr zum Geburtstag Kontakt oder schickt sich eine Weihnachtskarte. Die Erfahrungen aus den USA zeigen, dass manche Tandems sehr lange lose in Verbindung bleiben und zuweilen nach vielen Jahren, wenn sich die Lebensumstände längst geändert haben, wieder engeren Kontakt haben«, so BBBSD-Geschäftsführerin Claudia Langen.

Besonderes Interesse findet im Workshop auch das Thema »Konflikte im Mentoring«. Problematisch ist etwa zuweilen mangelnde Zuverlässigkeit. Der Mentor ist enttäuscht, wenn das Kind zu vereinbarten Terminen nicht zu Hause ist und er das Gefühl hat, dass sein Engagement nicht geschätzt wird. Die Mentoring-Berater wecken beim Mentor Verständnis für diese Situation und verdeutlichen ihm, dass es gerade Werte wie Zuverlässigkeit und Stabilität sind, die das Kind im Tandem kennenlernen soll. Es wird empfohlen, das Thema auch mit den Eltern anzusprechen, und zwar nicht in Form von Vorwürfen, sondern mit Hilfe von Ich-Botschaften, die zum Beispiel so lauten können: »Ich habe mich beeilt, damit ich am Mittwoch rechtzeitig hier sein konnte, und war dann enttäuscht, als keiner zu Hause war. Für mich ist es nicht immer leicht, mir das einzurichten, und es wäre toll, wenn wir uns beide Mühe geben könnten, uns an unsere verabredeten Treffen zu halten.«

Anfangs gibt es schon mal Unsicherheiten im Umgang mit den Eltern. Nach einer Eingewöhnungszeit, so die Erfahrung, werden beide Seiten – Eltern und Mentoren – lockerer. »Gerade alleinerziehende Mütter und Väter fühlen sich dann oft sehr entlastet: Endlich jemand, der sich auch um mein Kind kümmert!«, so Claudia Wichmann.

Natürlich kann es vorkommen, dass ein Mentor etwas aus dem häuslichen Umfeld mitbekommt, das ihn belastet. Auch diese Situationen werden im Workshop anhand von Fallbeispielen durchgespielt. In kritischen Situationen gibt es aber selten eine Standardantwort. Individuelle Beratung ist wichtig, deshalb hat jedes Tandem einen festen Ansprechpartner in der Organisation, der sowohl mit den Mentoren als auch mit den Kindern in regelmäßigem Kontakt steht. So kommt schnell zur Sprache, was die Beteiligten verunsichert, bedrückt oder ärgert.

»Vertrauen muss wachsen«: Erfahrungen einer Mentorin bei Big Brothers Big Sisters

»Ich mache etwas, das ganz von mir abhängt. Ich sehe direkt, was ich beeinflussen kann. Das ist wirklich sehr befriedigend – jetzt, im Nachhinein.« Das sagt die Mentorin Andrea Lepperhoff, nachdem sie fast ein Jahr lang mit der 13-jährigen Michaela (Name geändert) ein Tandem gebildet hat. Und das war nicht immer einfach, denn man braucht als Mentorin viel Frustrationstoleranz und Durchhaltevermögen, bis so etwas wie Nähe, Vertrauen, Freundschaft entsteht. Die Diplompädagogin hat als Unternehmensberaterin gearbeitet und ist jetzt Projektmanagerin für Personalentwicklung beim Continental-Konzern in Frankfurt. Auf das Thema Mentoring kam sie zunächst – ganz theoretisch – über den Beruf: Im Rahmen einer unternehmensinternen Studie beschäftigte sie sich mit der Fragestellung: Was macht Arbeitnehmer zufrieden? »Es gibt derzeit einen weltweiten Trend rund um die Stichworte ›Selbstverwirklichung‹ und ›Zeit für persönliche Projekte‹«, erzählt Andrea Lepperhoff. Auf der Recherche nach entsprechenden Projekten stieß sie erstmals auf Big Brothers Big Sisters. »Das Konzept hat mich sofort sehr angesprochen – auch persönlich.« Als die Niederlassung in Frankfurt ihre Arbeit aufnahm, war sie sofort dabei. »Das war eine schöne Sache, fand ich: Mit überschaubarem Zeitrahmen – erst einmal für ein Jahr – und dann die Möglichkeit, die Beziehung interaktiv zu gestalten, sodass es etwas für das Kind und für den Mentor bringt. Ich stürzte mich mit Begeisterung in das Projekt.«

Nach dem Vorbereitungs-Workshop war bald ein Mentee für sie gefunden: die 13-jährige Michaela. Doch ihre Begeisterung musste Andrea Lepperhoff dann erst einmal ein wenig dämpfen.

Michaela lebt in einfachen Verhältnissen, gemeinsam mit ihrer Mutter, ihrem 22-jährigen Bruder, zwei Katzen und zwei Kaninchen.

Beim ersten Treffen mit Michaela allein in deren Zimmer sah sich die Mentorin interessiert die Kaninchen im Stall, die Playstation und Michaelas Schminksachen an. Gleich beim nächsten Treffen veranstalteten die beiden ein Karaoke-Singen mit Sing-Star an der Playstation. »Dann war das erste Eis gebrochen«, so Andrea Lepperhoff, »und wir haben uns weiter verabredet, gingen Schwimmen und ins Kino.« Aber die beiden blieben sich fremd. Andrea begann darunter zu leiden, dass Michaela so wortkarg war. Es wollte sich keine Nähe einstellen. Auch das belastete die Mentorin zusehends.

»Man muss lernen, dass die Welt nicht auf einen gewartet hat«, beschreibt Andrea Lepperhoff ihre ersten Frustrationsgefühle in der Kennenlernphase mit Michaela. Überrascht stellte die Mentorin fest, dass Michaela auch ohne sie äußerst unternehmungslustig war und nachmittags zusammen mit ihrer gleichaltrigen Freundin, die im selben Haus wohnt, mit der U-Bahn durch die ganze Stadt fuhr – immerhin Frankfurt. Ziel war ein Ponyhof; das war das Einzige, was Andrea in Erfahrung bringen konnte. »Obwohl sie ihre ganze Freizeit selbst gestalten muss und diese wahnsinnigen Unternehmungen mit ihrer Freundin macht, war sie überhaupt nicht selbstbewusst«, stellte die Mentorin fest.

Die erste Krise kam nach zwei Monaten. »Ich kam mir vor wie ein Programmmanager. Und es war schwer auszuhalten, dass sie nicht von sich aus erzählte, so introvertiert war. Das hat mich am Anfang so enttäuscht: Ich habe gedacht, durch meinen Einfluss würde viel mehr passieren.«

Zu hohe Erwartungen an das, was man als Mentorin erreichen kann, und dann die Enttäuschung: Das ist eine typische Erfahrung nach den ersten Wochen. Mit Hilfe der Frankfurter Mentoring-Teamleitung konnte Andrea Lepperhoff diese erste Krise überwinden. Sie lernte, dass sie »zu schnell« war. »Man kann alles erreichen, aber es dauert viel länger. Vertrauen kann man sich nicht wünschen, es muss wachsen. Dafür muss die Zeit reif sein.« So gestärkt, schöpfte die Mentorin neuen Mut und machte weiter. Sie versuchte es mit weniger aufwendigen Aktivitäten und mehr Zweisamkeit. »Wir schminkten uns gegenseitig, und dann machte ich Fotos, weil wir so toll aussahen. Wir gingen im Park spazieren. Aber das war für mich wieder anstrengend, weil die Gespräche immer sofort verebbten.« Andrea Lepperhoff lernte, dass hier zwei grundlegend unterschiedliche »Kommunikationskulturen«, die sich auch aus der unterschiedlichen Herkunft erklären, aufeinanderprallten. Der Kontakt blieb schwierig und es kam zu einer zweiten Krise.

»Dann versetzte sie mich zweimal. Da war ich an einem Punkt angekommen, wo ich mich fragte, ob ich hinschmeiße«, erzählt Andrea Lepperhoff. »Emotional waren wir halt noch sehr am Anfang. Ich hatte das Gefühl: Das wird nicht geschätzt. Das muss ich mir nicht antun.« Wieder brachte das Gespräch mit Big Brothers Big Sisters Deutschland die entscheidende Erkenntnis. »Verabredungen und Versprechungen nicht einhalten – das ist sicher das, was Michaela selbst dauernd in ihrem Umfeld erlebt hat«, so der Erklärungsansatz von Mentoring-Teamleiterin Claudia Wichmann. »Jetzt geht es darum, Stabilität zu vermitteln.«

Andrea Lepperhoff verstand in diesen Gesprächen: »Wenn ich jetzt gehe, dann wiederhole ich das Muster, das Michaela immer erlebt hat:

174

kein Vertrauen, kein Gefühl, keine Zuverlässigkeit. Dann geht das immer so weiter, und sie kommt da nie heraus.«

Claudia Wichmanns Rat: Offen mit Michaela zu besprechen: Was will ich? Was will ich nicht? Was willst du? Was willst du nicht?

»Dieses Feedback mit der Organisation hat mir immer wieder sehr geholfen, eine andere Perspektive einzunehmen«, bilanziert Andrea Lepperhoff nach dem langen und zeitweise schweren Weg, den sie und ihr Schützling brauchten, um sich näher zu kommen. Aber diesmal machte sie es etwas anders als empfohlen. Ein persönliches Gespräch? So weit kannte Andrea Lepperhoff ihren Schützling schon, dass sie sich anders entschied und Michaela diese Situation ersparte, die dem schweigsamen Mädchen unangenehm sein musste: Sie schrieb ihr eine lange E-Mail, in der sie Michaela erklärte, wie wichtig es ihr ist, dass Michaela zu den vereinbarten Treffen kommt. Damit landete sie einen Treffer: Michaela kommt seitdem immer fünf Minuten vorher.

»Dass es jetzt so gut klappt, hätte ich nie gedacht«, sagt Andrea Lepperhoff. »Jetzt habe ich zum ersten Mal dieses Glücksgefühl: Ich habe etwas verändert.«

Heute, einige Monate später, haben die beiden als Tandem einen Riesensprung gemacht. Andrea Lepperhoff berichtet weiter: »Michaela fängt an, mir Dinge zu erzählen, die sie bewegen. Sie macht Vorschläge für gemeinsame Unternehmungen, und sie will mir Sachen zeigen, auf die sie stolz ist: Ganz gewöhnliche Dinge eigentlich für ein Kind, aber als Mentorin – die mal mit ganz anderen Visionen angetreten ist – lässt es mein Herz höher schlagen.«

Überzeugungsarbeit bei den Eltern: Die Schule als Vermittler

Einige Mentoren kommen mit der Vorstellung zu Big Brothers Big Sisters, dass die Kinder und Jugendlichen aus äußerst schwierigen Verhältnissen kommen, dass sie zum Beispiel drogenabhängig oder bereits als Straftäter auffällig geworden sind. BBBSD ist jedoch ein präventives Programm.

»Kinder mit extrem problematischem Hintergrund würden ehrenamtliche Mentoren überfordern. Da ist eine andere Form von Jugendarbeit gefragt, die wir nicht leisten können«, so Claudia Wichmann.

Um die Familien zu erreichen, bevor die Probleme eskalieren, gehen die Beraterinnen zu Elternabenden und Lehrerkonferenzen, denn Schule wirkt als Vertrauensträger. Lehrer sind wichtige Multiplikatoren. Sie können Eltern im Gespräch anhand vieler guter Beispiele davon überzeugen, wie wohltuend ein zusätzlicher Ansprechpartner für ein Kind sein kann. »Dass das Angebot für die Familien kostenlos ist, ist für viele ein wichtiger Punkt«, so die Mentoring-Teamleiterin. Besonders Alleinerziehende fühlen sich von der Idee des Mentoring angesprochen. Denn sie spüren die Last der alleinigen Verantwortung, besonders wenn es vor Ort keine Großeltern, keine Tanten oder Onkel gibt. Ebenso führen Behinderungen oder andere körperliche oder seelische Beeinträchtigungen in der Familie häufiger als man glaubt dazu, dass ein Kind nicht genügend Aufmerksamkeit bekommen kann. Ein Mentor kann dazu führen, dass Kinder, die zum Beispiel bisher immer im Schatten eines auf Hilfe angewiesenen Geschwisters gestanden haben, regelrecht aufblühen. Auch in der Situation von Familien mit einem Baby und einem Schulkind bedeutet der Einsatz eines Mentors eine echte Entlastung und wichtige Unterstützung für das ältere Kind in einer Phase, in der entscheidende Weichen für die Zukunft gestellt werden.

Wer zu wem? – Das Zusammenstellen der Tandems

Weil ein Mentor die Funktion eines Rollenvorbilds haben soll, bekommt bei Big Brothers Big Sisters grundsätzlich ein Mädchen eine Frau, ein Junge einen Mann als Mentor. Die Tandems werden sehr sorgfältig zusammengestellt. Das heißt: Wenn die Mentoring-Berater nicht völlig überzeugt sind, dass ein Mentor und ein Mentee zusammenpassen, müssen beide erst einmal warten – bis sich eine andere Möglichkeit ergibt. Dieses Vorgehen soll Stabilität und möglichst positive Wirkungen der Beziehung gewährleisten. Die Kriterien sind vielfältig. So ist es zum Beispiel wichtig, dass beide nicht zu weit entfernt voneinander wohnen, damit der Aufwand für die gemeinsamen Treffen nicht zu groß ist. Bei der Zusammenstellung der Teams spielen Persönlichkeitsfaktoren und gemeinsame Interessen eine wichtige Rolle. Ein Kind, das gerne draußen herumtobt, mag vielleicht nicht so gerne in die Bibliothek gehen. Andere basteln vielleicht gerne, mögen aber keine Ballspiele usw. Auch wenn es gerade darum gehen soll, Perspektiven zu erweitern und dem Kind neue Aspekte des Lebens zu zeigen, sollten Mentor und Mentee vom Temperament her grundsätzlich zusammenpassen. Dann gibt es eine gute Basis, von der aus Neues erkundet werden kann.

Ein »Aufnahmegespräch« absolvieren auch die Kinder, die sich einen Mentor wünschen. Das Einverständnis der Eltern ist natürlich Voraussetzung – sie melden die Kinder an. Danach gibt es ein erstes Kennenlernen mit dem zukünftigen Mentee. An diesem Treffen nehmen auch die Eltern und ein Berater von Big Brothers Big Sisters teil. Wenn sich beide ausgiebig »beschnuppert« haben, kann es losgehen. Das Tandem bestimmt selbst, wie es die gemeinsame Zeit verbringt. Das Ziel ist es, eine Freundschaft aufzubauen, die beiden Spaß macht. »Für die Kinder ist es einfach schön, einmal die ungeteilte Aufmerksamkeit eines Erwachsenen zu haben«, sagt Regionalleiterin Linn Schöllhorn. Kindern Zeit zu schenken, ihnen neue Sichtweisen zu eröffnen und ein Stück der Welt zu zeigen, das erleben die Mentoren als sinnstiftend und befriedigend. Aber sie geben nicht nur, sondern bekommen auch eine Menge zurück. »Ich lerne ganz neue Dinge, die man sich nicht anlesen kann«, beschreibt zum Beispiel die 28-jährige Andrea Herdt, die Mentorin der 14-jährigen Kim, den Gewinn aus ihrer Tätigkeit. »Sie wächst ganz anders auf als ich. Zum Beispiel gehört das Internet bei ihr zum alltäglichen Leben dazu. Das war bei mir nicht so.« Bei einem Informationsabend berichtet sie anderen, die sich für die Aufgabe des Mentors interessieren, von ihren Erfahrungen.

Genau hinsehen: Mit dem Fotokurs unterwegs

An einem etwas schwülen, verhangenen Nachmittag trudelt nach und nach etwa ein halbes Dutzend Kinder am historischen Haupteingang des Friedrich-Ebert-Parks in Ludwigshafen ein. Sie kommen zum Fotokurs von Big Brothers Big Sisters, der vom Städtischen Museum gesponsert und von einer Fotokünstlerin geleitet wird. Nicht alle haben einen Mentor dabei. Da die Lokalzeitung regelmäßig die Kinder und ihre Fotos vorstellt und über den Fotokurs berichtet, kommen immer wieder auch Kinder einfach in Begleitung ihrer Eltern, um den Kurs und Big Brothers Big Sisters Deutschland kennenzulernen.

Die Fotografin fragt in die Runde, welche Motive man hier denn wohl am besten fotografieren kann. Ein Junge macht gleich einige Vorschläge: »Den riesigen Springbrunnen, die vielen bunten Blumen und das tolle Gebäude im Hintergrund.« Wenige Augenblicke später sind die Kinder auf der Wiese um den prachtvollen Springbrunnen verteilt. Ein lustiges Bild, wie plötzlich einige bäuchlings vor den Blumenrabatten liegen, um bessere Nahaufnahmen von den Blüten zu machen.

Die zehnjährige Emine läuft fröhlich zu ihrer »großen Schwester« und deutet auf den Display der Kamera: »Guck mal, wie toll der Springbrunnen geworden ist!« Man merkt Emine an, wie stolz und aufgeregt sie ist. Emine ist mit Sonja Weiher, ihrer Mentorin, ein gutes halbes Jahr zusammen, und seitdem ist sie zu einer enthusiastischen Werbeträgerin für Mentoring geworden. »Ich habe sogar mit unserer Schulleiterin darüber gesprochen, wie toll das ist!« Sonja Weiher, eine Journalistin, hat selbst eine dreijährige Tochter, die aber heute Nachmittag noch im Kindergarten ist. »Ich wollte schon immer etwas Ehrenamtliches tun und hatte öfter von Big Brothers Big Sisters gehört«, erzählt sie. »Jetzt, wo meine eigene Tochter im Kindergarten ist, nehme ich mir den Freiraum einfach. Das Zusammensein mit Emine ist genau das Richtige für mich. Es ist schön zu sehen, wohin sich ein Kind entwickelt, wenn es ein paar Jahre älter ist.« Emine ist das zweitälteste von vier Geschwistern. Sie macht einen sehr vernünftigen Eindruck und freut sich sichtlich, hier einmal ein wenig mehr im Mittelpunkt zu stehen. »Der Fotokurs hat regelrecht ein Talent in ihr wachgeküsst«, sagt die Mentorin. Emine zischt davon, und Sonja Weiher erzählt, wie gut es ihr selbst tut, mit ihrem Mentee zusammen zu sein. Sie wollte »etwas tun, das von Herzen kommt«, ihre Zeit sinnvoll investieren. »Die Frage ist: Was tue ich, was bleibt? Es ist eine Lebenshaltung«, sagt die Journalistin. Befragt, was sie meint, Emine geben zu können, sagt sie: »Einfach etwas Abwechslung ins Leben bringen. Die Kinder kennen oft nur wenig Aktivitäten. Aber es ist wichtig, nicht zu hohe Ansprüche zu haben.«

Bei einer Meinungsverschiedenheit habe sie auch schon einmal einen Rollenkonflikt gespürt. Die beiden wollten inlineskaten, und Emine wollte ihre Schützer nicht anziehen. »Da hatte ich die Verantwortung und habe gemerkt: Wenn ich ihre Freundin wäre, würde ich sagen, oh ja, das ist ja auch viel cooler. Aber ich bin eben die Erwachsene und habe die Verantwortung. Deshalb habe ich mich durchgesetzt.«

Die siebenjährige Annel erzählt strahlend, was sie alles mit ihrer Mentorin macht: »Kuchen backen, Fahrrad fahren, Picknick machen, klettern gehen, Ausflüge nach Mannheim machen.« Begleiterin Linn Schöllhorn von Big Brothers Big Sisters meint dazu: »Viele Kinder sind noch nie aus ihrem Stadtteil herausgekommen. Es macht ihnen unheimlich Spaß, einmal etwas anderes zu sehen.« Auch Emines großer Wunsch war es, eine »sehr, sehr lange Fahrradtour« zu machen. »Und jetzt hab ich das auch gemacht!«, berichtet das Kind begeistert.

Die 15-jährige Cosima ist die jüngste von vielen Geschwistern und genießt es sichtlich, in dieser Gruppe die Älteste zu sein. Ihre Mentorin Katharina ist Studentin in Mannheim. Die beiden sind schon seit über einem Jahr ein fröhliches Gespann. Zusammen Spaß haben steht ganz oben auf der Tagesordnung, das merkt man gleich. »Big Sister« Katharina ist »nur« zehn Jahre älter als ihr Schützling. »Wenn wir zusammen sind, probieren wir einfach viele neue Sachen aus, die ich auch noch nicht kenne: Museen, Improvisationstheater, manchmal kommt es auch vor, dass uns etwas gar nicht so gut gefällt, aber das ist ja dann auch eine Erfahrung …« Cosima wirft ein: »Ja, neulich, die Fotoausstellung, da wusste man nicht, warum man sich die Fotos von jemand anders angucken sollte – wir machen lieber selber welche!« Das kann man wohl sagen: Die beiden dokumentieren jedes Treffen in ihren Fotobüchern – es sind schon einige zusammengekommen. Im Herbst fängt Katharina mit ihrem Job an. Dann endet die Zeit als Tandem. Aber ein bisschen Zeit werden die beiden hin und wieder für ein gelegentliches Treffen finden. Was hat Cosima von ihrer »großen Schwester« gelernt? »Wie andere so leben und wie es in der Uni ist. In Katharinas WG ist alles so anders … Alles bunt gemixt! Katharina ist ein richtig bunter Mensch!«

Öffentlichkeitsarbeit und Kooperationen

Wie sein amerikanisches Vorbild ist Big Brothers Big Sisters Deutschland beispielhaft für Öffentlichkeitsarbeit und Fundraising in sozialen Non-Profit-Organisationen. Auch in Deutschland hat dieses Thema in den letzten Jahren enorm an Bedeutung gewonnen. Immer mehr setzt sich die Erkenntnis durch, dass soziale Ziele und unternehmerisches Denken keine Gegensätze sind, sondern dass auch soziale Projekte und Programme, wenn sie ihre Zielgruppen erreichen sollen, mit professionellen Marketingstrategien arbeiten müssen. Dabei ist die Zusammenarbeit mit vielen Partnern unerlässlich. Es trifft sich gut, dass mehr und mehr Unternehmen Sponsoring als Teil ihrer Kommunikationsstrategie verstehen und aus der Botschaft, Verantwortung für die Gesellschaft zu übernehmen, auch einen Imagegewinn ziehen. So entsteht eine Win-Win-Situation für beide Seiten – für die Non-Profit-Organisation und das Unternehmen.

»BBBSD arbeitet mit verschiedenen Unternehmen zusammen, unter anderem mit der Deutschen Bank in Frankfurt und SAP in der Rhein-Neckar-Region«, so Sabine Scheltwort, die bei Big Brothers Big Sisters für die Öffentlichkeitsarbeit verantwortlich ist. »Darüber hinaus unterstützen eine ganze Reihe von Institutionen die Arbeit von BBBSD, zum Beispiel Schulen, Erziehungsberatungsstellen, Freiwilligenagenturen und kommunale Ämter – jeder auf seine eigene Art.« Ziel von Big Brothers Big Sisters Deutschland ist es, ein stabiles regionales Netzwerk zu knüpfen, um das Mentorenprogramm auf eine möglichst breite gesellschaftliche Basis zu stellen.

Auch die Hochschulen sind wichtige Partner. An der Universität Mannheim haben zwei Studentinnen, die das Projekt fördern wollen, eine eigene Hochschulgruppe gegründet, die unter anderem Erstsemester über die Arbeit von BBBSD informiert. Mit Big Brothers Big Sisters zu kooperieren und die Aktivitäten der Tandems zu unterstützen, ist für private Unternehmen oder städtische Einrichtungen eine günstige Gelegenheit, eine gesellschaftlich nützliche Investition vorzunehmen und zugleich das eigene Image zu verbessern. So unterstützt das Städtische Kunstmuseum in Ludwigshafen Aktivitäten der Tandems – über die auch in der lokalen Zeitung berichtet wird. Auf diese Weise profitieren alle Beteiligten: die Kinder, die Mentoren, Big Brothers Big Sisters und das Kunstmuseum.

Öffentlichkeitsarbeit, das heißt auch, sich um Auszeichnungen und Empfehlungen zu bewerben und Prominente aus Politik, Sport und Unterhaltung als werbewirksame Fürsprecher zu gewinnen. Big Brothers Big Sisters ist es dabei gelungen, Repräsentanten ganz unterschiedlicher gesellschaftlicher Kräfte zu gewinnen: von der Fechtweltmeisterin Britta Heidemann bis zum Leiter der Shell-Jugend-Studie, von der Ministerin über die Oberbürgermeisterin bis zur Schulleiterin.

Ein Beispiel ist das kernige Zitat von Joachim Löw, Bundestrainer der Fußballnationalmannschaft, auf der Website und in der BBBSD-Broschüre: »Selbst der beste Spieler hängt mal durch. Dann braucht er jemanden, der ihm Mut zuspricht, ihm neues Selbstvertrauen gibt und ihn motiviert, immer wieder sein Bestes zu geben. Im Fußball ist das der Job des Trainers. Im Leben von Kindern kann ein Mentor diese Rolle spielen. Deshalb gefällt mir das Mentorenprogramm Big Brothers Big Sisters so gut.«

Und Anette Hilspach-Kierig, Rektorin der Salierschule in Schifferstadt bei Mannheim, lobt auf der Homepage: »Das Mentorensystem ist ein wichtiger Baustein zur Persönlichkeitsentwicklung von Kindern und Jugendlichen und unterstützt die Arbeit von uns Lehrern in einem Bereich, den Schule nicht abdecken kann, der aber für Schulerfolg grundlegend ist.«

Seit seiner Gründung im Frühjahr 2007 erhielt Big Brothers Big Sisters einige Auszeichnungen und Empfehlungen, u.a. einen Projektpreis im Transatlantischen Ideenwettbewerb USable der Körber-Stiftung und die Auszeichnung »Ausgewählter Ort 2009« der Initiative »Deutschland – Land der Ideen« unter der Schirmherrschaft des Bundespräsidenten. Das Bundespresseamt porträtiert Big Brothers Big Sisters als eine Erfolgsgeschichte im Sinne des »Nationalen Integrationsplans«.[1] In einem Themenreport für soziale Investoren, der in Zusammenarbeit mit dem Deutschen Zentralinstitut für soziale Fragen entstanden ist, lobt die Bertelsmann Stiftung im Januar 2009 Big Brothers Big Sisters für seine »zielgerichtete und konsequente Wachstumsstrategie« und den »hohen Anspruch an das Zusammenbringen und Betreuen der Tandempartner«.[2]

Für die öffentliche Wirkung vor Ort ist es natürlich ideal, wenn die Lokalpolitik und sogar der Oberbürgermeister ein Projekt zu ihrer Sache erklären. So sagte Eva Lohse, die Oberbürgermeisterin der Stadt Ludwigshafen am Rhein und Vorsitzende des Verbands Region Rhein-Neckar, in ihrer Grußadresse zur Gründung von Big Brothers Big Sisters: »In Ludwigshafen verlassen viele Jugendliche ohne Abschluss die Schule – unter den jungen männlichen Migranten ist die Zahl besonders hoch. Damit den Jugendlichen der Übergang ins Berufsleben gelingt, müssen wir alles dafür tun, die Schulabbrecherquote zu senken – auf politischer Ebene, aber auch mit privatem Engagement. Ich freue mich ganz besonders, dass die ersten Mentoren von Big Brothers Big Sisters Deutschland hier in der Metropolregion aktiv sein werden. Deshalb unterstütze ich das Programm gern und wünsche mir, dass sich viele daran beteiligen.«

An diesen Beispielen lässt sich erahnen, was eine beharrliche Öffentlichkeitsarbeit bewirken kann. Diese Impulse, einmal in Gang gesetzt und an den richtigen Stellen verstärkt, setzen sich wie Wellenbewegungen fort und können auf diese Weise maßgeblich dazu beitragen, bei Akteuren, Organisatoren und Förderern – lokal und überregional – eine gemeinsame Aufbruchstimmung für Mentoring zu erzeugen.

---

1 Presse- und Informationsamt der Bundesregierung, 2008, S. 22.
2 Bertelsmann Stiftung, 2009.

15.

Best Practices: Unterschiedliche Konzepte, vielfältige Zielgruppen

Je jünger man ist, desto mehr Vorbilder braucht man. FATIH AKIN

Big Friends for Youngsters – Große Freunde für junge Leute

Was alles dazu gehört, um ein Mentoringprogramm erfolgreich umzusetzen – an Organisationskonzepten, praktischer Arbeit und besonders an Personal und Finanzen –, erprobte und evaluierte das erste große Patenschaftsprogramm in Deutschland, das Modellprojekt »biffy – Big Friends for Youngsters«. biffy war in seiner Modellphase von Februar 2001 bis August 2004 Teil des internationalen Programms *Make a Connection*, das zur Förderung Jugendlicher von der *International Youth Foundation* durchgeführt und von Nokia finanziert wurde. Die ehemalige Bundestagspräsidentin Rita Süßmuth hatte die Schirmherrschaft inne.

In Deutschland wurde biffy während dieser Zeit von der Deutschen Kinder- und Jugendstiftung (DKJS) koordiniert und von Trägern der Jugendhilfe, Wohlfahrtsverbänden, Freiwilligenagenturen und Nachbarschaftshäusern umgesetzt. biffy verfügte an seinen Standorten also über eine mehr oder weniger starke institutionelle Anbindung. Zwischenzeitlich an neun Standorten bundesweit angesiedelt, haben die Angebote seit Ende der Finanzierung 2004 unterschiedliche Wege genommen: Einige biffy-Programme fanden keine Förderer und mussten aufgeben, andere konnten die Arbeit fortführen (Düsseldorf, Falkensee) oder entwickelten die Idee in anderen Zusammenhängen weiter (Ulm). In Wolfenbüttel gelang es, biffy in weiteren Städten in der Nähe aufzubauen. In Berlin gründeten engagierte Patinnen, Paten und Eltern einen Verein, um das Angebot fortzuführen und weiterzuentwickeln. In der Hauptstadt betreut biffy Berlin e.V. über 100 Patenschafen und konnte eine eigene Geschäftsstelle eröffnen.

Das Vorbild war – mit einigen Modifikationen – Big Brothers Big Sisters of America. Über 260 Patenschaften konnten in der Modellphase auf den Weg gebracht werden. Im Programm wurden und werden individuelle, generations- und familienübergreifende Patenschaften zwischen Kindern und Erwachsenen gestiftet und betreut. Von Beginn an war es das Ziel, »Kinder und Jugendliche bei ihrer Entwicklung zu verantwortungsbewussten Menschen zu begleiten und sie mit ihren Erfahrungen, Unsicherheiten und Wünschen ernst zu nehmen.«[1] Angesprochen werden vor allem Kinder und Jugendliche zwischen 6 und 16 Jahren sowie »Erwachsene, die den Jüngeren Vertrauen, Freundschaft und Zeit schenken möchten«.

Bereits im Dezember 2003 wurde eine Evaluation des Projekts vorgelegt, in der praktische Erfahrungen, Erfolgsfaktoren und Schwierigkeiten der ersten Projektjahre dokumentiert wurden. Die Studie spiegelt beispielhaft die Aufgaben, Abläufe und Herausforderungen wider, die beim Aufbau von Mentoringorganisationen entstehen und enthält viele wertvolle Hinweise auf Erfolgsfaktoren und Hürden einer erfolgreichen Mentoringarbeit für Kinder und Jugendliche. Befragt wurden die Organisatoren und Begleiter in den Agenturen, die Kinder und Jugendlichen, die Paten und die Erziehungsberechtigten.[2]

An der Befragung nahmen die biffy-Agenturen in Berlin (mit drei Standorten), Falkensee, Leipzig, NRW, Ulm, Wismar und Wolfenbüttel teil. Die Arbeitsstrukturen in den einzelnen Agenturen waren sehr unterschiedlich. Hinsichtlich der Möglichkeit eines Erfahrungs- und Gedankenaustausches sowie einer supervidierenden Beratung entwickelten die Standorte so auch ganz verschiedene Lösungen. Nur eine der antwortenden Agenturen arbeitete als »Ein-Frau-Betrieb« ohne Team – in allen anderen Agenturen stand den verantwortlichen Mitarbeitern und Mitarbeiterinnen von biffy ein unterstützendes Team zur Verfügung. Einige Mitarbeiter

---

1 www.biffy.de

2 Schabacker-Bock, 2005, S. 29–31 und www.biffy.de/index.php?id=118 (Evaluation 2003).

der biffy-Agenturen waren ausschließlich für biffy tätig, andere waren zusätzlich für andere Aufgaben/Arbeitsbereiche ihres Arbeitgebers zuständig. Im Arbeitsalltag eine adäquate Gewichtung der einzelnen Arbeitsfelder zu erreichen, erwies sich als schwierig. Als förderlich für eine »gut supervidierte Arbeit« sahen die Verantwortlichen es an, wenn Projektleitungs- und Beratungsfunktionen von Personen wahrgenommen wurden, die nicht in die Routinearbeit eingebunden waren. Dies war in mehreren Agenturen der Fall.

Das Anforderungsprofil für den Aufbau und die Ausführung des Patenschaftsprojekts klärte sich in einigen biffy-Agenturen erst im Laufe der Umsetzung. Nicht immer waren die personellen Strukturen der biffy-Agenturen in der Lage, die notwendigen fachlichen Qualifikationen personell oder vom Zeitbudget her bereitzustellen. Interessanterweise gelang einigen biffy-Agenturen die Einbindung ehrenamtlicher Unterstützer für qualifizierte Tätigkeiten in zentralen Funktionen: Die Verantwortlichkeiten dieser Unterstützung reichte vom Coaching der Agenturmitarbeiter über die Hilfe bei der Supervision der Patenschaften bis hin zur Übernahme der Außenvertretung des Projektes oder der Hilfe bei organisatorischen Belangen. Der Frage, welche verschiedenen Kompetenzen zur adäquaten Bewältigung einer erfolgreichen Mentoringarbeit erforderlich sind, so die Schlussfolgerung, sollte deshalb bereits in der Planungsphase einige Aufmerksamkeit geschenkt werden.

Einige der biffy-Agenturen mit ihren sehr unterschiedlichen Ausgangsvoraussetzungen hätten sich seitens der Deutschen Kinder- und Jugendstiftung in der Aufbauphase mehr Unterstützung und Beratung beim Aufbau einer professionellen Arbeitsstruktur und eines effizienten Projektmanagements gewünscht. Die Knappheit an finanziellen und personellen Ressourcen wurde von vielen biffy-Agenturen als eine große Schwierigkeit angesehen. Die verschiedenen Aufgabenfelder – Mentees und Mentoren finden und zusammenbringen, Netzwerke und Kooperationen mit Schulen und anderen Akteuren knüpfen, Öffentlichkeitsarbeit, Verwaltung und nicht zuletzt eine qualitätsvolle Begleitung und Supervision – konkurrierten gewissermaßen um die geringen Ressourcen. Für die verantwortlichen Mitarbeiter in den Agenturen entstand dadurch ein ständiger Druck, diesen Mangelzustand möglichst effektiv zu organisieren.

Hoher Zeitaufwand, viele Themen:
Aufgabenprofil eines Patenschaftsprojektes

Aus der biffy-Befragung ergibt sich, dass die folgenden Aufgaben erfüllt bzw. abgedeckt werden müssen, wenn ein Patenschaftsprojekt erfolgreich gestartet werden soll:
– Aufbau einer internen Kommunikation und (Finanz-)Verwaltung
– Organisation des Dokumentations-, Berichts- und Antragswesens
– Veranstaltung von Schulungen und Fortbildungen für die Paten und Patinnen, die Kinder und Jugendlichen sowie deren Eltern
– Entwicklung von Arbeitsunterlagen, Infobroschüren, Fragebögen, Dokumentationshilfen etc.
– Öffentlichkeits- und Multiplikatorenarbeit
– Gewinnung von Paten und Patinnen; Matching der Patenschaften
– Organisation von Erstgesprächen, Beratungsgesprächen, Sicherstellung von Begleitung für die Paten.

Diese komplexe Aufgabenstruktur macht deutlich, dass Patenschaftsprojekte nicht »nebenbei« erledigt werden können. Selbst mit gutem Projektmanagement und guter Planung, so die Erfahrung der biffy-Agenturen, stellt die Aufgabenvielfalt, die mit dem Aufbau des Patenschaftsprojektes verbunden ist, eine Schwierigkeit dar, für die ausreichend Zeit und Geld eingeplant werden müssen. Ein Ergebnis, das die sehr weit fortgeschrittene Mentoring-Forschung in den USA unterstreicht: Patenschaften zu vermitteln und zu begleiten, so der Tenor, ist eine anspruchsvolle Aufgabe. Damit dies gelingt, bedarf es ausreichender Mittel und einer guten Infrastruktur.[3]

---

3 Becker & Schüler, 2007.

Hinzu kommt, dass eine hohe Flexibilität bei der Zeitplanung notwendig ist, weil viele Beteiligte z.B. nur am Abend erreichbar sind. Zeitmangel bzw. die Zeiteinteilung wird immer wieder als kritischer Punkt der Arbeit angegeben. Ausgelastet mit den Aufgaben, die direkt mit den Patenschaften einhergehen, gaben die biffy-Organisatoren auch an, dass z.B. für eine gute Öffentlichkeits- und Multiplikatorenarbeit zu wenig Zeit bleibt. Die Auswertung von Fragebögen und Evaluationen, das Schreiben von Berichten und die Erstellung von Qualitätsmessungen wurden unter diesen Voraussetzungen als erhebliche Mehrbelastung erlebt. Zusätzlich belastend wirkten sich auch die Planungsunsicherheit sowie die Erfordernis, immer wieder neue Anträge zu stellen und finanzielle Mittel einzuwerben, aus – eine bekannte Erfahrung für alle, die es gewohnt sind, mit Projektmitteln zu arbeiten.

Ein Zitat aus der biffy-Agentur Ulm verdeutlicht dieses Problem: »Mit den verfügbaren Mitteln und dem entsprechenden Zeitansatz ist es kaum möglich, das Projekt qualitativ hochwertig und nachhaltig aufzubauen. Unbezahlte Überstunden sind die Regel. Eine qualitativ hochwertige Arbeit ist nur dank ehrenamtlicher Unterstützung möglich.« Die Autorin der Untersuchung schlussfolgert: »Zu hinterfragen ist, ob Richtwerte für den Zeitansatz der einzelnen Arbeitsschwerpunkte hilfreich wären, um Maßstäbe für eine ökonomische und transparente Planung und Prioritätensetzung zu setzen.« Eigentlich sollte eine betriebswirtschaftliche Aufgabenplanung im Sinne moderner Qualitätsstandards in sozialen Projekten heute eine Selbstverständlichkeit sein. Zumindest dann, wenn Patenschaftsprojekte in eine überwiegend professionelle Struktur eingebunden sind. Nicht zuletzt geht es auch darum, dass Mitarbeiter ihre Aufgaben im Mentoringprojekt mit Freude bewältigen können. Auch das ist ein wichtiger Faktor dafür, ob Mentoringprojekte dauerhaft Bestand haben.

Die von fachlicher Seite immer wieder vorgebrachte Forderung nach der Einhaltung von Qualitätsstandards sollte aber andererseits nicht dazu führen, dass Projekte abqualifiziert werden, die mit knappen Ressourcen gute Arbeit leisten, für Planung und Dokumentation aber nicht genug Zeit und Personal haben. »Die Realität in den allermeisten Programmen –

auch jenseits von biffy – sieht doch so aus:«, erklärt Bernd Schüler, lang-
jähriger Vorstand und Gründungsmitglied von biffy Berlin e.V., im Gespräch mit der Autorin, »Vielen Agenturen werden oft nur soundso viele
Stunden bezahlt – und damit soll alles geleistet werden. Damit vorab gut
zu planen, ist angesichts der komplexen Materie Patenschaften schwierig. Denn Vieles ist schwer überschaubar und ungewiss, z.B., wie viele
Freiwillige kommen, sind die passenden dabei, halten sie ihre Termine
ein, wie viele Probleme die Familien mitbringen, wie viele Konflikte in
Patenschaftsbeziehungen zu schlichten sind. Der Zeitaufwand für viele
Aufgaben wird von Geldgebern oft noch nicht erkannt. In den USA sagt
man als Richtwert, dass man für die Anbahnung und Betreuung einer
Patenschaft etwa 1500 Dollar jährlich benötigt.«

Als Fazit lässt sich festhalten: Wenn Aufgaben der Organisation und
Verwaltung von Ehrenamtlichen übernommen werden müssen, dann
sollte dies nicht aus der Not heraus geschehen, sondern weil es das Konzept so vorsieht. Dies ist aber in der Realität wahrscheinlich eher nicht
der Fall, besonders wenn ein Projekt bei einem professionellen Träger
angesiedelt ist. In Bezug auf das Finanzierungskonzept eines Mentoringprojektes lässt sich daraus die Notwendigkeit ableiten, wenigstens eine
gewisse Eindeutigkeit anzustreben: Ist das Konzept überwiegend ehrenamtlich? Ist es überwiegend professionell? Stehen hauptamtliche Mitarbeiter und Mitarbeiterinnen zur Verfügung? Aus welchen Töpfen kommen die Mittel? Ist die Finanzierung längerfristig gesichert? Und was
kann man dafür tun? Denn gemessen an der hohen Verantwortung, die es
bedeutet, mit Kindern zu arbeiten, müssen die konzeptionellen Voraussetzungen – auch finanziell – möglichst, wenn schon nicht gesichert, so
doch klar definiert sein.

Heute blicken einige biffy-Agenturen auf ein knappes Jahrzehnt erfolgreicher Arbeit und ständiger Qualitätsentwicklung zurück – und auf ein
steigendes Interesse der Öffentlichkeit, wie immer neue Medienberichte
und wachsende Nachfrage bei Freiwilligen und Familien zeigen.

Aus den Hürden, die anfänglich überwunden werden mussten, haben die Organisatoren viel gelernt, was sie heute – bei Vorträgen oder
in Manuals und Handbüchern – an neue Projekte weitergeben können.

Dazu gehört, neben den schwierigen Aufgaben und Herausforderungen, mit denen ein Modellprojekt zuweilen zu kämpfen hat, auch ein riesiger Fundus an guten Erfahrungen, wie ein Zitat aus Berlin verdeutlicht: »Zu beobachten, mit wie viel Freude einzelne Patenschaften gelingen, wie viel Bereicherung eine Patenschaft für einige in ihr Leben gebracht hat, dafür hat sich dieses Programm auf jeden Fall gelohnt, denn da sind (vielleicht nur wenige, aber) Freundschaften auf (Lebens-)Zeit entstanden. Positive Erlebnisse, glückliche Kinder und Erwachsene, Freude über gelungene Beratungen, positive Resonanz auf das Programm, Kennenlernen interessanter Menschen, positive Rückmeldungen z.B. auf Trainingsmaßnahmen oder Veranstaltungen, Begeisterung und Engagement der Beteiligten, gute Entwicklungen in den Patenschaften … Die Patenschaften selbst überzeugen: Sie werden gebraucht.«[4]

Wie unterschiedlich die Voraussetzungen und Konzepte für Mentoringprojekte sein können, zeigt das nächste Beispiel.

»Zeit für Jugendliche«: Ehrenamtliche Profis im Ruhestand

Eine Ausnahmeerscheinung unter den Organisationsformen beim Mentoring ist das rein ehrenamtliche Mentoringprojekt »Zeit für Jugendliche« der Bürgerstiftung Göttingen. In diesem Projekt fließt überhaupt kein Geld, nur teilweise werden Eintrittsgelder und Fahrtkosten aus Aktivitäten der Bürgerstiftung erstattet.

Getragen wird das Projekt durch den persönlichen Einsatz des Ehepaares Irmgard und Dieter Weiland – beide Schulleiter im Ruhestand mit jeweils 30 Jahren Berufserfahrung. Die Organisation eines Mentoringprojektes war zunächst völliges Neuland für die beiden heute 67 und 69 Jahre alten Pädagogen. Ausgerüstet mit fachlichen und organisatorischen Anregungen aus internationalen und heimischen Projekten stürzten sie sich

---

4 www.biffy.de/fileadmin/biffy.de/downloads/bericht_agenturen.pdf (Zusammenfassung der Evaluation 2003, Kurzbefragung der Agenturen, S. 6, 11.08.2009).

2004 in das Abenteuer, ein Mentoringprojekt für Jugendliche in Göttingen aufzubauen.

In Zusammenarbeit mit regionalen Vertretern aus Göttinger Schulen, aus Wirtschaft, Kirche und Politik wurde von Mitte 2004 bis April 2005 ein Konzept unter dem Namen »Zeit für Jugendliche. Mentoren-Initiative der Bürgerstiftung Göttingen« entwickelt. Seit 2005 hat das Projekt rund 60 Tandems erfolgreich betreut – eine große Verantwortung und ein großer Organisationsaufwand für die Koordinatoren und ihre Mitstreiter, zu denen auch der Stiftungsgründer Peter Cordes, ein Augenarzt, und der ehemalige Leiter der Göttinger Kinder- und Jugendpsychiatrie, der 82-jährige Professor Friedrich Specht, gehören.

Dieter Weiland war früher didaktischer Leiter einer Gesamtschule. Er macht keinen Hehl aus seiner Meinung, dass ein »verfehltes Schulsystem« zu viele Kinder und Jugendliche »zu Versagern im Bildungssystem macht«. »Bürgerschaftliches Engagement darf nicht zu einer Alibifunktion für einen wichtigen Bereich verkommen, der eigentlich in staatliche Verantwortung gehört«, sagt er. »Versäumnisse des öffentlichen Schulsystems können nicht durch private Mildtätigkeit ausgeglichen werden.«

Diese Einstellung konnte Dieter Weiland und seine Frau Irmgard nicht davon abhalten, ihre Zeit, ihr Wissen und ihre Erfahrungen in ihre neue Aufgabe zu investieren – von ihrem Privathaus aus und über ihr privates Telefon. Mentoren- oder Koordinatorentreffen finden zuweilen auf der heimischen Terrasse statt. Es wäre aber völlig verfehlt, aus dieser unmittelbaren Menschlichkeit, der berührenden Privatheit des Projekts, den Schluss zu ziehen, hier sei eine Laienspielschar am Werk. Im Gegenteil: Das Projekt »Zeit für Jugendliche« hat sich in den vergangenen Jahren fachlich und organisatorisch ständig weiterentwickelt, dabei Erfahrungen – Schwierigkeiten genauso wie Erfolge – reflektiert und ständig neue Ziele in Angriff genommen, so zum Beispiel die Zusammenarbeit mit der Universität Göttingen.

So wurden zum Beispiel mit den Anbahnungsgesprächen – die häufig in den Schulen, aber auch in anderen Institutionen und in den Familien stattfinden – sehr gute Erfahrungen gemacht. Von den Sozialpädagogen und Klassenlehrern sorgfältig vorbereitet, bildeten sie einen guten Ausgangspunkt für die praktische Arbeit der Mentoring-Tandems. Mit schriftlichen Vereinbarungen sorgen beide Seiten für Kontinuität und Verlässlichkeit.

Interessierte Erwachsene als Mentoren zu gewinnen, gestaltete sich schwieriger als angenommen. Für eine professionelle Öffentlichkeitsarbeit fehlten aber Zeit und Mittel. Auch die zunächst rege Mitarbeit von fünf Schulen ließ nach der Anfangsphase zusehends nach. Zu Recht, finden die Initiatoren, denn »man kann ja nicht immer auf die Bereitschaft der Lehrkräfte und Sozialpädagogen zählen, auf Dauer freiwillig zusätzliche Arbeit zu leisten«, wie Dieter Weiland sagt.

Zur Qualitätssicherung wurde ein regelmäßiges, für die Mentoren verpflichtendes Treffen eingeführt, das dem Erfahrungsaustausch und der Begleitung in schwierigen Situationen dient. »Es treten ja häufig Situationen auf, die nicht jeder Laie so einfach bewältigen kann«, stellt Dieter Weiland pragmatisch fest. Einmal im Monat kommen die Mentoren nun mit den Organisatoren und dem pensionierten Kinder- und Jugendpsychiater Friedrich Specht zusammen, um sich auszutauschen, sich gegenseitig zu ermutigen, Erfahrungen und Gefühle kritisch zu reflektieren und im Konfliktfall Hilfe zu erhalten. »Dabei herrscht eine gute, ermutigende Atmosphäre«, berichtet Dieter Weiland. »Bei den Beratungen und intensiven Diskussionen ergänzen sich die sehr unterschiedlichen Kompetenzen der Mitglieder in der Gruppe. Das ist eine außerordentlich hilfreiche Einrichtung, um die Mentoren zu stärken und bei der Stange zu halten und ihnen fachliche Entwicklungsmöglichkeiten zu bieten.« Die Mitarbeit eines Experten wie Friedrich Specht ist – wie die Arbeit der beiden Koordinatoren – rein ehrenamtlich, das heißt für den Träger der Initiative – die Bürgerstiftung Göttingen – kostenlos. »Müssten diese Leistungen nach üblichen Maßstäben entlohnt werden, wäre das Projekt in Göttingen für den Träger nicht finanzier- und damit nicht realisierbar«, so Dieter Weiland.

Auch die Grenzen der eigenen Möglichkeiten kommen bei diesen Treffen zur Sprache. So wurde im Laufe der Jahre im Projekt auch immer mehr Wissen darüber gesammelt, wie das Netz von institutionellen Hilfen aussieht, das sich in der Stadt und in der Region zur Unterstützung anbietet: Schulsozialarbeiter, Jugendpsychiater, Erziehungsberatung, Ju gendamt, Familienhilfe, Jobcenter können Aufgaben übernehmen, die die Kompetenzen der Mentoren übersteigen. Von Zeit zu Zeit werden Experten aus diesen Institutionen zu den Mentorentreffen eingeladen.

Da das Organisationsteam klein ist, hat man sich dafür entschieden, die Zahl der aktuell laufenden Tandems auf jeweils 20 zu begrenzen. Aber auf der Tagesordnung der Mentorentreffen stehen auch immer wieder Fragen, die den Stand und die Entwicklung des gemeinsamen Projekts betreffen – letztlich die gleichen, die sich auch größere Mentoringprojekte immer wieder stellen müssen, z.B.: Wie gewinnen wir neue Mentoren und Mentorinnen? Wie verstärken wir den Kontakt zu den Schulen? Wie nutzen wir die regionale Presse? Wie gestalten wir einen neuen Flyer? Wie gewinnen wir z.B. das Theater oder die Bibliothek für eine Patenschaft?

Die Mentorentreffen haben zu einer höheren Identifikation der Mentoren mit dem ganzen Projekt geführt. Dieter Weiland: »Auf diese Weise ist es weitgehend gelungen, dass viele Mentoren und Mentorinnen nicht nur ihre eigene Mentorentätigkeit, sondern das gemeinsame Projekt zu ihrer Sache gemacht haben.«

Das Projekt »Zeit für Jugendliche« der Bürgerstiftung Göttingen macht deutlich, dass auch ein rein ehrenamtliches Mentoringvorhaben qualitativ gute und erfolgreiche Arbeit leisten kann. Voraussetzung ist, dass die Ehrenamtlichen einen professionellen Hintergrund haben, der einen verantwortungsvollen und reflektierten Umgang mit dem Thema sicherstellt und sie beispielsweise auch die Grenzen des Mentoring erkennen lässt. Aber genauso deutlich wird, dass ein Projekt, das vom Einsatz und Durchhaltevermögen von so wenigen Einzelpersonen abhängt, unter einem ständigen Mangel leidet: dem Mangel an Zeit, Arbeitskraft und letztlich auch an Geld, zum Beispiel für Öffentlichkeitsarbeit.

Auch bei diesem Projekt wird wieder einmal deutlich, dass es beim Ehrenamt langfristig auf die richtige Balance ankommt: zwischen Zeitaufwand und Engagement auf der einen Seite und Geld bzw. Anerkennung auf der anderen Seite. Denn »nach sechs Jahren Bemühungen ist es immer noch nicht gelungen, von der Kommune irgendeine Art von Unterstützung zu bekommen«, so die Bilanz von Dieter Weiland. »Dabei schmückt sich die Stadt ja gerne mit der Bürgerstiftung und ihren Projekten.« Trotz der anfänglich großen öffentlichen Resonanz und Zustimmung sind die Vertreter aus Politik und Wirtschaft nicht bei der Stange geblieben. Ein Netzwerk knüpfen, Kooperationspartner suchen, auch Sponsoren suchen, das heißt ja: immer präsent sein, immer wieder das Gespräch suchen, immer wieder werben – und das können einige wenige Ehrenamtliche nicht leisten. Für Netzwerkarbeit und Öffentlichkeitsarbeit sind häufig keine Kapazitäten mehr übrig, wenn der Projektalltag erst einmal begonnen hat. Das große Engagement wird von den Kernaufgaben verbraucht, die das Mentoring erfordert – zum Beispiel den Kontakt zu den Schulen zu halten und die Mentoren-Tandems anzubahnen und zu begleiten. Größere dauerhafte Strukturen – beispielsweise ein Netzwerk mit Wirtschaft, Politik, Wohlfahrtsverbänden, Vereinen und Initiativen – können mit diesen knappen Ressourcen nicht geschaffen und gepflegt werden. Und wenn die Existenz eines Projekts an Einzelpersonen hängt, ist immer zu befürchten, dass es nicht von Dauer ist. Deshalb wäre es wünschenswert, das Projekt »Zeit für Jugendliche« der Bürgerstiftung Göttingen auf eine breitere Basis zu stellen, damit es auch in Zukunft Bestand hat und nachhaltig wirken kann – und damit auch die bisherige erfolgreiche Arbeit eine angemessene Anerkennung und Würdigung erfährt.

»Big Sister Düsseldorf«: In der Ernährung steckt eine ganze Welt

In vielen Tandems wird miteinander gebacken und gekocht, wie die Erfahrungsberichte gezeigt haben. Einer der Gründe dafür ist, dass Kinder über frische Lebensmittel und ihre Zubereitung häufig wenig Bescheid wissen. Denn in vielen Familien dominiert Fast Food den Speiseplan, gemeinsame Mahlzeiten gehören oft nicht mehr zum selbstverständlichen Tagesablauf. Wenn Kindergartengruppen oder Schulklassen auf den Markt gehen, so die Erfahrung von Kindergärtnerinnen und Lehrerinnen, haben manche der Kinder noch nie eine Paprika gesehen. Sie kennen keinen Brokkoli, keinen Kohlrabi, keinen Salat, und sie mögen gar kein Obst. Ungesunde Ernährung ist in benachteiligten Familien verbreitet. Armut spielt beim

Ernährungsverhalten eine entscheidende Rolle, konstatiert der 7. *Familienbericht* der Bundesregierung. Menschen mit verringertem Einkommen ernähren sich ungesund und essen zu fett, zu süß und zu einseitig. In Familien, die schon lange mit zu wenig Geld auskommen müssen, ist das Wissen über Ernährung erschreckend gering. Wo Tiefkühlpizza und Fast Food den Speiseplan bestimmen, werden tradierte Kenntnisse über gesunde Lebensmittel und ihre Zubereitung auch nicht mehr an die Kinder und Heranwachsenden weitergegeben. »Allerdings gibt zu denken«, so der *Familienbericht*, »dass auch ausgebildete Ökotrophologinnen und Ökotrophologen nicht im Stande waren, die Familienhaushalte mit dem verfügbaren Sozialhilfebudget länger als bis zum 24. Tag eines laufenden Monats nach den Grundsätzen der Deutschen Gesellschaft für Ernährung zu beköstigen.«[5]

Das war der Anstoß für »Big Sister e.V.« – bereits zehn Jahre alt und damit eine der ältesten Mentoringorganisationen für Kinder und Jugendliche in Deutschland – die Broschüre *Pimp Dein Frühstück* zu gestalten. Sie ist nur eine von vielen kreativen Ideen, mit denen der Verein sich in Düsseldorf, Münster, Bonn und Ettlingen an Kinder wendet, die Unterstützung durch eine »große Schwester« gebrauchen können.

Da gibt es Rezepte »zum Knacken und Hacken«, »zum Pressen und Schlürfen«, »zum Krümeln und Schlecken« und »zum Danken und Klatschen«. Die Gründerin und Geschäftsführerin des gemeinnützigen Vereins, Brigitte Klose-Grigull, illustriert, textet und gestaltet professionell und findet eine völlig neue Designsprache, die sich in erster Linie an die Kinder selbst richtet und uns Erwachsenen regelrecht die Augen dafür öffnet, wie Kinder angesprochen werden wollen.

Einkaufen, Kochen und Essen – das macht Spaß und ist schon deshalb ein willkommenes Thema für die Nachmittage, die ein Mentoring-Tandem zusammen verbringt. Aber gemeinsam kochen, darin steckt noch viel mehr, als ein Kochrezept umzusetzen. Was kann ein Kind dabei nicht alles lernen! Was es für Lebensmittel gibt, wo sie herkommen, wie sie hergestellt werden, was sie wo kosten und was auf dem Etikett steht. Sie

---

5 Bundesministerium für Familie, Senioren, Frauen und Jugend, 2007, S. 169.

erfahren, welche Zutaten gesund sind, wie sie schmecken und auf welch unterschiedliche Weise man sie zubereiten kann. Dass Menschen beim Essen unterschiedliche Vorlieben haben, dass dem einen dies schmeckt und dem anderen jenes und dass unterschiedliche Nationen auch unterschiedlich kochen. Dass Kochen Spaß macht und man sich dabei auf das Essen freut. Und natürlich, dass ein gemeinsames Essen in geselliger Runde ein herrliches Vergnügen ist.

Essen zubereiten – diese gleichzeitig simple und existenzielle Kulturtechnik erfordert gleichzeitig Phantasie und Improvisation. Es setzt Wissen voraus und braucht einen wohl überlegten Plan. Es erfordert – wenn mehrere beteiligt sind – Teamgeist und Organisationstalent. Beim Kochen lernen Kinder Geduld und Frustrationstoleranz. Ein geradezu unerschöpflicher Fundus für ein Kind und seinen Mentor.

Mentor – Die Leselernhelfer e.V.: Mehr als Lesenlernen

Leselernhelfer unterstützen – der Name sagt es – als ehrenamtliche Kräfte Kinder beim Lesenlernen. Auch dieses Konzept wirkt – und zwar über das Lesen hinaus. Es wendet sich an Kinder, die sich aufgrund schlechter Voraussetzungen die Grundlagen in der Grundschule nicht aneignen konnten, aber auch an ältere Kinder und Jugendliche, die – häufig aufgrund ihrer Herkunft – mit der deutschen Sprache grundlegende Probleme haben und deshalb kaum einen Schulabschluss schaffen können.

Die Leseübungen finden in der Regel einmal in der Woche eine Stunde in der Schule oder bei den Mentoren und Mentorinnen zu Hause statt. Nach einigen Wochen oder Monaten gemeinsamen Lesens verbessern sich in aller Regel die Zensuren. Aber die Erfahrung zeigt: Es sind nicht nur die Schulleistungen und Schulnoten, auf die ein Leselernhelfer Einfluss hat: Kinder, die bessere Schulleistungen erbringen, gehen auch lieber in die Schule und fühlen sich dort wohler.

Die Unterstützung der Leselernhelfer zielt bei weitem nicht nur auf kognitives Wissen ab. Indem sie die Freude an Büchern vermitteln und

Gespräche über die Inhalte anregen, kann der Mentor dem Mentee den Zugang zu einem wunderbaren Medium eröffnen: Aus Geschichten kann man alles Mögliche über die Welt und über die Menschen erfahren. Und indem sie über Wünsche, Phantasien, Freuden, Gefühle und Nöte in den Geschichten sprechen, kann auch der Zugang zu den eigenen Erfahrungen und Emotionen erleichtert werden.

Viele ähnliche Initiativen engagieren sich in Deutschland für diese Ziele. Sechs Jahre nach Beginn der Arbeit fördern 900 Mentorinnen und Mentoren weit über 1000 Schüler allein im Raum Hannover. Rund 150 Grund- und Hauptschulen sind beteiligt. 25 Freiwillige koordinieren die Zusammenarbeit mit den Schulen und vermitteln die Tandems. Fachliche Begleitung erhalten die Mentoren in Workshops, welche die Akademie für Leseförderung der Stiftung Lesen an der Gottfried Wilhelm Leibniz Bibliothek in Hannover durchführt.[6]

Eine professionelle Presse- und Öffentlichkeitsarbeit und die Unterstützung von vielen namhaften Bürgern und Bürgerinnen hat die Leselernhelfer in Hannover zu einer regelrechten Institution werden lassen. Reportagen, Hintergründe, Berichte aus der Praxis und Tipps zur Leseförderung hat der Verein in dem Reader *Eine Idee macht Schule. Die Freiwilligen-Initiative ›Mentor – Die Leselernhelfer‹* zusammengetragen.[7]

Die Beispiele in diesem Kapitel haben gezeigt, dass Mentoringprojekte zwar im Großen und Ganzen immer nach dem gleichen Grundprinzip ablaufen, dass es jedoch in Bezug auf die konzeptionelle Feinjustierung, die fachliche Orientierung, die Organisationsstruktur und die Finanzierung eine breite Palette an Umsetzungsmöglichkeiten gibt. Auch in Bezug auf Zielgruppen, Ziele und inhaltliche Schwerpunkte gibt es eine Reihe von Varianten. Es gibt also viele Wege zu einer erfolgreichen Mentoringarbeit mit Kindern und Jugendlichen. Wichtigste Voraussetzung ist deshalb wohl – wie bei jeder Arbeit, die eine hohe Identifikation und persönlichen Einsatz erfordert – Authentizität und Überzeugung.

---

6 www.akademiefuerlesefoerderung.de
7 Mentor, 2008.

16. Orientierung geben: Projekte für Mentoren und Mentees mit Migrationshintergrund

Wenn ich die einzige war, die sich meldete, hieß es:
»Nun sagt euch eine Türkin die richtige Antwort.«
Ein Satz, der nicht gerade zur Völkerverständigung
beitrug. Um die diplomatischen Beziehungen nicht
weiter zu gefährden, passte ich irgendwann auf,
dass ich nie die Einzige war, die sich zu einer Frage
meldete. SEYRAN ATEŞ: GROSSE REISE INS FEUER.
DIE GESCHICHTE EINER DEUTSCHEN TÜRKIN

Migranten zu höheren Berufszielen ermutigen

Eine große Gruppe von Kindern und Jugendlichen hat, wie wir wissen, in unserer Gesellschaft besonders schlechte Startchancen: Kinder und Jugendliche mit Migrationshintergrund. Ihr Anteil an der Gruppe der Kinder unter zehn Jahren liegt inzwischen im Bundesdurchschnitt bei mehr als einem Drittel. Aber wo sind die Lehrer und Lehrerinnen mit Migrationshintergrund? Die Stadträte, Bürgermeisterinnen und Behördenleiter? Die Chefinnen? Die Professoren? Nach Einschätzung des *Nationalen Integrationsplans* bewegt sich der Anteil von Lehrerinnen und Lehrern mit Migrationshintergrund derzeit bei lediglich ein Prozent![1] Man muss einmal einen Moment lang innehalten und sich das vorstellen – dass von diesen vielen Menschen, die zum großen Teil schon seit Jahrzehnten in Deutschland leben oder sogar hier geboren sind, nur so wenige Lehrer oder Lehrerin geworden sind. Förderprogramme wie »Horizonte« der Her-

---

1 Bundesregierung, 2007.

tie-Stiftung werden hoffentlich dazu beitragen, dass es bald mehr Lehrkräfte gibt, die für Schülerinnen und Schüler mit vergleichbaren Biografien Vorbilder und Bezugspersonen sein können.[2]

Interkulturelle Öffnung fängt in den Köpfen und in den Herzen an. Wir – *ohne* Migrationshintergrund – dürfen keine Angst mehr vor Fremdheit und vor Veränderungen haben, und wir müssen diese vielen Menschen, die zu uns gehören, in unsere Welten hineinlassen. Und wir – *mit* Migrationshintergrund – müssen aktiv daran arbeiten, dass sie hinein *können* und *wollen*, und wir müssen ihnen die Wege dahin zeigen. Jeder von uns kann – auch in seinem persönlichen Umfeld, einfach als Mensch – seine Befangenheit bekämpfen und dazu beitragen, dass Kollegen, Nachbarn, Klassenkameraden und ihre Eltern sich nicht ausgeschlossen fühlen. Dass alle Menschen sich in unserem kulturellen und sozialen Leben wiederfinden. Dass sie sich in unserer Verwaltung angesprochen fühlen und zurechtfinden. Dass sie sich in unseren Schulen und Universitäten wohl fühlen und lernen können – unabhängig von ihrer sozialen und ethnischen Herkunft.

»Häufig finden sich Jugendliche, die selbst oder deren Familien nicht aus Deutschland stammen, in einer paradoxen Situation wieder: Während sie sich – häufig auch im Besitz der deutschen Staatsangehörigkeit – als selbstverständlichen Teil der Bevölkerung Deutschlands sehen und ihre Zukunft eindeutig in diesem Land verorten, erleben sie nicht selten, dass sie von Lehrkräften und Mitschülern, als ›Russen‹, ›Türken‹, ›Sudanesen‹ oder schlicht als ›Ausländer‹ bezeichnet werden.«[3]

Wir müssen noch einmal neu damit beginnen, Vorurteile – das Wort ist in letzter Zeit etwas aus der Mode gekommen – bewusst zu machen und zu hinterfragen. Und zwar jeder seine eigenen, persönlichen, aber natürlich auch in Strukturen und Institutionen, die Vorurteile reproduzieren und verfestigen. Eine Teilnehmerin des Programms »Horizonte« beschreibt dies so: »Es ist nicht leicht, binational zu sein und hier als Lehrer anerkannt zu werden: Das Bild vom Lehrer mit ausländischer Herkunft ist

---

2 Karakaşoğlu, 2008, S. 185.

3 Ebd., S. 179.

den Menschen hier noch nicht vertraut. Man wird oft in die Exotenrolle gedrängt und auf den Migrationshintergrund reduziert.«[4]

Viele Städte und Gemeinden und ihre Institutionen und Organisationen haben inzwischen erkannt, dass Deutsche ausländischer Herkunft und hier lebende Ausländer vom Rand in die Mitte geholt werden müssen.

Es gibt inzwischen landauf, landab unzählige gute Beispiele für eine wirkungsvolle Integrationspolitik, der es gelingt, die Menschen anzusprechen und dort abzuholen, wo sie bisher vergessen worden sind. Viele Kommunen haben Integrationspolitik zur Chefsache erklärt, krempeln ihre Verwaltungen entsprechend um und schulen die Mitarbeiter für einen reflektierten Umgang mit Menschen anderer Nationalität und Deutschen ausländischer Herkunft. Stadtteilarbeit, Partizipation und Jugendarbeit, Wohnungs- und Beschäftigungspolitik, Gesundheit und Altenhilfe, Werbekampagnen – es gibt unzählige Integrationskonzepte, die in Kommunen erfolgreich umgesetzt worden sind und auf Nachahmer warten. Niemand kann mehr ernsthaft meinen, Integrationspolitik erschöpfe sich im flächendeckenden Angebot von Sprachkursen.[5]

Unsere Verantwortung liegt aber auch darin, denjenigen Menschen, die unser Bildungssystem bisher vernachlässigt hat, Abwehrkräfte gegen diese Mechanismen zu verleihen und Widerstandsgeist in ihnen wachzurufen. Es geht darum, sie stark zu machen gegen die Etikettierungen, die sie immerzu herunterziehen und es ihnen so schwer machen zu glauben, dass sie Lehrer, Psychologinnen, Bürgermeister oder Ingenieurinnen werden können. So ging es auch Arzu Değirmenci, die gerade an ihrer Diplomarbeit in Politik und Islamwissenschaft arbeitet. Sie wird nie vergessen, wie eine Lehrerin bei einer Veranstaltung zur Berufsorientierung zu ihr sagte: »Nein, die gelben Ordner sind nichts für dich, das sind die mit den Berufen, für die man studieren muss!« Ihre Mutter sorgte dafür, dass sie zur Realschule gehen und später Abitur machen konnte. Arzu Değirmenci war während ihres Studiums zwei Jahre Mentorin, heute ist sie Projektmitarbeiterin bei »Junge Vorbilder« in Hamburg.

---

4 Karakaşoğlu, 2008, S. 185.

5 Bertelsmann Stiftung, 2005.

Dass ihnen nichts zugetraut wird, diese Erfahrung machen viele junge Menschen mit Migrationshintergrund. Hier setzen Mentoringprojekte an, die darauf abzielen, Schülerinnen und Schüler mit Migrationshintergrund zu höheren Schulabschlüssen und Berufszielen zu ermutigen. Dafür werden Kontakte und Mentoringbeziehungen zu Studierenden oder Menschen in akademischen Berufen hergestellt, die aufgrund einer ähnlichen Herkunft und Bildungsbiografie als Rollenvorbilder fungieren können. Ein Beispiel dafür ist »Merhaba. Forum für türkische Oberstufenschülerinnen und Studentinnen in Deutschland« der Thomas-Morus-Akademie Bensberg. Auf Fortbildungsveranstaltungen, Exkursionen und Workshops lernen Schülerinnen und Studentinnen Frauen gleicher Herkunft kennen, die erfolgreich in einem akademischen Beruf arbeiten.

Im »MiCoach«-Projekt im Rahmen der Lehramtsausbildung an der Universität Bremen und bei »Junge Vorbilder« des Vereins verikom – Verbund für interkulturelle Kommunikation und Bildung e.V. in Hamburg, gefördert u.a. von der »Aktion Mensch« und der Hamburger Schulbehörde, unterstützen Studierende mit Migrationshintergrund Schülerinnen und Schüler. Ziel ist es, sie zum Besuch einer weiterführenden Schule zu motivieren und mit ihnen ein entsprechendes Lernverhalten zu üben.[6]

Mentoringprogramme sind seit einigen Jahren fester Bestandteil des nationalen und internationalen wissenschaftlichen Diskurses zum Thema Integration und fehlen in keinem Forderungskatalog für die Bedingungen einer erfolgreichen Integrationspolitik.[7]

Wie im Projekt »Junge Vorbilder« geht es in vielen anderen Mentoringprojekten »von Migranten für Migranten« meistens sehr zielgerichtet darum, dass die Mentees bessere Schulleistungen erbringen und den Übergang zu weiterführenden Schulen schaffen, im Zuge dessen vielleicht ein akademisches Berufsziel finden und studieren. Damit knüpfen diese Projekte an die – vergleichsweise weit verbreitete – Tradition des Mentoring in der Erwachsenenbildung und im Berufsleben an. Sie verbinden die Unterstüt-

---

6 Karakaşoğlu, 2008, S. 186.

7 Bertelsmann Stiftung, 2008.

zung in (Aus-)Bildungsprozessen mit der Vorbildfunktion des Mentors, der selbst eine erfolgreiche Bildungskarriere absolviert hat oder auf dem vielversprechenden Weg dorthin ist.

Bei diesen neuen Projekten geht es also nicht um informelles Lernen, sondern um Leistung, wie sie sich viele Eltern und auch die Kinder selbst – oft vergeblich – wünschen. »So lange Schule es nicht schafft – was Lehrer zukünftig können sollen –, nämlich die heterogenen Voraussetzungen der Kinder anzunehmen, wird sich [an den ausbleibenden Schulerfolgen] nichts ändern«, so die Bremer Migrationsforscherin Yasemin Karakaşoğlu im Gespräch mit der Autorin.[8] Deshalb, so die Wissenschaftlerin, zielen die Konzepte, die aus dem Blickwinkel von Migranten entstehen, darauf ab, die alltäglich erlebte Bildungsbenachteiligung auszugleichen und die selbst gesteckten Bildungsziele zu erreichen. Das erklärt, warum die Teilnehmer in diesen Projekten besonders viel Wert auf Leistungskriterien, klare Strukturen und Zielvereinbarungen legen.

»Junge Vorbilder«: Ermutigung durch Rollenmodelle

Ein Mentoringprojekt, das sich speziell an ältere Schüler und Schülerinnen mit Migrationshintergrund richtet, ist das Projekt »Junge Vorbilder« von verikom – Verbund für interkulturelle Kommunikation und Bildung e.V. in Hamburg. Es basiert ebenfalls – wie auch Big Brothers Big Sisters und »Balu und Du« – auf internationalen Forschungen und Erfahrungen. Zugleich ist dieses Projekt ein weiteres Beispiel dafür, dass hinter Wissenschaft und ihren Theorien, hinter Forschungen und Hypothesen Menschen wirken, die zündende Ideen haben. So ging es auch dem Projektleiter und Initiator von »Junge Vorbilder« in Hamburg, dem Ethnologen Jens Schneider. Auch er hatte von Mentoringkonzepten zum ersten Mal

---

8 Yasemin Karakaşoğlu ist Mitglied im Sachverständigenrat deutscher Stiftungen für Migration und Integration und Mitglied im Fachbeirat der Otto-Bennecke-Stiftung (OBS) in Bonn, die sich seit mehr als 40 Jahren im Auftrag der Bundesregierung mit der Integration von Zugewanderten in Bildung, Ausbildung und Beruf befasst.

in den USA gehört, aber der Gedanke, selbst ein Mentoringprojekt zu initiieren, wuchs erst in den Niederlanden, in Zusammenarbeit mit dem Studienkollegen Maurice Crul an der Universität Amsterdam, mit dem er später auch zusammenarbeitete und veröffentlichte. Maurice Crul hatte in seiner Doktorarbeit den Schulerfolg türkischer und marokkanischer Einwanderer in den Niederlanden untersucht und war zu dem Ergebnis gekommen, dass diejenigen deutlich besser abgeschnitten hatten, die keine Einzelkinder waren und ältere Geschwister hatten. Offensichtlich hatten die älteren Geschwister die fehlende Unterstützung durch das Schulsystem und die Eltern ausgleichen können.[9]

»In Zusammenarbeit mit einer marokkanischen Studentenorganisation wurde daraufhin ein Mentoringkonzept entwickelt«, berichtet Jens Schneider. »Entscheidend dabei war, dass die Mentorinnen und Mentoren ebenfalls marokkanischer Herkunft waren, aber gleichzeitig das niederländische Schulsystem mit Erfolg durchlaufen hatten.«

Anfang 2003 kam im Rahmen eines Netzwerks europäischer Migrationsforscher, dem auch Jens Schneider angehörte, die Idee auf, mit EU-Mitteln das niederländische Mentoringvorbild auch in Deutschland, Österreich und der Schweiz auszuprobieren. Die Finanzierung durch das EU-Programm INTI gelang nicht. Dennoch glückte es Jens Schneider mit Hilfe der ehemaligen Hamburger Integrationsbeauftragten, die Unterstützung für ein Pilotprojekt bei der Deutschen Behindertenhilfe – Aktion Mensch e.V. und der Preuschhof-Stiftung einzuwerben und dies bei dem freien Träger verikom zu verankern. Das Pilotprojekt »Kendi«, der Vorläufer von »Junge Vorbilder«, startete Ende 2004 in Hamburg in Kooperation mit drei integrierten Haupt- und Realschulen. Seit Januar 2007 setzt »Junge Vorbilder« die erfolgreiche Arbeit von »Kendi« fort und wurde dafür u.a. im Jahr 2008 mit einem Projektpreis im Transatlantischen Ideenwettbewerb USable der Körber-Stiftung ausgezeichnet.

Das Projekt »Junge Vorbilder« will dazu beitragen, dass ein größerer Anteil von Jugendlichen mit Migrationshintergrund die höher qualifizierenden Schulabschlüsse wie Abitur oder Fachhochschulreife schafft. An-

---

9 verikom, 2007.

ders als etwa Big Brothers Big Sisters richtet sich das Konzept von »Junge Vorbilder« gezielt an Jugendliche in den 9., 10. und 11. Klassen der weiterführenden Schulen, die demnach meistens zwischen 15 und 17 Jahre alt sind. Ziel ist es, durch die Unterstützung eines Mentors den Übergang in die gymnasiale Oberstufe zu schaffen und dort auch bis zum Abitur zu bleiben.

Die Grundidee des Projekts ist, dass die Mentoren und Mentorinnen auch Migrationshintergrund und ähnliche schulische Erfahrungen haben. Sie sind Vorbilder für die Schüler, weil sie die vielen Widerstände, Hürden und Diskriminierungen, denen sie in ihrer Schulzeit ausgesetzt waren, erfolgreich überwunden und den Weg ins Studium oder in die Ausbildung gefunden haben. Das macht sie zu »Erfahrungsexperten« auf diesem Gebiet. Ein weiterer Unterschied zu den meisten Mentoringprojekten besteht darin, dass zwischen Mentoren und Mentees kein großer Altersunterschied besteht, dass sie also tatsächlich *junge* Vorbilder sind. Häufig kommen sie aus demselben Stadtteil wie die Mentees, manchmal sogar aus derselben Schule. »Die große Nähe und Ähnlichkeit zwischen Mentor und Mentee trägt ganz wesentlich zur Identifikation bei und macht aus den Mentoren tatsächlich so etwas wie große Schwestern oder Brüder«, so Jens Schneider. »Durch ihren Erfahrungsvorsprung sind sie gleichzeitig fachliche und moralische Autorität, aber wiederum auf einer ganz anderen Ebene als Eltern oder Lehrer.«

Das Mentoring findet in der Regel als Eins-zu-Eins-Betreuung bei den Mentees zu Hause statt, wenn nicht wichtige Gründe dagegen sprechen. Die kulturelle Nähe der Mentorinnen und Mentoren zur Familie erleichtert die Beziehung zum Mentee und macht sie zum Vertrauensträger und Ansprechpartner im Kontakt zur Schule.

Die Mentorinnen und Mentoren beim Projekt »Junge Vorbilder« sind Studierende aller Fachrichtungen an Hamburger Hochschulen und in der Regel zwischen 19 und 26 Jahre alt. Sie haben einen gleichen oder ähnlichen kulturellen Hintergrund und das gleiche Geschlecht wie ihre Mentees. Die Mentoren werden in den Hochschulen und über Migrantenorganisationen angeworben. Zukünftig soll versucht werden, auch Mentoren und Mentorinnen zu finden, die eine Ausbildung erfolgreich abgeschlossen haben oder die über den zweiten Bildungsweg das Abitur gemacht haben. Auch soll das Projekt noch stärker mit Akteuren in den Stadtteilen verankert und vernetzt und mit Kunst- und Kulturprojekten für die Jugendlichen verbunden werden.

Die jungen Mentoren und Mentorinnen übernehmen Verantwortung und müssen einen hohen Anspruch erfüllen. Einen Schwerpunkt der Arbeit von »Junge Vorbilder« bildet daher das Basistraining und die begleitende Fortbildung. Das zweitägige Basistraining unter der Leitung eines erfahrenen Sozialpädagogen beginnt mit der Reflexion der eigenen Schulerfahrungen. Es behandelt die Gestaltung der Mentor-Mentee-Beziehung und die Rolle des Mentors sowie den Umgang mit typischen Konflikten. Die Erfahrung von Arzu Degirmenci: »Das ist eine wichtige Frage bei der Qualifizierung: Wie gehe ich damit um, wenn mir die Erinnerungen an die eigene Schulzeit hochkommen? Es ist ein dauerndes Abwägen zwischen Identifikation und Distanz. Einerseits will man Nähe herstellen und zulassen – auch zur Familie –, andererseits darf man sich nicht in Intrigenspiele pubertierender 16-Jähriger hineinziehen lassen oder sich mit der Familie verbrüdern.«

In den Fortbildungen geht es um spezifische Themen wie Lerntechniken, Didaktik in den Hauptfächern, Berufs- und Schulorientierung, interkulturelle Kommunikation und Sozialpädagogik. Auf regelmäßigen Mentorentreffen können Tipps und Erfahrungen ausgetauscht werden. Die Mentoren und Mentorinnen müssen also eine Menge Arbeit leisten und eine hohe Bereitschaft mitbringen, ihre Persönlichkeit und Lebensgeschichte zu hinterfragen. Deshalb honoriert »Junge Vorbilder« die Mentorentätigkeit mit 12 Euro in der Stunde, die von den Eltern getragen werden müssen. Einkommensschwachen Eltern wird die Hälfte erlassen. Aber auch die Qualifizierung, an der die Mentoren und Mentorinnen kostenfrei teilnehmen, stellt eine Art Entlohnung dar. Denn von dem, was die Teilnehmer dort gelernt haben, können sie persönlich und beruflich auch außerhalb der Mentorentätigkeit profitieren. Der Abschluss wird mit einem »Mentorenschein« gewürdigt.[10]

---

10 verikom, 2007.

Ein wesentlicher Erfolgsfaktor für das Gelingen der Mentoringbeziehungen ist die Haltung der Schule. Je mehr eine Schule hinter der Maßnahme steht, so die Erfahrung, desto besser sind die Ergebnisse. »Mentoringprojekte sind nicht dazu geeignet, Schulen zu ›überreden‹, in Schülern mit Migrationshintergrund nicht vorrangig ein Problem zu sehen«, so Jens Schneider. Für Schulen, die ihren Schülern zusätzliche Fördermöglichkeiten anbieten wollen, bietet Mentoring aber einen einfachen und niedrigschwelligen Ansatz.

Das organisatorische Bindeglied zwischen Mentoren und Schülern stellt ein Koordinator oder eine Koordinatorin aus dem Lehrerkollegium dar. Der Zeitaufwand für die Koordinatoren beträgt erfahrungsgemäß ein bis zwei Stunden in der Woche für jeweils zehn Tandems. Die Koordinatoren können sich in Hamburg am Landesinstitut für Lehrerbildung und Schulentwicklung für diese Tätigkeit fortbilden lassen.

Thorsten Reiter von der Gesamtschule Kirchdorf in Wilhelmsburg ist so ein engagierter Lehrer. 70 % der Schüler an der GS Kirchdorf haben Migrationshintergrund. »Schuldzuweisungen an die Bildungspolitik helfen uns ja nicht weiter«, sagt er im Gespräch mit der Autorin. »Da, wo wir Einflussmöglichkeiten haben, machen wir das Beste draus.« Und das heißt vor allen Dingen: den Unterricht anders gestalten. Zwei Beispiele mögen zeigen, was das konkret heißen kann: Wo Kinder mit sehr unterschiedlichen Voraussetzungen zusammen in einer Klasse sitzen, muss der Unterricht individualisiert werden. Chancengleichheit heißt heute eben nicht mehr, dass alle das Gleiche vorgesetzt bekommen, sondern jeder bei seinem Lernstand abgeholt wird. Über entsprechende Konzepte, »von kompetenten Fachleuten entwickelt«, wie Reiter betont, hat sich das Kollegium der GS Kirchdorf informiert. Seit einem Jahr gibt es deshalb ganz neu für die Klasse 5 in Deutsch, Mathe und Englisch Lernmaterialien, die sich selbst erklären und jeden in seinem Tempo lernen lassen. »Dazu gehört, dass wir als Lehrer unsere Rolle umdefinieren: vom Wissensvermittler zum Lerncoach«, so Thorsten Reiter, der damit ein pädagogisches Konzept anspricht, das sich in immer mehr Schulen durchsetzt, angeregt nicht zuletzt durch das Vorbild der Staaten, die, wie Finnland, bei der PISA-Studie gut abgeschnitten haben. Das zweite Standbein moderner interkultureller Pädagogik an der GS Kirchdorf ist die »Sprachbildung«: Weil es besonders wichtig ist, dass Schüler dem fachbezogenen Unterricht sprachlich folgen können, wird der Sprachunterricht einerseits auf diese Schulfächer ausgerichtet, andererseits kümmert sich ein Experte oder eine Expertin für Deutsch als Zweitsprache um die Verständlichkeit des Fachunterrichts für Nicht-Muttersprachler.

In diesem Lernklima kommt das Projekt »Junge Vorbilder« wie gerufen, um Schülern eine zusätzliche Unterstützung zu geben. Anders als bei vielen anderen Mentoringprojekten muss bei den Eltern keine große Überzeugungsarbeit geleistet werden. Denn »die Eltern wollen ja den Bildungserfolg ihrer Kinder«, sagt Lehrer Thorsten Reiter, »und deshalb sind sie für jedes Angebot dankbar. Deshalb geht es bei ›Junge Vorbilder‹ ja knallhart um den Schulerfolg«, so Thorsten Reiter. Das ist den Eltern natürlich leicht zu vermitteln. Dasselbe gilt für das Ziel, Perspektiven für die Berufswahl zu entwickeln und den dafür nötigen Schulabschluss zu schaffen. Einige Schülerinnen und Schüler sind motiviert und fleißig, »aber manche bleiben an irgendeiner Schwelle stecken, oder sie brauchen mehr Zeit, wiederholen ein Jahr und kommen dann in die Oberstufe«, weiß Thorsten Reiter. »Die können gut jemanden gebrauchen, der ihnen über die nächste Hürde hilft.« Das Einzige, was die Eltern manchmal abhält, sind die Kosten, selbst wenn die Gebühr mit sechs Euro pro Stunde durch das Projekt bezuschusst wird. »Es gibt bei uns an der Schule immer mehr Schüler, die Abitur machen«, sagt Thorsten Reiter. »Das macht wirklich Spaß!«

Seit dem Start des Pilotprojekts »Kendi« sind über hundert Jugendliche durch ihre »jungen Vorbilder« dabei unterstützt worden, einen guten Schulabschluss zu machen und berufliche Perspektiven zu entwickeln. Als besonders erfolgsfördernd stellte sich heraus, dass die Einbeziehung der Lehrer und Eltern den Schülern und Schülerinnen schlichtweg zu mehr Aufmerksamkeit und damit zu mehr Unterstützung verhalf. Außerdem wirkte sich das Mentoring, wenn mehrere Schüler einer Klasse daran teilnahmen, positiv auf das gesamte Lernklima aus. Eine objektive Beurteilung des Effekts ist zurzeit noch nicht möglich. Sicher ist, dass viele der teilnehmenden Schüler ihre Schulleistungen merklich verbessern konnten. Wenn sich dies auch nicht immer direkt an den Noten ablesen ließ, hatten sie doch ihre Einstellung zur Schule und zum Lernen verändert.

Aber nicht immer kommen die Mentoren und Mentorinnen gegen alle Widrigkeiten an, von denen sie zuweilen bei ihrer Tätigkeit überrascht werden. So hatte sich eine Mädchenclique gegen die Schule und das Lernen verbündet und dabei eine derartig starke Gruppendynamik entwickelt, dass einige der Mädchen trotz ihrer Begleitung durch eine Mentorin das Schuljahr wiederholen mussten bzw. ein Mädchen sogar von der Schule abgehen musste. In einem anderen Fall war die Einstellung der Eltern so ablehnend, dass die Mentorin aufgeben musste. Einige Jungen waren stark auf ihre Fußballkarriere fixiert und hatten kaum mehr Zeit für eine zusätzliche Förderung außerhalb der Schulzeit. Sie standen vor der Wahl, den Leistungskader des Sportvereins zu verlassen oder ihren Schulabschluss aufs Spiel zu setzen.

So geht es auch Süleyman. Dreimal in der Woche geht der 14-jährige Achtklässler zum Fußballtraining und kommt erst um 22 Uhr nach Hause. Jeweils eine Stunde dauert schon der Hin- und Rückweg zu seinem Verein. Es ist sein großer Traum, einmal Fußballprofi zu werden – aber vielleicht auch Architekt oder Immobilienmakler. Heute Nachmittag büffelt Süleyman mit Sayed für die Schule. Sayed ist Süleymans Mentor. Er studiert im sechsten Fachsemester Physik. Der Mentor schlägt das Mathebuch auf. »Habt ihr ein neues Thema angefangen? Gut. Letztes Mal haben wir das Koordinatensystem kennengelernt. Ich schreibe dir jetzt Koordinaten auf, und du berechnest die Fläche.«

Der 23-jährige Sayed kam als 16-Jähriger allein als Flüchtling aus Afghanistan nach Deutschland. Das war vor sieben Jahren, da sprach er noch kein Wort Deutsch. Seine Eltern sind in Syrien, er hat hier auch keine Verwandten. Aber irgendetwas hat Sayed mitgebracht, das ihm half, nach einem Jahr Vorbereitungsklasse an der Gesamtschule Kirchdorf in Hamburg-Wilhelmsburg Fuß zu fassen und ein gutes Abitur zu schaffen. Nun ist er schon seit fünf Jahren Mentor.

Süleyman hat die Stirn in Falten gelegt. »a plus c durch 2 mal h ist die Formel für die Berechnung eines Trapezes«, sagt er. Sayed fragt: »Kannst du h so umformen, dass du es eindeutig bestimmen kannst?« Die beiden sind ernsthaft bei der Sache.

Süleymans Vater bringt Getränke. Er kam mit zehn Jahren aus der Türkei, war viele Jahre Chemiefacharbeiter. Heute hat er Gelegenheitsjobs. Glücklicherweise hat seine Frau seit 16 Jahren eine feste Arbeit als Gemüseputzerin. Süleyman hat noch einen großen Bruder, der ist 22, also fast genauso alt wie sein Mentor und ist über eine Zeitarbeitsfirma als Lagerist beschäftigt. »Ich bin sehr stolz auf Süleyman«, sagt sein Vater. »Ich will ihn nicht unter Druck setzen. Aber er soll einen guten Schulabschluss schaffen. Die Schüler sind heute eben nicht mehr so konzentriert wie früher. Deshalb ist es gut, dass Sayed ihm hilft und dass er eben kein Lehrer ist.«

Man mag kaum glauben, dass Sayed kein Lehrer ist, denn hier herrscht eine Arbeitsstimmung, die keine Ablenkung zulässt. Süleyman legt wieder die Stirn in Falten und stellt fest: »Ich glaube, da habe ich einen Fehler gemacht.« Sayed, der Mentor, bleibt ganz ernst und sachlich. Geduldig gibt er ihm einen Hinweis. Immer formuliert er seine Fragen so, dass Süleyman nachdenken muss. Hier ist ein echter Profi am Werk!

Zwei Stunden sitzen die beiden so beisammen. Ein englischer Text über Umweltschutz und Recycling erfordert Süleymans ganze Konzentration. »Ich gehe jetzt viel lieber in die Schule als früher«, erzählt Süleyman, als die beiden endlich ihre Bücher zugeschlagen haben. »Aber ich bin in einer doofen Klasse. Wir sollen die schlechteste Klasse in der ganzen Schule sein. Manche Lehrer wollen uns nicht mehr unterrichten. Manche Schüler machen die Schränke kaputt und so. Früher habe ich auch immer den Unterricht gestört. Ich musste dauernd vor die Tür. Jetzt bin ich schon seit knapp einem Jahr nicht mehr aus dem Unterricht geflogen! Ich hatte so ein Image, dass ich immer störe. Es ist schwer, da rauszukommen, wenn die anderen einen hetzen ›sag doch was, sag doch was‹. Dabei sagen die Lehrer, dass ich intelligent bin. Durch Sayed kann ich bessere Leistungen im Unterricht zeigen. Er erklärt mir viele Dinge. Das ist eine große Unterstützung!«

Durch das intensive Fußballtraining, meint Süleyman, habe er nicht so viel Freizeit. Das sei aber gar nicht so schlecht, weil er dann nicht so viel mit falschen Freunden zusammen sein kann. Und wenn ein Turnier oder ein wichtiges Spiel ist, dann kommen seine Eltern mit.

»Interkulturelle Kommunikation gehört in die Lehrerausbildung«

Ein Interview mit Jens Schneider, Initiator und Projektleiter von »Junge Vorbilder« in Hamburg

BEATE RAMM: *Herr Schneider, hatten es Schülerinnen und Schüler mit Migrationshintergrund in den vergangenen Jahrzehnten leichter als heute?*

JENS SCHNEIDER: Was man leicht vergisst, ist, dass das Phänomen Einwanderung in größerer Zahl ja historisch gesehen noch jung ist. Vor zwanzig, dreißig Jahren hatten wir in jeder Schulklasse zwei, drei Einwandererkinder, die beschult werden mussten. Da wurden Ausländerklassen eingerichtet, in denen die Kinder ihre Muttersprache lernten und auf eine »Rückkehr« ins Heimatland der Eltern vorbereitet wurden. Viele Schulleiter und Lehrkräfte haben gedacht, das ist in ein paar Jahren vorbei. Es hat lange gedauert, aber inzwischen haben die Schulen und in weiten Teilen auch Politik und Gesellschaft erkannt, dass Deutschland ein Einwanderungsland ist.

Inwiefern haben sich die Herausforderungen für Schulen durch diese Erkenntnis verändert? Was heißt das für die Schulen, für Lehrer und ihre Schüler mit Migrationshintergrund?

In vielen Schulen gibt es Klassen mit 50, 70, 90 % Kindern mit Migrationshintergrund. Das hängt unter anderem auch damit zusammen, dass Mittelschichtsfamilien ihre Kinder aus diesen Schulen herausnehmen – zunehmend übrigens auch die mit Migrationshintergrund, Für viele Lehrer und Lehrerinnen ist das dagegen überhaupt kein Problem mehr. Das ist eine Frage der Haltung, die von Schule zu Schule und von Lehrer zu Lehrer sehr unterschiedlich sein kann.

Es hängt also von den Personen ab, wie groß die Bereitschaft ist, Kinder mit Migrationshintergrund zu fördern?

In gewisser Weise schon. Einige Schulen haben inzwischen 20 Jahre Erfahrung in der interkulturellen Pädagogik. Andere finden den Zugang nicht, und ihre Lehrkräfte haben vielleicht in der Ausbildung auch kein Werkzeug dafür erhalten, wie sie damit umgehen sollen. Aber auch dafür gilt: Es ist völlig unterschiedlich, wie das in der Lehrerausbildung gehandhabt wird. Interkulturelle Kommunikation müsste meiner Meinung nach Pflicht in der Lehrerausbildung sein. Aber auch da tut sich zurzeit eine Menge.

Ich würde mir wünschen, das Thema »Vorurteile und Diskriminierung« würde in der Öffentlichkeit wieder stärker diskutiert.

Ja, es wird zuweilen ein reichlich schiefes Bild vermittelt. Wenn die *Bild*-Zeitung meldet, in Kreuzberg gebe es eine Schule, in die gar keine deutschen Kinder gehen – welche Botschaft soll da transportiert werden? Manche Lehrer und Lehrerinnen sind ganz froh darüber, wenn sie nur Kinder aus Zuwandererfamilien haben, denn dann haben sie nicht die deutschen Familien mit ihren Alkoholproblemen. In manchen Schulen bleiben regelrecht die smarten Migrantenkinder übrig, und dort herrscht eine gute Lernatmosphäre.

Dennoch, das zeigen ja viele Erhebungen und Erfahrungen, werden die Potenziale dieser Kinder offenbar häufig übersehen – von den Eltern, von den Lehrern und, wenn man das so sagen kann, auch von den Kindern selbst. An dieser Stelle setzt ja Ihr Projekt »Junge Vorbilder« an.

Die Eltern dieser Kinder, von denen viele ja selbst schon in Deutschland zur Schule gegangen sind, haben meistens sehr schlechte Erfahrungen

210

mit unserem Bildungssystem gemacht und viele Diskriminierungen erlebt. Deshalb fällt es ihnen häufig schwer, an einen Bildungserfolg ihrer Kinder zu glauben und ihnen die notwendige Unterstützung zu geben. Unsere Mentoren, die »jungen Vorbilder«, sind Studenten mit Migrationshintergrund, die es trotz aller Widrigkeiten bis zur Universität geschafft haben, die trotz einer Hauptschulempfehlung Abitur gemacht haben – gegen die dominante Meinung der Gesellschaft und die dominante Meinung der Lehrerinnen und Lehrer. Diese Mentoren sind mehrsprachig, interkulturell und bringen eine Menge Soft Skills mit. Davon können die Mentees profitieren.

Im Gegensatz zu anderen Mentoringkonzepten, wie beispielsweise Big Brothers Big Sisters, zielt »Junge Vorbilder«, wenn ich es richtig verstanden habe, nicht auf gemeinsame Freizeitgestaltung, sondern auf Unterstützung beim Lernen ab.

Die Hausaufgabenhilfe und Vorbereitung auf Klausuren ist der erste Aufhänger. Da holen wir die Kinder ab, wie man so schön sagt. Im Mittelpunkt steht ja unser Ziel, diesen Kindern einen höheren Schulabschluss zu ermöglichen. Dem kann eine Menge entgegenstehen, zum Beispiel sprachliche Barrieren, Unsicherheit in Bezug auf die eigene Identität und ein ungünstiges Lernklima zu Hause. Es ist ja auch vom Alter her eine schwierige Phase. Unsere Zielgruppe sind Jugendliche: Für die gibt es auch noch andere Ereignisse – erste Verliebtheit oder die Position in der Clique –, die plötzlich vom Lernen ablenken. Deshalb ist das gemeinsame Lernen mit dem Mentor, mit der Mentorin, ein guter Einstieg. Später kann es darum gehen: Wie gehe ich mit Diskriminierungen um – da hat der Mentor ja ähnliche Erfahrungen –, welche Berufe gibt es, und was will ich werden? Es geht also zunächst einmal darum, berufliche Perspektiven zu entwickeln – indem man zum Beispiel mal zusammen in die Uni geht. Daraus ergibt sich das Vertrauen, dass die Mentoren und Mentorinnen auch für andere Dinge ansprechbar sind.

Nach zwei befristeten Projekten – wie geht es finanziell weiter?

Wir hoffen, dass wir irgendwann in die Regelfinanzierung der Schulbehörde kommen. Mentoringprojekte eignen sich hervorragend für Public-Private-Partnerships – wenn die Behörde für die Infrastruktur sorgt, dann kümmern wir uns um das Geld, das wir den Eltern als Zuschuss zahlen. Wenn die Politik Mentoringkonzepte will, dann muss sie auch für Nachhaltigkeit in der Umsetzung sorgen.

Vielen Dank für das Gespräch, Herr Schneider!

Das Problembewusstsein für die Bildungsbenachteiligung von Kindern und Jugendlichen mit Migrationshintergrund ist gewachsen – auch bei den Migranten selbst. Dennoch sind Mentoringinitiativen, die von türkischstämmigen und anderen Menschen mit Migrationshintergrund ausgehen, noch dünn gesät. Gleichzeitig ist das Klima für solche Gründungen äußerst günstig: Von Migranten organisierte Mentoringprojekte liegen in mehrfacher Hinsicht im Trend, denn der Fokus richtet sich derzeit sowohl auf Engagementförderung als auch auf die Förderung von Eigeninitiative von Migranten und auf Mentoringprojekte für Kinder und Jugendliche. Im Folgenden stellen wir eine kleine Auswahl an unterschiedlichen Mentoringinitiativen vor, die eins gemeinsam haben: Sie liegen federführend in der Hand von Zuwanderern und ihren Nachkommen. Vielleicht können diese Beispiele anderen Initiativen, Vereinen und Verbänden von Menschen mit Migrationshintergrund als Ermutigung dienen, sich mit einem Mentoringprojekt für eine bessere Integration und Bildung von nicht deutschstämmigen Kindern einzusetzen.

Das hat sich beispielsweise die Türkische Gemeinde in Deutschland auf die Fahnen geschrieben.

»Zukunft für Bildung«: Eine Bildungskampagne für mehr Engagement von Migranten

Aufgerüttelt durch die schlechten Bildungschancen türkischstämmiger Jugendlicher in Deutschland, hat die Türkische Gemeinde in Deutschland (TGD) in Zusammenarbeit mit der Föderation Türkischer Elternvereine in Deutschland (FÖTED), der Föderation Türkischer Lehrervereine (ATÖF) und dem Bundesverband Türkischer Studierendenvereine (BTS) die Kampagne »Zukunft für Bildung« gestartet. Die Kampagne verfolgt das ehrgeizige Ziel, die Zahl der türkischstämmigen Schüler ohne Schulabschluss zu halbieren und die mit mittlerem Abschluss und mit Abitur deutlich zu steigern. Dafür sollen die Migranten selbst zu mehr Engagement für eine bessere Bildung motiviert und qualifiziert werden.

Die Bildungskampagne zielt auf den Einsatz von Paten und Vorbildern im Sinne von Mentoring ab. Beispielsweise werden speziell qualifizierte ehrenamtliche »Bildungsbotschafter« entsandt, um Eltern besser über die Schule zu informieren und sie dafür zu motivieren, Elternvertreter zu werden. Ziel ist es, dass entsprechend dem Migrantenanteil der Schüler auch Eltern in Schulgremien vertreten sind. Auch die Zahl der türkischstämmigen Schülervertreter soll sich erhöhen. Ein wesentlicher Baustein der Kampagne ist es, Jugendliche mit erfolgreichen Bildungsbiografien als »Botschafter« und »Botschafterinnen« für andere Jugendliche auszubilden.

Eine andere wichtige Zielgruppe der Bildungskampagne sind Unternehmen: Sie sollen motiviert werden, Best-Practice-Modelle für mehr Bildung und Ausbildung im eigenen Unternehmen umzusetzen.

Schulen, die beispielhafte Arbeit mit mehrsprachigem Unterricht oder eine gute Eltern- und Schülerarbeit mit Migranten leisten, sollen mit Unterstützung der deutsch-türkischen Unternehmerverbände mit finanziellen Auszeichnungen gefördert werden.

Es ist ein ganzes Bündel von Aktivitäten geplant, bei dem alle 230 türkischen Vereine und Organisationen der TGD in eine Richtung arbeiten sollen – allein in Berlin sollen etwa 25 Verbände und bundesweit die Föderationen türkischer Eltern, Lehrer, Studenten, Unternehmer und viele andere türkische Organisationen mit ins Boot geholt werden.

Interkulturelle Lehrerbildung und Coaching für aufstiegsorientierte Schüler und Schülerinnen mit Migrationshintergrund

Die fruchtbare Verbindung von Lehramtsstudium und Mentoring für Schülerinnen und Schüler haben wir schon einige Male beleuchtet. Dies ist auch das Prinzip beim Bremer Förderprojekt für Kinder und Jugendliche mit Migrationshintergrund. Es ist ein Gemeinschaftsprojekt der Universität Bremen, der Stiftung Mercator und der Senatorin für Bildung und Wissenschaft mit dem Ziel, die schulischen Leistungen von Schülerinnen und Schülern mit Migrationshintergrund zu verbessern bzw. deren Bildungs- und Ausbildungschancen zu erhöhen. Wissenschaftlich begleitet wird dieses Projekt mit Mitteln des Bundesministeriums für Bildung und Forschung (BMBF); das Projekt leitet Yasemin Karakaşoğlu.

Im ersten Projektbaustein, dem Förderunterricht, erhalten Schülerinnen und Schüler der Sekundarstufen I und II kostenlosen Unterricht in Kleingruppen in den Räumen der Universität. Die Studierenden, die diesen Unterricht erteilen, sammeln wertvolle Erfahrungen im Umgang mit heterogenen Schülergruppen und bereiten sich so auf den späteren Schulalltag vor.

Der Projektbaustein »MiCoach« vermittelt seit Dezember 2007 Studenten als persönliche Coaches an aufstiegsorientierte Schüler der Sekundarstufe II. Diese Coaches sollen sie noch vor Erreichen des Abiturs auf das Studium vorbereiten bzw. bei der Berufsorientierung helfen. Konkret bedeutet das, den gewünschten Studiengang möglichst hautnah zu erleben, um die Entscheidung für oder gegen das Studium oder den Studiengang möglichst früh treffen zu können. Das Coachingkonzept als Strategie zur Förderung von Kindern und Jugendlichen mit Migrationshintergrund greift dort, wo Unterstützungsstrukturen beim Übergang zwischen Schule und akademischer Laufbahn lückenhaft sind und wo nicht allein fachliche Qualifikationen über Zugangs- und Karrierechancen entscheiden.[11]

---

11 Näheres dazu unter www.stiftung-mercator.org.

DTF-Stipendienprogramm und Mentorenprojekt *Ağabey – Abla* (»Großer Bruder – Große Schwester«)

Das Deutsch-Türkische Forum (DTF) Stuttgart e.V. vergibt seit Februar 2009, gefördert durch die Robert Bosch Stiftung, Stipendien für türkisch-stämmige Gymnasiasten und Studenten in der Region Stuttgart. Das Konzept erinnert an PERACH: Die geförderten Stipendiaten engagieren sich ihrerseits als Tutoren und Mentoren im Projekt *Ağabey – Abla* (Großer Bruder – Große Schwester) für Schüler jüngerer Jahrgänge.

Das Programm ist aus den Erfahrungen des Deutsch-Türkischen Forums mit der Mentorenbetreuung von Schülern entstanden. Mithilfe des bestehenden deutsch-türkischen Netzwerks sollen die Bildungschancen deutsch-türkischer Kinder noch gezielter auf allen Bildungsstufen gestärkt werden. Ähnlich wie beim israelischen Projekt PERACH und bei »Balu und Du« wird der Bildungserfolg von türkischstämmigen Studenten durch eine Verknüpfung von Mentorenschaft, Stipendium und internen Fortbildungen unterstützt. Als türkischstämmige Mentoren sollen sie durch eine systematische Förderung türkischstämmiger Grund- und Hauptschüler die spezifischen kulturellen Handicaps dieser Schüler überwinden helfen und so zu ihrer persönlichen Entwicklung wie auch zum schulischen Erfolg beitragen.

Auch in diesem Projekt geht es nicht in erster Linie um informelles Lernen, sondern zunächst einmal ganz zielgerichtet um bessere Schulleistungen. Insgesamt 48 Mentoren und Mentorinnen betreuen jeweils ein oder zwei Schüler und Schülerinnen (im Alter von 8 bis 11 Jahren) an vier Stuttgarter Grund- und Hauptschulen (Rosenschule, Lerchenrainschule, Rosensteinschule, Grund- und Hauptschule Ostheim). Sie arbeiten je nach individuellem Bedarf in den Kernfächern Deutsch, Mathematik und Englisch in der jeweiligen Schule. Sie stehen zudem in regelmäßigem Kontakt mit den Klassen- bzw. Fachlehrern der Schüler, um mit ihnen den Förderbedarf gezielt abzustimmen und die Entwicklung zu beobachten. Durch dieses Modelllernen soll den Schülern verdeutlicht werden, welche Bildungs- und Entwicklungschancen sie haben können.

Darüber hinaus pflegen die Mentoren ein enges Verhältnis mit den betreuten Schülern, um ihnen bei außerschulischen Schwierigkeiten in der Familie oder im Freundeskreis oder bei persönlichen Problemen mit Rat und Tat zur Seite zu stehen. Sie unternehmen mit den Schülern außerschulische Aktivitäten und besuchen zum Beispiel die Stadtteilbücherei oder kulturelle Veranstaltungen.

Die Mentoren halten engen Kontakt zur Familie der betreuten Schüler und fördern somit die Kooperation zwischen den Eltern und der Schule.

Interkultureller Bildungs- und Förderverein für Schüler und Studenten IBFS e.V. im Ruhrgebiet

Auf viele Preise und Ehrungen und eine auffällige Präsenz in Rundfunk und Fernsehen bringt es der Interkulturelle Bildungs- und Förderverein für Schüler und Studenten IBFS e.V., der mit zahlreichen Dependancen im Ruhrgebiet arbeitet. Das Projekt *EleLE*, in dem Studenten und Studentinnen Schüler und Schülerinnen fördern (ähnlich wie bei verikom), ist im Rahmen des bundesweiten Wettbewerbs »startsocial«, unter der Schirmherrschaft von Angela Merkel, mit einem Bundespreis ausgezeichnet worden. Auch beim bundesdeutschen Wettbewerb »365 Orte im Land der Ideen« (unter der Schirmherrschaft des Bundespräsidenten Horst Köhler) ist IBFS e.V. ausgezeichnet worden.

Der von Studenten gegründete und in Castrop-Rauxel ansässige Verein richtet sich an Schülerinnen und Schüler aller Klassenstufen, die in Familien mit Einwanderungshintergrund groß werden. Mitglieder – also die Mentoren – sind überwiegend Studenten und Hochschulabsolventen aus »Gastarbeiterfamilien« – so nennen sie sich selbst. Der IBFS e.V. ist ein anerkannter Träger der freien Jugendhilfe. Die Bildungsarbeit der IBFS versteht sich als eine Brücke zwischen der Familie, den Schülern und der Schule sowie anderen gesellschaftlichen Institutionen. Zu den Bildungs- und Beratungsangeboten gehören Hausaufgabenhilfe, Nachhilfekurse, Vorbereitungskurse auf die Sekundarstufe I, Vorbereitungskurse für das Abitur, Sprachkurse, Freizeitgestaltung und Jugendarbeit. Auch

Mentoringprojekte im engeren Sinne gehören ins Programm. Als neues Projekt startete der Verein kürzlich »Schüler helfen Schülern«: Ältere helfen bei der Hausaufgabenbetreuung für Jüngere mit, geben das Gelernte weiter. »Sie sind stolz, dass sie mit uns zusammenarbeiten können«, sagt Murat Vural, Vorsitzender des Vereins, der als Doktorand am Lehrstuhl für Theoretische Elektrotechnik arbeitet, »und als Nebeneffekt haben sie keine Zeit mehr, auf der Straße herumzuhängen und auf dumme Ideen zu kommen.«

»Fit für Bildung – durch Vorbilder«

Eine Gruppe von Migranten, die hier bisher noch nicht zur Sprache gekommen ist, sind die jungen Russlanddeutschen. Sie sind Zielgruppe im Berliner Projekt »Fit für Bildung«, einem Mentorenprogramm aus der Berliner »Denkfabrik« berlinpolis. Dessen Vorläufer starteten erstmals im Jahr 2005. Sie wurden als *Best Practices* vom Bundesamt für Migration und Flüchtlinge und von der Robert-Bosch-Stiftung gefördert. Die Neuauflage »Fit für Bildung – durch Vorbilder« begann im September 2008. Sie wird nun durch kommunale Haushaltsmittel aus zwei Ressorts sowie durch die Agenturen für Arbeit im Land Berlin und aus Mitteln des Europäischen Sozialfonds unterstützt.

Die studentischen Mentoren – zum Teil mit osteuropäischem Migrationshintergrund – begleiten die Schüler und Schülerinnen ein Schuljahr lang bei der Bildungs- und Berufsorientierung. Die Mentees sind Schüler und Schülerinnen der Klassenstufen 10 bis 13.

Das Projekt verfolgt drei Ziele, die ineinandergreifen: die Förderung von Bildungsübergängen (Abitur und mittlerer Schulabschluss), die Engagementförderung der jugendlichen Russlanddeutschen sowie die interkulturelle Öffnung der beteiligten Bildungsorganisationen. Zwischen Mentor und Schüler wird ein Zielkatalog mit einem Zielumsetzungsplan abgestimmt. Einige Schüler und Schülerinnen bekommen zunächst Sprachunterricht und schulische Unterstützung, z.B. bei Prüfungsvorbereitungen. Weitere Themen sind Berufs- oder Studienorientierung sowie die Vorbereitung auf anstehende Bewerbungen. Auch Workshops, Exkursionen und Freizeitaktivitäten stehen auf dem Programm. Ziel ist es, dass die Schüler und Schülerinnen eigene Ressourcen entdecken und motiviert in eigene Vorhaben einbringen. Die Treffen finden in Schulen, Universitäten, Bibliotheken, Cafés oder im Theater statt. Die studentischen Mentoren erhalten eine Aufwandsentschädigung von rund 100 Euro monatlich in Form eines Stipendiums.

Integrationslotsen

In den letzten Jahren wurden in Deutschland in zahlreichen Kommunen und einzelnen Bundesländern Projekte initiiert, die die Integration von Neuzugewanderten und teilweise auch von langjährig in Deutschland lebenden Migranten und Migrantinnen durch ehrenamtliche Integrationslotsen – oder auch Integrationspaten, -begleiter etc. – fördern sollen. Nicht immer richten sie sich explizit an Kinder und Jugendliche; als kommunale Projekte besitzen sie aber einen vergleichsweise hohen Bekanntheits- und Wirkungsgrad.

Einen systematischen Überblick über das Thema Integrationslotsen, -paten und -begleiter bietet eine Expertise der Robert Bosch Stiftung.[12] Damit wollen wir an dieser Stelle daran erinnern, dass es in vielen Städten eine inzwischen unübersehbare Anzahl an Initiativen und Projekte auf Stadtteilebene gibt – hier sind Projekte aus dem Programm »Soziale Stadt« zu nennen und vieles, was unter dem Stichwort Quartiersmanagement zu fassen ist –, mit dem Ziel, den Zusammenhalt der sozialen und ethnischen Gruppen vor Ort zu stärken und Benachteiligungen auszugleichen. Viele Projekte, die in diesen Zusammenhängen entstehen, fördern bürgerschaftliches Engagement, häufig unterstützt oder getragen von öffentlichen Geldern, durch Projektmittel von Bund, Ländern, Kommunen

---

12 Huth et al., 2007.

oder aus dem Europäischen Sozialfonds, aber auch durch Spenden der örtlichen Unternehmen. Viele Initiativen, Vereine, Organisationen und Wohlfahrtsverbände bieten in den Stadtteilen eine Plattform für Ideen, die vor Ort entstehen und umgesetzt werden sollen. Dies ist das Feld, auf dem auch Mentoringprojekte für Kinder und Jugendliche gedeihen können – ein Feld, das auch die Migrantenselbstorganisationen noch viel stärker beackern könnten. Dass dies nicht in angemessener Größenordnung geschieht, ist ein gutes Beispiel dafür, dass gesellschaftliche Teilhabe Zugang zu bestimmten Wissensquellen – hier: Fördermöglichkeiten – voraussetzt.

Dies gilt auch für Ausbildungspaten-Konzepte, die Form des Mentoring für Jugendliche, die wir abschließend im nächsten Kapitel vorstellen wollen. Der Übergang von der Schule in den Beruf wird für immer mehr Jugendliche zu einer unüberwindlichen Hürde. Von einem Mentor oder einer Mentorin an die Hand genommen, schaffen viele Jugendliche doch noch einen erfolgreichen Start ins Berufsleben. Im Hinblick auf Jugendliche mit Migrationshintergrund gilt es hier besonders Unternehmer und Unternehmerinnen mit Migrationshintergrund für die Problematik zu sensibilisieren, damit sie mehr oder überhaupt Ausbildungsplätze zur Verfügung stellen. Diesem Thema widmet auch die »Aktion zusammen wachsen« einen Schwerpunkt.

17. Gute Aussichten: Ausbildungspaten begleiten Jugendliche beim Übergang in den Beruf

Vorausgehen, wo die Initiative fehlt
Motivieren, wo Unlust da ist
Beraten, wo Unklarheit herrscht
Mitgehen, wo Jugendliche alleine sind
Anleiten, wo Führung notwendig ist
Da sein, wenn Probleme auftreten
Unterstützen, wo Hilfe gebraucht wird.
LEITBILD »SCHÖNAICHER PATENMODELL«

Für viele Jugendliche endet der Weg ins Arbeitsleben, bevor er begonnen hat. Jeder zweite Hauptschulabgänger in Deutschland ist ein Jahr nach Verlassen der Schule noch ohne Ausbildungsplatz. Häufig ziehen sie in unverbindlichen Praktika und Qualifizierungsprogrammen lange Warteschleifen, ohne zu einem echten Ausbildungs- oder Arbeitsplatz zu kommen. Jugendarbeitslosigkeit ist, wie wir im ersten Kapitel gesehen haben, nicht nur ein Problem, das die Zukunft junger Menschen betrifft – es betrifft die Zukunft der Gesellschaft und natürlich der Unternehmen, die qualifizierten und motivierten Nachwuchs brauchen.

Dafür gibt es in vielen Kommunen bereits eine Fülle von Projekten, Fördermöglichkeiten und gelungenen Handlungsansätzen, deren Ziel es ist, Jugendlichen Orientierung und Selbstvertrauen zu geben, aber auch die Eltern zu informieren und zu unterstützen. In diesem Zusammenhang sind Ausbildungspatenschaften ein inzwischen vielerorts erprobtes Modell. Sie sollen Jugendliche und ihre Eltern dabei unterstützen, sich auch weiter um eine berufliche Chance zu bemühen, auch wenn die schulischen Noten und der erste Eindruck potenzielle Arbeitgeber vielleicht nicht so überzeugen.

Mangelndes Wissen über die Vielfalt an Berufen und Ausbildungsgängen, fehlende Motivation, unzureichende schulische Leistungen und sozial inkompatible Verhaltensweisen machen es Jugendlichen oft schwer, den Einstieg ins Berufsleben zu finden. Zugleich ist das Ansehen der Hauptschulen so weit gesunken, dass ihre Absolventen auf dem Ausbildungsmarkt eine schwache Ausgangsposition haben. Hinzu kommt eine Wirtschaftsstruktur, die vielerorts einfach nicht genug Ausbildungsmöglichkeiten bietet. Ziel von Ausbildungsoffensiven und Round-Table-Gesprächen in den Kommunen ist es daher auch, Betriebe und Unternehmen zu einer größeren Ausbildungsbereitschaft zu motivieren und davon zu überzeugen, dass auch – und manchmal gerade – Bewerber mit geringeren Schulabschlüssen Leistungsfähigkeit und Leistungsbereitschaft entwickeln können, wenn man an sie glaubt.

Die Erfahrung hat gezeigt, dass Ausbildungspatenschaften auch für die Betriebe viele Vorteile haben. So sind die Jugendlichen häufig motivierter, weil sie ihre Berufswahl gezielter getroffen haben; die Ausbilder haben die Paten bei auftretenden Problemen als direkte Ansprechpartner. Dadurch sinkt auch das Risiko eines Ausbildungsabbruchs.

Die Ausbildungspatenschaften unterscheiden sich von anderen Formen des Mentoring für Kinder und Jugendliche durch ihren hohen Organisationsgrad: Häufig unterhalten sie vielfältige Kooperationen und regionale Round Tables mit starken Partnern – Ausbildungsbetrieben, Verbänden, Behörden, Institutionen. Die Abläufe sind daher stärker standardisiert und rechtlich abgesichert.

Kommunales Bündnis: Patenaktion für Hauptschulabgänger im Landkreis Böblingen

»Paten sind Forscher, die sich mit Neugier und Entdeckungslust gemeinsam mit ihren Jugendlichen auf eine abenteuerliche Reise durch den Berufsdschungel begeben.« Dies ist das Motto des landkreisweiten Patenmodells »patenaktion.de«, einem großen Kooperationsprojekt in kommu-

naler Regie. Der Landkreis Böblingen schaffte es, für seine Ausbildungsplatzoffensive so gut wie alle relevanten kommunalen Akteure mit ins
Boot zu holen. Seine Anfänge gehen bereits auf das Jahr 2000 zurück, als
das »Schönaicher Modell« aus der Taufe gehoben wurde: Ehrenamtliche
Paten begleiteten Jugendliche beim Übergang von der Schule in den Beruf
und sorgten dafür, dass sie das schwierige erste Lehrjahr überstanden.

Im Jahr 2005 wurde ein kreisweiter »Runder Tisch Ausbildungsplatzoffensive« gegründet, an dem alle wichtigen Bündnispartner – Vertreter
der Industrie- und Handelskammer, der Handwerkskammer, der Arbeitsagentur, der Jobcenter, des Schulamtes, der Städte und Gemeinden sowie
des Landkreises – erfolgreich zusammenarbeiten. In der Zeit von Januar 2006 bis Dezember 2008 wurde das Patenmodell flächendeckend im
Landkreis Böblingen nach dem Konzept »Schönaicher Patenmodell« der
Gemeinde Schönaich aufgebaut. Inzwischen beteiligen sich alle 24 Städte
und Gemeinden mit Hauptschulstandorten und rund 360 Paten an dem
Patenmodell.

Der Landkreis Böblingen, der in Nachbarschaft zu Stuttgart liegt, hat
über 370 000 Einwohner, verteilt auf 26 Städte sowie kleinere und größere Gemeinden. Der Landkreis sichert und unterstützt das ehrenamtliche
Engagement der Patinnen und Paten mit einer hauptamtlichen Koordinationsstelle. Zusätzlich hat jede Gemeinde einen hauptamtlichen Jugendreferenten, der als Koordinator vor Ort wirkt. Wesentliches Scharnier zu
den Jugendlichen sind, wie fast überall, die Schulen. Außerdem erklärten
sich alle Bürgermeister sowie der Landrat persönlich zur Spitze dieser – in
diesem Fall staatlichen – Bewegung. Auf diese Weise tragen sie zur lokalen Identifikation mit dem Modell bei und wirken als wichtige Türöffner
zur Wirtschaft.

Ziel der Patenaktion Böblingen ist es, der »mangelnden Ausbildungsreife und fehlenden Motivation von Jugendlichen entgegenzuwirken,
die Jugendlichen zu qualifizieren, ihnen Zuversicht zu geben und sie für
den Sprung ins Leben vorzubereiten«. Die zumeist bildungsschwächeren Jugendlichen sollen von den Paten individuell gefördert und gezielt
unterstützt werden, damit sie trotz der Veränderungen auf dem Arbeitsmarkt und der gestiegenen Anforderungen im Betrieb und in der Berufs-

schule den Einstieg in Ausbildung und Erwachsenenwelt schaffen. Das ist manchmal eine ganz schön schwierige Aufgabe. »Wir vermitteln ganz genau, was die Aufgaben der Paten sind und wo die Grenzen ehrenamtlichen Handelns liegen«, so Frank Arnold, Koordinator des Projekts beim Landkreis. »Die Paten müssen ja wissen, worauf sie sich einlassen.«

Die Paten – ungefähr gleich viele Frauen wie Männer – sind zwischen 30 und 70 Jahren alt. Ausnahmen bestätigen die Regel: Eine Frau ist 24, ein Mann schon über 80 Jahre alt. Sie kommen aus ganz unterschiedlichen Berufsgruppen: Kfz-Mechaniker sind ebenso dabei wie Lehrerinnen, Hausfrauen ebenso wie Gemeinderäte. Besonders viele Job-Paten sind Vorruheständler aus zwei großen internationalen IT-Unternehmen, die im Landkreis Böblingen ansässig sind. Sie sollen gemeinsam mit den Jugendlichen eine realistische Berufsperspektive entwickeln, sie motivieren und ihnen als Ansprechpartner und lebenserfahrene Berater zur Seite stehen, auch im ersten Ausbildungsjahr. Sie beziehen dabei die Eltern mit ein, denen das Angebot sehr willkommen ist. Die Eltern der begleiteten Jugendlichen wissen häufig nur sehr unzureichend über das duale Ausbildungssystem Bescheid und glauben manchmal sogar, die Berufsschule sei »nicht so wichtig«.

Eine Patenschaft dauert ca. zweieinhalb Jahre. Sie beginnt im letzten Halbjahr der 8. Hauptschulklasse mit einer Kennenlernphase. In der 9. Hauptschulklasse folgt die sogenannte »Intensivzeit«. Die Aufgabe, einen Ausbildungsplatz zu finden, ist für die Paten zunächst vorrangig, aber wenn nicht gleich etwas daraus wird, dann müssen auch die Paten durchhalten. »Der Erfolg einer Patenschaft darf letztlich nicht daran gemessen werden, ob es klappt«, so Frank Arnold. Viele Jugendliche seien auch noch gar nicht reif für eine Ausbildung. Das heiße ja nicht, dass man als Pate gescheitert sei.

Im ersten Lehrjahr wird es spannend: Eventuelles Fehlverhalten der Jugendlichen, das in der Ausbildung dann »plötzlich« nicht mehr geduldet wird, hat sich ja bereits in der Schule aufgebaut: Unpünktlichkeit, Schwänzen, Unkonzentriertheit. Viele Jugendliche verstehen nicht, dass nun ihr Ausbildungsplatz davon abhängt, dass sie Disziplin zeigen, acht Stunden arbeiten, sich in Hierarchien einfügen und auch mal Handlangertätigkeiten übernehmen müssen. Aufgabe der Paten ist dann auch zu trösten, die Erlebnisse einzuordnen, deutlich zu machen, was verlangt wird, und die Jugendlichen auf diese Weise langsam an die Erwachsenenwelt heranzuführen. Wenn möglich und mit Einverständnis der Jugendlichen und ihrer Eltern kann die Patenzeit auch über das erste Ausbildungsjahr hinaus verlängert werden.

Mit Abschluss der Aufbauphase hat das landkreisweite Patenmodell den Projektstatus verlassen und ein ebenfalls landkreisweites, flächendeckendes Modell für Ausbildungspaten geschaffen. Für die Zukunft soll eine der wichtigsten Aufgaben sein, die Nachhaltigkeit der Patenaktionen zu fördern. Dafür sollen sie dauerhaft in das bestehende kommunale Netzwerk eingebunden sein und weiterhin durch alle Netzwerkpartner hauptamtliche Begleitung erfahren. Das Prinzip dafür lautet: »Ehrenamt braucht Hauptamt«. Die ehrenamtlichen Paten bilden jeweils in den Gemeinden Patengruppen, die vor Ort von den hauptamtlichen Kräften in den Jugendreferaten betreut werden. Der Landkreis Böblingen unterstützt dieses nachhaltige Engagement in den Kommunen durch die landkreisweite Begleitung der regionalen Patengruppen. Die Schulungen, die individuelle Beratung und die Begleitung für die Haupt- und Ehrenamtlichen koordiniert Frank Arnold von der »Koordinationsstelle Übergang Schule – Beruf«. Er ist Ansprechpartner und Coach bei allen Fragen zum Aufbau einer Patenaktion und bei der Durchführung von Patenschaften.

»Die Komplizen gGmbH«: Ehrenamt und Non-Profit-Unternehmen

Einen regelrechten Coup landete Philip Scherenberg mit seinem Mentoringvorhaben »Die Komplizen: Mentoring für Schüler gGmbH«. Sein Erfolgsrezept: Er scharte ein halbes Dutzend junge Kreative um sich, hochqualifizierte und international erfahrene Köpfe, die bereit waren, ihre Kompetenzen ehrenamtlich in das Projekt einzubringen. Mit dieser geballten Professionalität aus Projektmanagement und Personalentwicklung, Marketing und Öffentlichkeitsarbeit, Ökonomie und Politik schaffte das Projekt einen glanzvollen Start, gewann aus dem Stand viele prominente Mitstreiter aus Politik und Wirtschaft und wurde bereits mehrfach ausgezeichnet.

Das Konzept von »Die Komplizen« zeichnet sich dadurch aus, dass die Persönlichkeitsentwicklung des Mentors ebenso im Fokus der Aufmerksamkeit steht wie die des Mentees. Ziel ist die Steigerung der Sozialkompetenz durch Training, Coaching und den Austausch mit Jugendlichen. Dadurch verbessern die Mentoren ihre eigenen Kommunikations-, Coaching- und Konfliktmanagementfähigkeiten. Gleichzeitig profitieren die Mentoren davon, dass sie vielfältige Kontakte und Freundschaften außerhalb der oft recht altershomogenen Berufs- und Freizeitkontakte knüpfen können.

2007 waren »Die Komplizen« Veranstalter der Ersten Deutschen Jugend-Mentoring-Messe in München. Beim Bundeswettbewerb »startsocial« 2008, unter der Schirmherrschaft der Bundeskanzlerin, gewann die gemeinnützige Gesellschaft ein dreimonatiges Beratungsstipendium durch eine Unternehmensberatung. Wissenschaftlich begleitet und evaluiert wird das Mentoringprojekt von Dieter Frey, Professor am Institut für Psychologie der Ludwig-Maximilians-Universität München. Eine kostenfreie rechtliche Beratung im Rahmen eines sogenannten Pro-bono-Mandats übernahm die Kanzlei Lovells LLP. Für die ersten beiden Projektstandorte in Stuttgart und München konnten schon eine Reihe namhafter Unterstützer und Sponsoren gefunden werden.

»Es ist ein großer Aufwand für unsere ehrenamtliche Crew«, sagt Philip Scherenberg, der Gründer und Geschäftsführer der »Komplizen gGmbH«, der Ökonomie und Philosophie studierte und heute freiberuflich als Unternehmensberater tätig ist. »Einem Jugendlichen durch bloßes Interesse an seiner Person weiterzuhelfen, ist für uns eine notwendige und dabei denkbar einfache Art des sozialen Engagements«, erklärt er seine Motivation. »Es geht uns darum, jungen Menschen dabei zu helfen, ihre Potenziale zu erkennen und zu fördern – dabei reizt uns auch die Herausforderung, das Komplizen-Netzwerk professionell zu betreiben und als ein unabhängiges Unternehmen aufzubauen und zu führen.«

An dem unter anderem vom Bayerischen Elternverband unterstützten

Programm können Schüler zwischen 14 und 19 Jahren teilnehmen. Obwohl grundsätzlich jeder Jugendliche, unabhängig von schulischen Leistungen und familiärem Hintergrund, willkommen ist, richtet sich das Programm vorwiegend an Gymnasiasten. Während der Recherchen in der Aufbauphase stellten die Organisatoren fest, dass an vielen Haupt- und Realschulen schon Förderprojekte angeboten werden. »Für ganz normale Gymnasiasten gibt es einen enormen Förderbedarf und ein riesiges Vakuum im Hinblick auf Berufsfindung«, so Philip Scherenberg. »Durchschnittlich 40 % Studienabbrecher sprechen für sich. Nach unseren Recherchen werden von denen, die ein Studium beginnen, mindestens 30 % ihr Studium nicht zu Ende bringen. Die Abbrecherquote bei Bachelor-Studenten an Fachhochschulen liegt sogar bei 39 %. Die finanziellen Verluste des Staates summieren sich dadurch auf 2,2 Milliarden Euro pro Jahr. Der Mangel an Fachkräften wegen fehlender Uniabsolventen kostet die Volkswirtschaft jedes Jahr 7,53 Milliarden Euro. Die Studienabbrecherquote bei Migranten liegt sogar bei 45 % und damit deutlich höher als bei deutschen Studenten«, so Philip Scherenberg.

Um die Standorte entwickeln zu können, brauchen »Die Komplizen« dringend öffentliche und private Unterstützer. »Private Unterstützer«, das sind in erster Linie Unternehmen. Sie werden von den »Komplizen« aber nicht nur als potenzielle Sponsoren angesprochen. Denn Unternehmen profitieren auf vielfältige Weise davon, sich gesellschaftlich und sozial zu engagieren. Das Bekenntnis zur Verantwortung im Sinne einer Corporate Social Responsibility – wie es aus dem Amerikanischen übernommen genannt wird – stärkt die Identität und das Image nach innen und außen – nach innen im Sinne der Mitarbeiterbindung und nach außen im Sinne der Verbesserung des öffentlichen Ansehens.

Ein Kernpunkt bei der Kooperation mit Unternehmen liegt bei »Die Komplizen« aber noch woanders: Die Organisatoren wollen den Trend nutzen, dass große Unternehmen, wie beispielsweise die Deutsche Bank, soziales Engagement ihrer Mitarbeiter als Mittel zur Personalentwicklung entdeckt haben und gezielt fördern. Dabei machen sich die Unternehmen die Tatsache zunutze, dass ehrenamtliche Tätigkeiten die Soft Skills der Belegschaft stärken und deshalb im Rahmen eines Trainings zur Sozialkompetenz von Mitarbeitern zum Einsatz kommen können. Ein Ziel der »Komplizen« ist es daher, regionale Unternehmen von diesen Vorteilen zu überzeugen und auf diese Weise Mentoren und Mentorinnen zu rekrutieren, die – aufgrund ihrer Berufserfahrung – wiederum interessante Aspekte in die Mentoringbeziehung einbringen können.

Wer als Erwachsener seine Erfahrungen weitergeben möchte, sollte zwischen 25 und 39 Jahre alt sein. Besonders gefragt sind bei »Die Komplizen« Nachwuchsführungskräfte aus Wirtschaft, Wissenschaft und Kultur. Sie stehen den Schülerinnen und Schülern (Mentees) in beruflichen und allgemeinen Lebensfragen ein Jahr lang als Ansprechpartner zur Seite. Mentoren und Mentees bereiten sich getrennt in Seminaren und Kommunikationstrainings auf die gemeinsame Zeit vor. Ergänzt wird das Programm durch Seminare, in denen die Schülerinnen und Schüler mit einem professionellen Coach ihr persönliches Profil und Potenzial erarbeiten können. Jeweils zehn Tandems bilden eine Interessengruppe. Bei einem organisierten Kennenlernen, Kick-Off genannt, treffen sich die Tandems zum ersten Mal. Ab dann verabreden sie sich eigenständig.

Die gemeinsame Zeit wird von freiwilligen Veranstaltungen und Netzwerktreffen begleitet. Die Teilnahme am »Komplizen«-Programm soll den Grundstein für den Aufbau eines lebenslangen Netzwerkes bilden, in dem der Schüler später vielleicht selbst zum Mentor wird.

Vorrangiges Ziel von »Die Komplizen« ist es, Schülern im Übergang von der Schule zur Ausbildung oder zum Studium eine klarere Berufsorientierung zu geben, damit sie frühzeitig ihre beruflichen Interessen, Eignungen und Perspektiven herausfinden und sie besser ausschöpfen können. Besonderes Augenmerk liegt auf den Zielgruppen Mädchen und Schülerinnen und Schüler mit Migrationshintergrund, deren Zugangs- und Aufstiegschancen verbessert werden sollen. Dazu dient eine Kombination aus Mentoring mit Seminaren und professioneller Beratung. Einer der wichtigsten Kooperationspartner des Projekts ist die Bundesagentur für Arbeit.

Auch die Qualifizierung der Mentoren ist darauf ausgerichtet, zielorientiert mit den Schülern über verschiedene berufliche Möglichkeiten nachzudenken. Dies geschieht unter Einsatz bekannter und bewährter Methoden der Profilentwicklung, Selbst- und Fremdeinschätzung sowie der Situationsanalyse in Seminaren oder Trainings von Jugendlichen und Nachwuchsführungskräften. Die Mentoringbeziehung soll einen Austausch mit einem erwachsenen Gesprächspartner außerhalb des Abhängigkeitsverhältnisses von Eltern, Lehrern und Freunden ermöglichen, das Selbstbewusstsein und die Motivation stärken, die Chancen im Bewerbungsprozess und letztlich die Aussicht auf beruflichen Erfolg und Zufriedenheit im Beruf verbessern.

»Joblinge«: Gemeinsam gegen Jugendarbeitslosigkeit

Jugendarbeitslosigkeit ist ein gesellschaftliches Problem,
und die Gesellschaft sollte alles dafür tun, es zu lösen.
CARL-AUGUST GRAF V. KOSPOTH,
EBERHARD VON KUENHEIM STIFTUNG DER BMW AG

Zwei besonders starke Partner und ein breites Netzwerk privater und öffentlicher Unterstützer und Entscheidungsträger stehen hinter dem Modell »Joblinge«. Ins Leben gerufen wurde die Initiative im Frühjahr 2008 von der internationalen Unternehmensberatung The Boston Consulting Group und der Eberhard von Kuenheim Stiftung der BMW AG. Die Boston Consulting Group (BCG) engagiert sich seit vielen Jahren für die Gesellschaft und ist in Deutschland vor allem im Bildungsbereich auch mit eigenen Projekten aktiv. Die Eberhard von Kuenheim Stiftung der BMW AG hat es sich zur Aufgabe gemacht, gemeinsam mit Partnern nachhaltige Pilotprojekte im Sinne einer »gesellschaftlichen Entwicklungsdienstleistung« zu initiieren, die nach Abschluss in die Selbstständigkeit übergeben werden.

Die Initialzündung für »Joblinge« entstand im Kontakt mit dem Bayerischen Kultusministerium, das nach neuen Wegen suchte, die Ausbildungs- und Anstellungschancen für Jugendliche zu verbessern. Vor dem Start führten die Initiatoren eine umfassende Analyse bestehender Initiativen im In- und Ausland durch. Ergebnis war, dass drei Faktoren für den

Vermittlungserfolg in einen Ausbildungs- oder Arbeitsplatz besonders wichtig sind:

(1) Die individuelle Betreuung und Förderung der Jugendlichen: Deshalb hat jeder Jobling einen persönlichen Mentor – einen ehrenamtlichen Helfer, der ihn bei der Suche nach einem geeigneten Berufsfeld unterstützt und ihm langfristig als Ansprechpartner zur Verfügung steht. (2) Die Chance, die eigenen Stärken in der Praxis zu zeigen: Deshalb können Joblinge, statt sich mit Zeugnissen zu bewerben, in verschiedenen Praktika bei Partnerunternehmen ihren Einsatzwillen und ihr Durchhaltevermögen unter Beweis stellen. (3) Die passgenaue Vermittlung der Jugendlichen: Deshalb wird durch intensive Vorgespräche mit den Jugendlichen und den Ausbildern in den Unternehmen versucht, die jeweiligen Vorstellungen und Anforderungen abzugleichen.

Das sechsmonatige Programm setzt auf die persönliche Betreuung durch ehrenamtliche Mentoren und die Qualifizierung in der Praxis. Um diese individuelle Betreuung und passgenaue Vermittlung leisten zu können, ist auch das Modell »Joblinge« auf den Einsatz und die Zusammenarbeit mit zahlreichen Akteuren aus Wirtschaft, Politik und Gesellschaft angewiesen. Dass hinter der Initiative das Know-how von zwei großen Partnern aus der Wirtschaft steht, wirkt nach außen – als Türöffner – und nach innen – als Erfolgsfaktor bei der Umsetzung. »Joblinge‹ macht deutlich, dass ökonomische Interessen und soziale Anliegen nicht im Widerspruch zueinander stehen. Im Gegenteil: Die Jugendlichen und ihr Arbeitgeber profitieren gleichermaßen von ein und demselben Projekt«, sagt BCG-Deutschland-Chef Dr. Christian Veith.

Eine Besonderheit dieses Projekts ist, dass der professionelle Rahmen für dieses gemeinsame Unternehmen durch die Rechtsform der gemeinnützigen Aktiengesellschaft (gAG) gebildet wird. Ziel einer gemeinnützigen Aktiengesellschaft ist es, unternehmerisches Handeln mit einem sozialen Ziel zu verbinden. Als Aktiengesellschaft wird jede gAG von den Gründungsaktionären und von einem ehrenamtlichen Aufsichtsrat begleitet, in dem lokale Vertreter aus Wirtschaft, Politik und Drittem Sektor zusammenarbeiten. Dieser ermöglicht Kontrolle und schafft Transparenz. Jeder Standort beschäftigt ein hauptamtliches Team von Mitarbeitern –

dazu gehören ein Projektleiter, Sozialpädagogen und Koordinatoren –, das von einem ehrenamtlichen Vorstand geleitet wird. Die Rechtsform der gAG bietet darüber hinaus den Vorteil, dass sie die beteiligten Partner institutionell einbindet und damit die langfristige Unterstützung durch wichtige lokale Multiplikatoren sicherstellt.

Zu den Akteuren gehören die bereits erwähnten Partnerunternehmen, die Praktika für Joblinge anbieten und zu einem späteren Zeitpunkt – wenn die Zusammenarbeit erfolgreich war – auch Ausbildungs- oder Arbeitsplätze zur Verfügung stellen. Das Projekt braucht zudem engagierte Bürger, die als ehrenamtliche Mentoren mit Berufs- und Lebenserfahrung ihren Jobling auf seinem Weg ins Arbeitsleben begleiten und unterstützen. Hinzu kommen Gründungsaktionäre und Aufsichtsräte für die gewählte Organisationsform der gemeinnützigen Aktiengesellschaft (gAG), die den Erfolg dauerhaft und aktiv unterstützen. Außerdem gehören Konzeptpartner, die entscheidend an der Entwicklung des Programms beteiligt waren und auch weiterhin ihre Expertise einbringen werden, sowie Kooperationsunternehmen für die unterschiedlichen Elemente und Angebote im »Joblinge«-Programm mit dazu.

Zur Deckung der laufenden Kosten hat sich beispielsweise in München – einem der beiden Pilotstandorte der Initiative – eine besondere Kofinanzierungspartnerschaft formiert: Die Bundesagentur für Arbeit, die Arbeitsgemeinschaft für Beschäftigung (ARGE) München, das Referat für Arbeit und Wirtschaft der Stadt München sowie das Bayerische Arbeitsministerium, das Mittel des Europäischen Sozialfonds stellt, unterstützen das Modell. Die soziale Rendite dieser öffentlichen Förderung wird durch die vielfältigen ehrenamtlichen Beiträge – seien es Sach-, Zeit-, Wissens- oder auch Geldspenden – aller Partner gesteigert.

Die Initiative »Joblinge« wendet sich an Jugendliche zwischen 15 und 25 Jahren, die nach der Schule keinen Anschluss an Ausbildung oder Arbeit gefunden haben. Das sechsmonatige Programm startet mit einer Auswahlphase, in der die Jugendlichen das Konzept im Rahmen von Informationsworkshops kennenlernen sollen. Anschließend qualifizieren sie sich für die Teilnahme, indem sie freiwillig in einem gemeinnützigen Projekt mitarbeiten – etwa bei Aufräumarbeiten in einem Biotop helfen oder andere Einrichtungen unentgeltlich unterstützen. Statt Zeugnisse einzureichen, sollen die Bewerber hier ihre Motivation und Einsatzbereitschaft in der Praxis unter Beweis stellen. Wer als Jobling aufgenommen wird, wird fortan von seinem persönlichen Mentor begleitet. Die ehrenamtlichen Helfer stammen aus allen Altersgruppen und Branchen: Sie helfen ihrem Jobling, die eigenen Stärken und Ziele klarer zu erkennen, Eigeninitiative zu entwickeln und ein Berufsfeld zu finden, das den Interessen des Jugendlichen und der Nachfrage am Arbeitsmarkt am besten entspricht. Sie begleiten ihren Jobling mit Rat, Anerkennung und Ansporn. »Schon nach wenigen Treffen war klar, dass meine Erfahrungen für meinen Jobling sehr wertvoll sind«, berichtet Christian Adler, der als Berater bei der Boston Consulting Group arbeitet und sich in seiner Freizeit als ehrenamtlicher Mentor für einen Jugendlichen einsetzt. »Und natürlich profitiere ich auch: Jugendlichen bei ihrem Start ins Berufsleben zu helfen, ist ein tolles Gefühl!«

In Einzelgesprächen mit fest angestellten Sozialpädagogen und einem 20-stündigen Training werden die Mentoren auf ihre Aufgabe und die Zielgruppe vorbereitet. Die Mentoren arbeiten während ihrer Tätigkeit eng mit den hauptamtlichen Mitarbeitern der gAG zusammen und werden durch das Angebot von Supervision und Erfahrungsaustausch unterstützt.

Nach der Auswahlphase beginnt für die Jugendlichen die Projektarbeit: In Kleingruppen von fünf bis zehn Teilnehmern bearbeiten sie gemeinsam eine praktische, unternehmerisch orientierte Aufgabe: etwa die Organisation eines Festes, das Einstudieren eines Theaterstücks oder die Durchführung eines Filmprojekts. Wichtig ist, dass sie das Projekt von Anfang bis Ende selbst planen und durchführen und ihr Ergebnis am Ende einem Publikum vorstellen. Ziel ist es, am Beispiel einer konkreten Aufgabe die eigenen Stärken kennenzulernen und zu erfahren, welche Fähigkeiten im Arbeitsleben erforderlich sind. Außerdem trainieren die Jugendlichen spielerisch auch wichtige Berufs- und Sozialkompetenzen. Dazu gehören Kommunikations- und Konfliktverhalten, aber auch Organisations- und Teamfähigkeit.

Darüber hinaus unterstützen ehrenamtliche Experten der Kooperationspartner das Programm mit Qualifizierungs-, Kultur- oder Sportangeboten. Dazu zählen beispielsweise Workshops zu verschiedenen fachlichen und fachübergreifenden Themen – vom Einblick in einzelne Berufszweige über Bewerbungstraining bis hin zu Organisation und Auftreten – sowie Angebote für künstlerische und sportliche Aktivitäten der Joblinge-Kleingruppen – ob Musik, Design oder Schreibwerkstatt, Fußball oder Aikido.

Nach der Orientierungsphase, in der die Joblinge ein für sie geeignetes Berufsfeld finden sollen, absolvieren sie ein mehrwöchiges Praktikum bei einem der Partnerunternehmen. In dieser Praxisphase können sie erste Berufserfahrungen im Betrieb sammeln, sich fachlich qualifizieren und ihre sozialen Kompetenzen weiter festigen. In der nächsten Etappe – dem Bewerbungspraktikum – wird es ernst: Die Joblinge müssen sich in der betrieblichen Praxis des Partnerunternehmens beweisen. Auch während ihres Bewerbungspraktikums werden sie von ihrem Mentor unterstützt und beraten. Regelmäßige Treffen der aus jeweils zehn Tandems gebildeten Gruppe ermöglichen einen Erfahrungsaustausch untereinander. Sind aus Sicht des Partnerunternehmens und des Jugendlichen die Voraussetzungen für eine weitere Zusammenarbeit erfüllt, erhalten die Absolventen nach der Probephase einen Ausbildungs- oder Anstellungsvertrag.

Auch die Partnerunternehmen profitieren von der guten Vorbereitung ihrer Azubis. »Als Partnerunternehmen leisten wir nicht nur einen gesellschaftlichen Beitrag, wir profitieren auch selbst von dem Projekt«, so Dr. Andreas Buske, Vorstand und Miteigentümer der Zwiesel Kristallglas AG und Vorsitzender des Aufsichtsrats der »Joblinge gAG« in Zwiesel. »Die Jugendlichen, die zu uns kommen, sind gut vorbereitet – das spart Zeit und Geld. Bei angemessener Vergütung ist das ein Vorteil für alle.«

Auch die Ausbilder bei BMW haben gute Erfahrungen mit den Joblingen gemacht. »Es ist erstaunlich, welche Fähigkeiten zum Vorschein kommen, wenn junge Leute entsprechend ihrer Stärken gefördert und gefordert werden. Bei Jugendlichen, die bisher die sogenannte Ausbildungsreife noch nicht haben, zeigt sich, dass Lernbereitschaft, Motivation und Praxisorientierung sehr häufig doch zu einem Ausbildungsvertrag führen«, so das erste Fazit von Manfred Theunert, Leiter Berufsausbildung am Standort München der BMW Group und Vorsitzender des Aufsichtsrats der »Joblinge gAG« in München.

Im Mai 2008 nahm die erste gemeinnützige Aktiengesellschaft am Standort Zwiesel im Bayerischen Wald ihre Arbeit auf. Der Großteil der Joblinge, die das Programm bisher absolviert haben, konnte auf einen Ausbildungs- oder Arbeitsplatz übernommen werden. Im April 2009 wurde ein weiterer Standort in München eröffnet, wo binnen weniger Monate bereits mehr als 20 Unternehmen für das Projekt gewonnen werden konnten. Im Jahr 2009 bietet die »Joblinge gAG« München 80 Plätze für Jugendliche und junge Menschen, die auf der Suche nach einem Ausbildungs- oder Arbeitsplatz sind.

Per Social-Franchising-System soll das Konzept auf andere Städte im Bundesgebiet übertragen und dort mit Hilfe lokaler Social Entrepreneurs und Partnernetzwerke umgesetzt und etabliert werden. Die beiden Initiatoren bleiben dabei mit an Bord: Sie übernehmen die kontinuierliche Weiterentwicklung von Konzept und Programm, die Auswahl und den Aufbau neuer Standorte sowie die bundesweite Koordination und Unterstützung der lokal eingebundenen gAGs. Durch die lokale Trägerschaft auf der einen Seite und die bundesweite Koordination und Steuerung auf der anderen Seite sollen die Standorte von den Erfahrungen und dem Netzwerk der Initiatoren profitieren und gleichzeitig flexibel auf regionale Gegebenheiten reagieren können. Planungen zu möglichen weiteren Standorten der »Joblinge« laufen bereits.

Wie wir gesehen haben, können Ausbildungspaten, wenn sie in ein kommunales Netzwerk mit vielen relevanten Akteuren eingebunden sind, für Jugendliche die Weichen für eine bessere Zukunft stellen. Dabei fungieren sie als Vermittler zwischen dem Jugendlichen, der Berufsschule und dem Ausbildungsplatz. Gleichzeitig stellen sie eine wichtige Stütze für den Jugendlichen dar: Sie geben Orientierung, Ermutigung und Trost und helfen dem Jugendlichen durch den Dschungel der Erwachsenenwelt mit ihren Verhaltensregeln, Ansprüchen und Formalitäten. Wenn eine Ausbildungspatenschaft erfolgreich verläuft – und der Weg dahin ist häufig nicht ganz leicht –, dann ist dies ein sichtbarer Erfolg und für beide Seiten eine befriedigende Erfahrung. Aber für den Jugendlichen kann es noch weit mehr sein: eine existenzielle Chance, vielleicht seine einzige. Erinnern wir uns an Ernest Coulter und seine Vision 1904 in New York: »Es gibt nur eine Möglichkeit, diesen Jungen zu retten: ein aufrichtiger Freiwilliger, der es als sein großer Bruder ernst mit ihm meint. Der auf ihn aufpasst und ihm hilft, sich zu bessern, und der diesem kleinen Kerl das Gefühl gibt, dass es schließlich doch einen Menschen in dieser großen Stadt gibt, der ein persönliches Interesse an ihm hat und dem es nicht egal ist, ob er lebt oder stirbt. Freiwillige vor!«

Ausblick: Mentoring als gesellschaftliche Perspektive

Fast jeder Mensch erinnert sich an ein Schlüsselerlebnis – ein gutes oder ein schlechtes –, das sein Verhältnis zum Lernen geprägt hat. In der Summe können die meisten von uns bestimmt sagen: Ich hatte gute Startchancen und wurde gefördert oder einfach: »Ich hatte Glück.«

Einem großen Teil von Kindern und Jugendlichen in unserer Gesellschaft geht es ganz anders: Sie sind einer permanenten Unterversorgung ausgesetzt, nicht nur in materieller Hinsicht, sondern auch gesundheitlich, sozial und kulturell. Die daraus resultierende Bedürftigkeit hat, wie wir gesehen haben, vielschichtige Folgen für die Zukunft dieser Kinder: Viele von ihnen wachsen in einem Umfeld auf, in dem Armut und Bildungsarmut sich gegenseitig verstärken und bedingen. Dadurch entstehen über Generationen hinweg Abwärtsspiralen, an deren Ende Schulabbrüche, Arbeitslosigkeit, Armut und soziale Probleme sich immer mehr verfestigen. In den letzten Jahren hat sich die »soziale Schere« immer weiter geöffnet. Mit der materiellen Ungleichheit wächst auch die Bildungsungleichheit. Davon sind besonders viele Kinder betroffen, deren Eltern oder Großeltern als Zuwanderer nach Deutschland gekommen sind.

Schlechte Schulabschlüsse und Arbeitslosigkeit schmälern oder zerstören nicht nur das persönliche Lebensglück des Einzelnen, sondern sie verursachen immense gesellschaftliche Folgekosten und stellen langfristig eine Gefahr für die Zukunftsfähigkeit der Gesellschaft dar. Denn eine zivilisierte Gesellschaft ist auf Menschen angewiesen, die sich mit ihr identifizieren können: Eine Demokratie braucht Wähler. Eine funktionierende Wirtschaft braucht qualifizierte Arbeitskräfte. Ein kulturelles Leben braucht Akteure und Zuschauer. Eine Öffentlichkeit braucht Interesse und Meinungen. Der Finanzminister braucht Steuern. Das Leben vor Ort braucht Menschen, die sich engagieren. Es ist deshalb eine existenzielle Frage, wie wir es schaffen können, mehr Kindern den Zugang zu Bildung zu ermöglichen. Mentoring liefert eine der möglichen Antworten auf diese Frage. Als menschliche Beziehung und auch als Philosophie ist Mentoring ein Thema, das wie kaum ein anderes die zentralen gesellschaftspolitischen Fragestellungen verknüpft: staatliche Verantwortung und bürgerschaftliches Engagement, Soziales und Wirtschaft, individuelles Glück und Nationalökonomie. Dennoch sollte klar sein: Bildung ist elementar wichtig, aber kein Allheilmittel gegen Armut und Benachteiligungen (wie der Ruf nach Bildung und sein inflationärer Gebrauch immer häufiger suggerieren will).

Wenn Kinder in der Schule nicht gut lernen, kann das viele verschiedene Ursachen haben. Häufig fehlen einfach die elementarsten Voraussetzungen. Das sind zum Beispiel Neugier, Geduld, Durchhaltevermögen, Zielstrebigkeit und vor allem Kommunikationsfähigkeiten. Diese Eigenschaften und Fähigkeiten, gewissermaßen das Handwerkszeug zum Lernen, können sich Kinder nur durch Abgucken und Ausprobieren aneignen – und indem sie kommunizieren: mit ihren Eltern, Großeltern, Geschwistern zum Beispiel, mit Freunden und anderen Menschen, denen sie begegnen, und zwar von der frühesten Kindheit an. Für diesen Prozess des informellen Lernens brauchen Kinder Vorbilder. Aber häufig fehlen eben genau diese Vorbilder, von denen Kinder sich etwas abgucken können, denen sie nacheifern können, mit denen sie sprechen können und in deren Rolle sie vielleicht am liebsten schlüpfen würden. Diesen Mangel, so der Grundgedanke des Mentoring, können Mentoren und Mentorinnen wenigstens ein Stück weit ausgleichen – vielleicht auch sehr entscheidend ausgleichen, wenn es ihnen gelingt, in ihrem Mentee Interessen und Ehrgeiz zu wecken, oder ihm dabei zu helfen, an sich selbst zu glauben.

Voneinander lernen, das geht nur in einer Atmosphäre von Wohlwollen und Warmherzigkeit. Zusammen mit einem guten Auskommen, dem Bemühen um liberale und ermutigende Erziehungsstile und vielfältigen – nennen wir es einmal kulturellen – Anregungen sind dies die Bedingungen des Aufwachsens, unter denen Kinder gut lernen und ihre Persönlichkeit entfalten können. In diese völlig anderen Bedingungen, wird – vereinfacht gesagt – die andere Hälfte der Kinder in Deutschland hineingeboren. Aber so, wie einerseits das Aufwachsen in Wohlstand keine Garantie für eine gute Bildung darstellt, schaffen es andererseits auch viele Kinder, den Widrigkeiten ihrer schweren Kindheit zu trotzen, eine starke, soziale Persönlichkeit zu entwickeln und einen erfolgreichen Weg einzuschlagen. Wie gelingt ihnen das? Es sieht so aus, als könnten wir – für die Pädagogik im Allgemeinen, aber auch über die Wirkungen des Mentoring – etwas von diesen Menschen lernen, etwas Entscheidendes, das viele von ihnen gemeinsam haben: die Kindheitserinnerung an einen erwachsenen Freund, der über einen längeren Zeitraum Vorbild und Bezugsperson außerhalb der Familie für sie war. Dass sie sich häufig auch noch nach Jahrzehnten so gut daran erinnern können, zeigt, wie Kinder solche Erfahrungen in sich aufsaugen und wie prägend sie für das ganze Leben werden können. Auch diese Erkenntnis greift das Prinzip des Mentoring auf. Und: Es funktioniert. Wie positiv sich Mentoring auf Sozialverhalten und Schulleistungen von Kindern und Jugendlichen auswirkt, haben wir anhand wissenschaftlicher Studien und Erfahrungsberichte aus aller Welt gesehen.

Ein Mentoring-Tandem setzt im Grunde das in die Tat um, was moderne Bildungskonzepte fordern: Ein Mentor, eine Mentorin orientiert sich am einzelnen Kind, an seiner Lebensumwelt und den Menschen vor Ort. Ein Mentor schaut genau hin, was sein Mentee an Eigenschaften mitbringt und was es – Gutes und Schlechtes – schon gelernt hat. Er bemüht sich, die kindlichen Bedürfnisse und Potenziale zu erkennen, und schafft Anregungen und Gelegenheiten für neue Lernerfahrungen. In der Zeit des Zusammenseins schenkt er dem Kind Vertrauen, ungeteilte Aufmerksamkeit und Freundschaft: die beste Basis für eine wirksame Lernbeziehung. Gleichzeitig wirkt Mentoring ebenso andersherum: Auch die Mentoren und Mentorinnen profitieren auf vielfältige Weise persönlich und beruflich von dieser verantwortungsvollen und sinnstiftenden Aufgabe. Besonders für junge oder studentische Mentoren birgt diese Tätigkeit große Entwicklungspotenziale. Lehramtsstudenten zum Beispiel haben als Mentoren die Gelegenheit, lange bevor sie vor einer Schulklasse stehen, Kinder unterschiedlicher sozialer und ethnischer Herkunft kennenzulernen und besser zu verstehen. Im Idealfall gehen also beide – der Mentor und der Mentee – gestärkt aus ihrem Zusammensein hervor. Insofern ist Mentoring als Empowerment zu verstehen, als Prozess, der Menschen dazu befähigt, sich für sich selbst und die Belange anderer einzusetzen und – um es mit diesem etwas aus der Mode gekommenen Begriff zu sagen – ein mündiger Bürger zu werden.

Da schließt sich der Kreis: Wenn wir uns Mentoring in seiner Idealform vorstellen, dann *ist* es gleichzeitig das, was es bewirken kann oder soll: Als ehrenamtliche Tätigkeit ist Mentoring Ausdruck von bürgerschaftlichem Verantwortungsgefühl. Gleichzeitig stärkt es die Identität der Menschen vor Ort, bringt sie zusammen und ermutigt sie, ihr eigenes Leben in die Hand zu nehmen und – aus dieser gestärkten Position heraus – vielleicht selbst Verantwortung zu übernehmen und sich um andere Menschen in ihrem Stadtteil zu kümmern.

In den letzten Jahren gibt es auf vielen Ebenen Anstrengungen, die Voraussetzungen für bürgerschaftliches Engagement zu verbessern. Deshalb ist auch das Thema Mentoring in den Fokus des politischen Interesses gerückt. Wie wir gesehen haben, ist Mentoring, auch wenn es im Kern ehrenamtlich organisiert ist, auf eine verhältnismäßig aufwendige Begleitung angewiesen – von der Organisation über Qualifizierung und Qualitätsmanagement bis hin zur Supervision der Mentoren und Mentorinnen. Eine weitere Besonderheit im Gegensatz zu vielen anderen ehrenamtlichen Tätigkeiten ist, dass zum Mentoring auch eine professionelle oder zumindest fachkundig betriebene Informations- und Öffentlichkeitsarbeit gehört, um die Zielgruppen in Schulen, Stadtteilen, Universitäten und Unternehmen zu erreichen, um Eltern und Lehrkräfte zu überzeugen, Mentoren zu werben und Sponsoren zu finden. All das erfordert einen hohen Aufwand an Arbeitskraft, Wissen und Ressourcen. Deshalb sind die Akteure – vor allem in kleineren und mittleren Projekten, die keine große Institution, kein großes Unternehmen, keine großen Sponsoren hinter sich haben – auf umfangreiche Unterstützung angewiesen, wenn sie effektiv und dauerhaft arbeiten und der großen Verantwortung für die Kinder gerecht werden wollen.

An dieser Stelle sind staatliche Initiativen gefordert: Auf nationaler Ebene durch eine Koordinierungsstelle, wie die *Mentoring and Befriending Foundation* in Großbritannien und seit einiger Zeit auch die »Aktion zusammen wachsen« bei uns, die durch Handreichungen und Empfehlungen, Fortbildungsveranstaltungen und Tagungen sowie als Initiator und Koordinator regionaler Netzwerkstellen neuen Projekten Starthilfe gibt und den fachlichen Austausch – auch im Hinblick auf Qualitätssicherung – fördert. Länder und Kommunen haben vielfältige Möglichkeiten, Projekte, regionale Netzwerke und Initiativen für Mentoring aus Projektmitteln, Fördertöpfen und im Sinne von Public-Private-Partnerships zu unterstützen und sich als Koordinatoren verschiedener Akteure und Mentoring-Initiativen vor Ort einzubringen, wie das vielerorts auch schon geschehen ist. Wünschenswert wäre eine langfristige Perspektive – für eine nachhaltige Arbeit und die Anerkennung des bereits Erreichten.

Eins ist sicher: Wenn Mentoringprojekte für Kinder und Jugendliche in Deutschland Schule machen sollen, wenn der Mentoring*trend* in eine Mentoring*bewegung* münden soll, dann kann diese Erwartung, dieser Anspruch nicht einzig auf Privatinitiativen, Spenden und befristete Projekte gerichtet sein. Wenn wir an eine größere Bewegung denken, dann – erlauben wir uns diese Vision – müsste jede Kommune, jeder Stadtteil, jede Region eine Aktion für Mentoring ins Leben rufen, mit der sich möglichst viele Menschen vor Ort identifizieren können. Ziel wäre ein regionales oder lokales Aktionsbündnis für Mentoring, das bestehende Initiativen verknüpft, neue startet und die Aktivitäten in einer regionalen Koordinierungsstelle bündelt. Die Initiative dazu kann von vielen verschiedenen Seiten kommen: von engagierten Bürgern und Bürgerinnen genauso wie von Menschen, die sich professionell in Politik und Verwaltung oder Institutionen engagieren; der Anstoß dazu kann aus Kirchengemeinden, Schulen und Kindergärten kommen, aus Kulturstätten, Vereinen und Verbänden, von Unternehmern, Ärzten oder Handwerkern. Eine solche Initiative bräuchte ein Klima vor Ort, das von drei wesentlichen Kräften getragen wird: zum einen von dem politischen Signal, dass Bürgerbeteiligung und Engagement erwünscht sind und gefördert werden; zum anderen von einer Öffentlichkeitsarbeit, die alle Zielgruppen erreicht, Interesse weckt und zur Teilnahme ermutigt; und drittens vom Einsatz engagierter Bürgerinnen und Bürger, von ihrer Begeisterung und Überzeugungskraft.

Für den bestmöglichen Effekt von Mentoring benötigt man also gewissermaßen zwei Tandems: Staat und bürgerschaftliches Engagement im Großen, Mentor und Mentee im Kleinen. Schließlich dürfen wir nicht vergessen: Mentoring funktioniert ja auch und gerade im Kleinen. Jeder Bürger und jede Bürgerin, jede Initiative, jeder Verein und jede Schule kann den Anfang machen. Gute Beispiele, Erfahrungen, Informationsmaterial und fachkundige Menschen, die man fragen kann, gibt es ja genug. Und auch dieses Buch, so hoffen wir, wird dazu beitragen, die Lust auf Engagement zu wecken.

Jedes Tandem produziert durch sein Zusammensein Erfahrungen. Sie gehen in die persönliche Lebensgeschichte der Beteiligten ein. Jedes gemeinsame Erlebnis, jedes Ereignis in dieser Beziehung kann, selbst wenn es simpel und unbedeutend erscheint, das weitere Denken und Handeln verändern und hier und da eine kleine biografische Kurskorrektur (für beide Teile des Tandems) bewirken.

Millionen Mentoren und ihre Schützlinge haben rund um den Globus in Mentoring-Tandems zusammengefunden. Jeder von ihnen ist ein potenzieller Multiplikator der Mentoring-Idee, ein Werbeträger für Freundschaft, Verantwortungsgefühl und Hilfsbereitschaft.

Dank

An dieser Stelle möchte ich mich für die große Unterstützung bedanken, die ich während der Arbeit an diesem Buch von allen Seiten erhalten habe. An erster Stelle steht dabei mein Lebenspartner Bernd Koopmann, der in dieser Zeit noch mehr als sonst Kraftquelle und wichtigster Gesprächspartner für mich war. Mein Dank gilt auch meiner Tochter Eva Lammek, meiner Mutter Ilse Ramm und meiner Schwester Ulrike Mertin. Einmal mehr konnte ich erfahren, wie wichtig es ist, gute Freunde in der Nähe zu haben, und möchte ihnen allen für ihr Verständnis, ihre Hilfsbereitschaft und ihre stets offenen Arme für Eva danken.

Bei den Recherchen traf ich ausnahmslos auf wohltuende Gesprächsbereitschaft und Offenheit und erhielt viele wertvolle Informationen, ohne die es dieses Buch nicht geben könnte. Dafür danke ich allen herzlich, besonders Frank Arnold, Arzu Değirmenci, Dominik Esch, Randolf Gränzer, Sayed Jannati, Yasemin Karakaşoğlu, Süleyman Kocaman, Claudia Langen, Steve Leach, Andrea Lepperhoff, Hildegard Müller-Kohlenberg, Anne Pelzer, Thorsten Reiter, Philip Scherenberg, Jens Schneider, Linn Schöllhorn, Bernd Schüler, Julia Straub, Irmgard und Dieter Weiland, Claudia Wichmann und Anna Aleksandra Wojciechowicz. Natürlich gilt mein Dank auch den hier nicht namentlich genannten Mentoren, Mentorinnen und Mentees, die bereit waren, mir von ihren Erfahrungen zu berichten.

Literatur

Andrä, H. (2000): Begleiterscheinungen und psychosoziale Folgen von Kinder-armut. In: Butterwegge, C. (Hrsg.): Kinderarmut in Deutschland. Frankfurt. S. 270–285.

Autorengruppe Bildungsberichterstattung im Auftrag der Ständigen Konferenz der Kultusminister der Länder in der Bundesrepublik Deutschland und des Bundesministeriums für Bildung und Forschung (Hrsg.) (2008): Bildung in Deutschland 2008. Ein indikatorengestützter Bericht mit einer Analyse zu Übergängen im Anschluss an den Sekundarbereich I. Bielefeld.

Baier, D.; Pfeiffer, C.; Simonson, J. & Rabold, S. (2009): Jugendliche in Deutsch-land als Opfer und Täter von Gewalt: Erster Forschungsbericht zum gemein-samen Forschungsprojekt des Bundesministeriums des Innern und des KFN, KFN-Forschungsbericht Nr. 107. Hannover.

Beauftragte der Bundesregierung für Migration, Flüchtlinge und Integration (Hrsg.) (2009): Leitfaden für Patenschaften. Kompendium der »Aktion zusammen wachsen«. Berlin.

Beauftragte der Bundesregierung für Migration, Flüchtlinge und Integration (Hrsg.) (2008): Patenatlas. Berlin.

Becker, Rolf (2008): Die Rolle von primären und sekundären Herkunftseffekten für Bildungschancen von Migranten im deutschen Schulsystem. Fachtagung »Migration & Mobilität: Chancen und Herausforderungen für die EU-Bildungssysteme«. Fachtagung der Nationalen Agentur Bildung für Europa beim Bundesinstitut für Berufsbildung, Berlin.

Becker, S. & Schüler, B. (2007): Der Mentor macht's – besser? Potenziale, Risiken und Grenzen von Mentoring-Projekten für sozial belastete Kinder und Jugendliche. Evaluationen und Erfahrungen aus angelsächsischen Ländern. Offener Beitrag: Mentoring. In: Sozial Extra Heft 3/4, 2007. Wiesbaden.

Bergmann, W. & Hüther, G. (2008): Computersüchtig. Kinder im Sog der modernen Medien. Weinheim, Basel.

Bertelsmann Stiftung, Bundesministerium des Innern (Hrsg.) (2005): Erfolgreiche Integration ist kein Zufall. Gütersloh.

Bertelsmann Stiftung (Hrsg.) (2007): Gesellschaftliche Kosten unzureichender Integration von Zuwanderinnen und Zuwanderern in Deutschland – Welche gesellschaftlichen Kosten entstehen, wenn Integration nicht gelingt? Gütersloh.

Bertelsmann Stiftung (Hrsg.) (2008): Zehn Schritte zu fairen Chancen für Kinder und Jugendliche mit Migrationshintergrund im deutschen Bildungssystem. Empfehlungen der Bertelsmann Stiftung (in Zusammenarbeit mit Prof. Friedrich Heckmann). In: Bertelsmann Stiftung (Hrsg.): Integration braucht faire Bildungschancen. Gütersloh.

Bertelsmann Stiftung (Hrsg.) (2009): Orientierung für soziale Investoren: Mitmachen, mitgestalten! Junge Menschen für gesellschaftliches Engagement begeistern. Gütersloh.

Bock-Famulla, K. (2002): Volkswirtschaftlicher Ertrag von Kindertageseinrichtungen in West-Deutschland, Gutachten im Auftrag der Max-Traeger-Stiftung der Gewerkschaft Erziehung und Wissenschaft, Bielefeld.

Bos, W.; Lankes E.M.; Prenzel, M.; Schwippert, K.; Walther, G. & Valtin, R. (Hrsg.) (2003): Erste Ergebnisse aus IGLU. Schülerleistungen am Ende der vierten Jahrgangsstufe im internationalen Vergleich. Zusammenfassung ausgewählter Ergebnisse. Hamburg.

Brocke, H. (2007): Tagung Didacta 2007. Themenforum: Kinder- und Familienzentren, und wo bleibt die Kommune? Handout für die Teilnehmer/-innen des Themenforums. Köln.

Buhrow, T. & Stamer, S. (2006): Mein Amerika, dein Amerika. Hamburg.

Bundesjugendkuratorium (2004a): Bildung fängt vor der Schule an! Zur Förderung von Kindern unter sechs Jahren. Positionspapier des Bundesjugendkuratoriums. Bonn.

Bundesjugendkuratorium (2004b): Jugendpolitische Standpunkte des Bundesjugendkuratoriums. Beratungsergebnisse 2002–2005. Neue Bildungsorte für Kinder und Jugendliche. Bonn. November 2004.

Bundesministerium für Arbeit und Soziales (Hrsg.) (2008): Lebenslagen in Deutschland – Dritter Armuts- und Reichtumsbericht der Bundesregierung. Köln.

Bundesministerium für Familie, Senioren, Frauen und Jugend (Hrsg.) (2005 a): Nationaler Aktionsplan – Für ein kindergerechtes Deutschland 2005–2010. Rostock.

Bundesministerium für Familie, Senioren, Frauen und Jugend (Hrsg.) (2005 b): 12. Kinder- und Jugendbericht der Bundesregierung. München. Dezember 2005.

Bundesministerium für Familie, Senioren, Frauen und Jugend (Hrsg.) (2007): 7. Familienbericht – Familie zwischen Flexibilität und Verlässlichkeit. Perspektiven für eine lebenslaufbezogene Familienpolitik. Rostock.

Bundesministerium für Familie, Senioren, Frauen und Jugend (Hrsg.) (2009a): 13. Kinder- und Jugendbericht. Bericht über die Lebenssituation junger Menschen und die Leistungen der Kinder- und Jugendhilfe in Deutschland. Köln.

Bundesministerium für Familie, Senioren, Frauen und Jugend (Hrsg.) (2009b): Zukunft gestalten – sozialen Zusammenhalt sichern. Nachhaltige Entwicklung durch bürgerschaftliches Engagement. Rostock. April 2009.

Bundesregierung (Hrsg.) (2007): Der Nationale Integrationsplan – Neue Wege – Neue Chancen. Erfurt.

Bundesregierung (Hrsg.) (2008): Fortschrittsbericht 2008 zur nationalen Nachhaltigkeitsstrategie – Für ein nachhaltiges Deutschland. Paderborn.

Caplan, N.; Marcella, H.; Whitmore, C. & John, K. (1992): Indochinese Refugee Families and academic achievement. In: Scientific American, February 1992, S. 18.

Cavell, T. A., & Hughes, J. N. (2000): Secondary prevention as context for assessing change processes in aggressive children. Journal of School Psychology, 38/2000, S. 199–235.

Cavell, T. A. & Smith, A.-M. (2005): Mentoring Children. In: DuBois, D.L. & Karcher, M. J. (Hrsg.): Handbook of Youth Mentoring. London.

Cavell, T. A. (2009): Keynote: The other match in youth mentoring. In: Tutoring and Mentoring Projects at Universities – Students for disadvantaged children. International Conference at the University of Osnabrück. March 30th–April 1st 2009.

Esch, D.; Müller-Kohlenberg, H.; Siebolds, M. & Szczesny, M. (2007): Balu und Du – Ein Mentorenprojekt für benachteiligte Kinder im Grundschulalter. In: Heinzel, F.; Garlichs, A. & Pietsch, S.: Lernbegleitung und Patenschaften – Reflexive Fallarbeit in der universitären Lehrerausbildung. Bad Heilbrunn, S. 132–145.

Evangelische Kirche Deutschland (2006): Gerechte Teilhabe: Befähigung zu Eigenverantwortung und Solidarität. Mit einem Ergänzungsbeschluss der Synode der EKD. Eine Denkschrift des Rates der EKD zur Armut in Deutschland. Gütersloh.

Forum Familie stark machen e.V. (Hrsg.) (2009): Das Generationen-Barometer 2009 – Eine Studie des Instituts für Demoskopie Allensbach. Freiburg.

Fritschi, T. & Oesch, T. (2008): Volkswirtschaftlicher Nutzen von frühkindlicher Bildung in Deutschland – Eine ökonomische Bewertung langfristiger Bildungseffekte bei Krippenkindern. BASS AG – Büro für Arbeits- und Sozialpolitische Studien.

Garlichs, A. (2007): Auf dem Weg zum Kasseler Schülerhilfeprojekt. In: Heinzel, F.; Garlichs, A. & Pietsch, S. (Hrsg.): Lernbegleitung und Patenschaften – Reflexive Fallarbeit in der universitären Lehrerausbildung, Bad Heilbrunn. S. 21–31.

Heckman James J. (2006): Investing in Disadvantaged Young Children is an Economically Efficient Policy, presented at the Committee for Economic Development/The Pew Charitable Trusts/PNC Financial Services Group Forum on »Building the Economic Case for Investments in Preschool«, New York.

Herriger, N. (2006): Empowerment in der Sozialen Arbeit. Eine Einführung. Stuttgart.

Hilgers, Heinz (2009): »Kinderarmut steigt drastisch durch Wirtschaftskrise«. Interview in der Neuen Osnabrücker Zeitung vom 09.03.2009.

Hurrelmann, K. & Andresen, S. (2007): Kinder in Deutschland 2007. In: World Vision Deutschland e.V. (Hrsg.): World Vision Kinderstudie. Frankfurt.

Hurrelmann, K.; Grundmann, M. & Walper, S. (2008): Zum Stand der Sozialisationsforschung. In: Hurrelmann, K.; Grundmann, M. & Walper S.: Handbuch Sozialisationsforschung, 7. Aufl., Weinheim. S. 14–31.

Hurrelmann, K. (2009a): Jugendliche als sozialer Brennstoff. In: Der Tagesspiegel vom 22.01.2009.

Hurrelmann, K. (2009b): Jungen flüchten in Kunstwelten. In: Nordwest-Zeitung vom 13.03.2009.

Huth, S.; Pöhnl, B.; Schumacher, J. & Yücel, D. (2007): Expertise »Integrationslotsen: Modelle von Engagement und Integration – Erfahrungen und Umsetzungsstrategien. Frankfurt.

Institut für Demoskopie Allensbach (2009): Auf dem Weg von der persönlichen zur virtuellen Kommunikation? – Veränderungen der Gesprächskultur in Deutschland. Allensbacher Berichte, Nr. 3.

Karakaşoğlu, Y. (2008): Integration braucht Identifikation. In: Bertelsmann Stiftung (Hrsg.): Integration braucht faire Bildungschancen, Gütersloh. S. 179–185.

Keller, M. & Malti, M. (2008): Sozialisation sozio-moralischer Kompetenzen. In: Hurrelmann, K.; Grundmann, M.; Walper S.: Handbuch Sozialisationsforschung, 7. Aufl., Weinheim. S. 410–422.

Kershaw, P.; Irwin, L.; Trafford, K. & Hertzman, C. (2005): The British Columbia Atlas of Child Development. Human Early Learning Partnership. Western Geographical Press, Vol 40.

Kipling, R. (2003): Das Dschungelbuch (19. Aufl.). München.

Körber-Stiftung (Hrsg.) (2008): Ideenarchiv Transatlantischer Ideenwettbewerb USable 2007/2008 – Empowerment. Menschen stärken. Hamburg.

Krimphove, P. (2004/2005): Bürgerschaftliches Engagement und Sozialstaat: Ein Vergleich zwischen Deutschland und den USA. Europäische Journalisten-Fellowships der Freien Universität Berlin (Download: www.journalistenetage.de/krimphove/Buergerengagement.pdf).

Lampert, T.; Mensink, G. B. M.; Romahn, N. & Woll, A. (2007): Körperlichsportliche Aktivität von Kindern und Jugendlichen in Deutschland. Ergebnisse des Kinder- und Jugendgesundheitssurveys (KiGGS). In: Bundesgesundheitsblatt, Bd. 50, Heft 5/6 (2007), S. 634–642.

LBS-Initiative Junge Familie (Hrsg.) (2009): Kinderbarometer Deutschland 2009: Wir sagen euch mal was: Stimmungen, Trends und Meinungen von Kindern in Deutschland – Eine Studie des PROKIDS Institut für Sozialforschung der PROSOZ Herten GmbH. Herten.

Leyendecker, B.; Schoelmerich, A.; Citlak, B. & Harwood, R. L. (2005): Cultural change in parental beliefs and practices among Turkish migrant mothers.

Paper to be presented at the Seventh European Regional Congress of Cross-Cultural Psychology, San Sebastian/Spain.

Lösel, F.; Runkel, D.; Beelmann, A.; Jarusch, S. & Stemmler, M. (2008): Das Präventionsprogramm EFFEKT: Entwicklungsförderung in Familien: Eltern- und Kindertraining. In: Bundesministerium des Innern (Hrsg.): Theorie und Praxis gesellschaftlichen Zusammenhalts – Aktuelle Aspekte der Präventionsdiskussion um Gewalt und Extremismus. Paderborn. S. 199–219.

Mentor – Die Leselernhelfer Hannover e.V. (Hrsg.) (2008): Eine Idee macht Schule – Die Freiwilligen-Initiative Mentor – Die Leselernhelfer, 2. Aufl., Hannover.

Müller-Kohlenberg, H. & Szczesny, M. (2008): Prävention im Grundschulalter geht auf die Vorläufermerkmale von Fehlentwicklungen ein – Warum »Balu und Du« weder ein Trainingsprogramm noch eine Therapie ist. In: Berichte des 12. Deutschen Präventionstags. Merching.

Müller-Kohlenberg, H. (2008a): Entwicklungsorientierte Prävention von Devianz im Jugendalter: Das Mentorenprojekt »Balu und Du«. In: Bundesministerium des Innern (Hrsg.): Theorie und Praxis gesellschaftlichen Zusammenhalts – Aktuelle Aspekte der Präventionsdiskussion um Gewalt und Extremismus. Paderborn. S. 241–259.

Müller-Kohlenberg, H. (2008b): Informelles Lernen in der Grundschule: Ein induktiver Weg zum Aufbau von Wertehaltungen. In: Mokrosch, R. & Regenbogen, A. (Hrsg.): Werte-Erziehung und Schule. Ein Handbuch für Unterrichtende. Göttingen. S. 231–236.

Olk, T. (2002): Zentrale Ergebnisse der Enquete-Kommission »Zukunft des bürgerschaftlichen Engagements«. In: Online-Informationsdienst der Stiftung Bürger für Bürger. Newsletter »im Gespräch«, Nr. 12.

Opp, G. & Unger, N. (2006): Kinder stärken Kinder. Positive Peer Culture in der Praxis. Amerikanische Ideen in Deutschland VII. Hamburg.

Penta, L. (Hrsg.) (2007): Community Organizing. Menschen verändern ihre Stadt. Amerikanische Ideen in Deutschland VIII. Hamburg.

Petermann, F. & Petermann, U. (2000): Erfassungsbogen für aggressives Verhalten in konkreten Situationen (EAS) (4., neu normierte Version). Göttingen.

Pfeiffer, C.; Mößle, M.; Kleimann, M. & Rehbein, F. (2007): Die PISA-Verlierer –
Opfer ihres Medienkonsums. Eine Analyse auf der Basis verschiedener empirischer Untersuchungen. Beitrag für die ZJJ »Mediennutzung, Schulerfolg,
Jugendgewalt und die Krise der Jungen«. Kriminologisches Forschungsinstitut Niedersachsen e.V. Hannover.

Philip, K. & Spratt, J. (2007): A synthesis of published research on mentoring
and befriending. For The Mentoring and Befriending Foundation.
Manchester.

Presse- und Informationsamt der Bundesregierung; Die Beauftragte der
Bundesregierung für Migration, Flüchtlinge und Integration (Hrsg.) (2008):
Der Nationale Integrationsplan – Neue Wege, Neue Chancen. Beispiele des
Erfolgs. Berlin.

Rabold, S.; Baier, D. & Pfeiffer, C. (2008): Jugendgewalt und Jugenddelinquenz
in Hannover: Aktuelle Befunde und Entwicklungen seit 1998. KFN-
Forschungsbericht; Nr. 105. Hannover.

Rehbein, F.; Kleimann, M. & Mößle, T. (2009): Computerspielabhängigkeit
im Kindes- und Jugendalter. Empirische Befunde zu Ursachen, Diagnostik
und Komorbiditäten unter besonderer Berücksichtigung spielimmanenter
Abhängigkeitsmerkmale. Forschungs-Bericht Nr. 108, Kriminologisches
Forschungsinstitut Niedersachsen e.V. Hannover.

Ridge, T. (2005): Kinderarmut und soziale Ausgrenzung in Großbritannien. In:
Zander, M. (Hrsg.): Kinderarmut. Einführendes Handbuch für Forschung
und soziale Praxis. Wiesbaden. S. 15.

Roth, G. (2009): Aus Sicht des Gehirns. Vollständig überarbeitete Neuauflage.
Frankfurt.

Schabacker-Bock, M. (2005): Fördern durch Zeit und Zuwendung – Patenschaftsprogramm »Big Friends for Youngsters« (Biffy). In: Sozial Extra,
Nr. 1/2007, S. 29–31.

Scheithauer, H.; Rosenbach, C. & Niebank, K. (2008): Gelingensbedingungen
für die Prävention interpersonaler Gewalt im Kindes- und Jugendalter.
In: Bundesministerium des Innern (Hrsg.): Texte zur inneren Sicherheit.
Theorie und Praxis gesellschaftlichen Zusammenhalts. Aktuelle Aspekte
der Präventionsdiskussion um Gewalt und Extremismus. Teil 2: Spezifische
Fragestellungen gesellschaftlichen Zusammenhalts. Berlin. S. 39–64.

Scheithauer, A. & Meyer, H.: Papilio (2008): Ein Programm zur entwicklungs-orientierten Primärprävention von Verhaltensproblemen und Förderung sozial-emotionaler Kompetenzen im Kindergarten. In: Bundesministerium des Innern (Hrsg.): Theorie und Praxis gesellschaftlichen Zusammenhalts – Aktuelle Aspekte der Präventionsdiskussion um Gewalt und Extremismus. Paderborn. S. 221–239.

Schneewind, K. A. (2008): Sozialisation in der Familie. In: Hurrelmann, K.; Grundmann, M. & Walper, S.: Handbuch Sozialisationsforschung, 7. Aufl., Weinheim. S. 256–273.

Sekretariat der Deutschen Bischofskonferenz (Hrsg.) (2003): Die deutschen Bischöfe – Kommission für gesellschaftliche und soziale Fragen, Erklärungen der Kommission, 28: Das Soziale neu denken – für eine langfristig angelegte Reformpolitik. Bonn.

Skrobanek, J. (2007): Wahrgenommene Diskriminierung und (Re)Ethnisierung bei jugendlichen Zuwanderern, Second Report. Projekt des Deutschen Jugendinstituts. Halle.

Spiess, C. K.; Schupp, J.; Grabka, M.; Haisken-De New, J.; Jakobeit, H. & Wagner, G. G. (2002): Abschätzung der (Brutto-)Einnahmeneffekte öffentlicher Haushalte und der Sozialversicherungsträger bei einem Ausbau von Kindertageseinrichtungen. Gutachten des DIW Berlin im Auftrag des Bundesministeriums für Familie, Senioren, Frauen und Jugend, Bonn.

Spitzer, M. (2002): Lernen: Gehirnforschung und die Schule des Lebens. Heidelberg.

Szczesny, M.; G. Goloborodko, G. & Müller-Kohlenberg, H. (2009): Bürgerschaftliches Engagement als »additives Modell« zum Erwerb von Schlüsselkompetenzen: Welche Kompetenzen können im Mentorenprojekt »Balu und Du« erworben werden? Kurzfassung. SQ-Forum 1 (2009), S. 111–124.

Thimm, K. (2009): Die Kraft der Widerständigen. In: Der Spiegel, 15/2009. Hamburg. S. 64–75.

Tierney, J. P.; Grossman, B. & Resch, N. (1995): Making a Difference: An Impact Study of Big Brothers/Big Sisters. Philadelphia (Neuauflage: 2000).

Topping, K. (2009): Keynote: University and college students as tutors for school children: A typology and review of evaluation research. In: Tutoring and Mentoring Projects at Universities – Students for disadvantaged children. International Conference at the University of Osnabrück. March 30th – April 1st 2009.

UNICEF (2005): Child Poverty in Rich Countries – Innocenti Report Card, No. 6. Florence.

UNICEF (2007): Child poverty in perspective: An overview of child well-being in rich countries. Innocenti Report Card 7. Florence.

verikom – Verbund für Interkulturelle Kommunikation und Bildung e.V. (Hrsg.) (2007): Mentoring mit Migrationshintergrund – Junge Vorbilder und bessere Schulabschlüsse für Jugendliche. Hamburg.

Werner, E. (2007): Resilienz- und Protektionsfaktoren im Lebenslauf von Kriegskindern – Ausgewählte empirische Studien. In: Fooken, I. & Zinnecker, J. (Hrsg.): Trauma und Resilienz – Chancen und Risiken lebensgeschichtlicher Bewältigung von belasteten Kindheiten. Weinheim. S. 47–56.

Woiciechowicz, A. (2009): Individuelle Beratung im Migrationskontext. Deutungsmuster von Teilnehmenden an dem universitären Bildungs-coaching. Projekt »MiCoach« und Schlussfolgerungen für die Projekt-konzeption. Unveröffentlichte Diplomarbeit, Universität Bremen.

Verzeichnis der verwendeten Weblinks

www.akademiefuerlesefoerderung.de
Akademie für Leseförderung der Stiftung Lesen

www.aktion-zusammen-wachsen.de
Das Netzwerk für Bildungs- und Ausbildungspaten ist Teil
des Nationalen Integrationsplans.

www.aktivpatenschaften.de
Projekt-Datenbank des Fördervereins »Patenschaften-aktiv«

www.balu-und-du.de
Homepage der Mentoringorganisation »Balu und Du«

www.bbbsa.org
Big Brothers Big Sisters of America

www.bbbsd.org
Big Brothers Big Sisters Deutschland

www.bbbsi.org
Big Brothers big Sisters International

www.berlinpolis.de/projekte/fit-fuer-bildung.html
Projekt »Fit für Bildung – durch Vorbilder« für junge
Russlanddeutsche

www.biffy.de
Das Patenschaftsprogramm »Big Friends for Youngsters«
Unter: www.biffy.de/index.php?id=118 findet sich Evaluation des
Patenschaftsprogramms »Big Friends for Youngsters« (Biffy), 2003

www.bigsisterev.de
Big Sister – Das Schwestern-finde-Büro (Standorte in Düsseldorf,
Bonn, Ettlingen, Münster)

www.buergerstiftung-goettingen.de/stiftung.php
Mentoringprojekte »Zeit für Jugendliche« und »Zeit für ein Kind«

www.buergerstiftung-hannover.de
Schwerpunkt sind Projekte unter dem Motto »Zukunftsinvestition Jugend«,
unter anderem »Balu und Du« in Hannover.

www.die-komplizen.org
Mentoring für Gymnasiasten

www.dtf-stuttgart.blogspot.com
DTF-Stipendienprogramm und Mentorenprojekt »Ağabey – Abla« (Großer
Bruder – Große Schwester) beim Deutsch-Türkischen Forum Stuttgart

www.eigenstaendig-werden.de
»Eigenständig werden« ist eine Fortbildung für Lehrkräfte zur Sucht-
und Gewaltprävention im Kindes- und Jugendalter, an der schon mehr
als 2000 Lehrkräfte teilgenommen haben.

www.encymo.org
Europäisches Netzwerk von Organisationen für »Aktivpatenschaften«

www.ibfs-ev.org
Interkultureller Bildungs- und Förderverein für Schüler und Studenten;
Mentoringprojekte in Kooperation mit der Ruhruniversität Bochum

www.integrationslotsen.net
Integrationslotsen sind ein gutes Beispiel für die Verbindung von
Freiwilligenarbeit mit institutionellen Angeboten. Sie werden auch
in der Jugendarbeit eingesetzt.

www.joblinge.de
Die Initiative »Joblinge« unterstützt junge Menschen auf ihrem Weg
in die Arbeitswelt.

www.jugendhilfeportal.de
Informations- und Kommunikationsplattform für Fachkräfte
der Kinder- und Jugendhilfe

www.leihomas-leihopas.de
Subseite von www.patenschaften-aktiv

www.lesepaten.net
Subseite von www.patenschaften-aktiv

www.mentor-leselernhelfer.de
Ehrenamtliche Leselernhelfer für Kinder in Grund- und Hauptschulen
in über 30 Städten

www.patenaktion.de
Patenschaften im Übergang von der Schule in die Ausbildung
im Landkreis Böblingen

www.patenschaften-aktiv.de
Förderverein zur Vermittlung von »Aktivpatenschaften«

www.perach.org.il
Das Perach-Projekt in Israel (mit englischer Version)

www.pisa.oecd.org
OECD-Programme for International Student Assessment (PISA)

www.ppv.org
Die amerikanische Non-Profit-Organisation Public/Private Ventures
entwickelt, initiiert und evaluiert Programme gegen soziale Probleme
in armen Städten und Gemeinden.

www.tghamburgev.de
Mentoringprojekt »Güven – Vertrauen« in Hamburg

www.veli.tgd.de
Bildungskampagne der Türkischen Gemeinde in Deutschland (TGD)
in Zusammenarbeit mit der Föderation Türkischer Elternvereine (FÖTED),
der Föderation Türkischer Lehrervereine (ATÖF) und dem Bundesverband
Türkischer Studierendenvereine (BTS)

Konfliktlösungen in Schule und Jugendarbeit

Das aus den USA stammende Konzept der Positive Peer Culture vertraut in die Stärke und das Potenzial von Kindern und Jugendlichen. Jugendliche, die sich nur schwer in die Gemeinschaft integrieren, die anecken und auffallen, beraten – begleitet von einem Mediator – miteinander ihre Ängste und Alltagsprobleme. Ob Mobbing, Ärger mit den Eltern und Lehrern oder Streit mit Freunden: In Gesprächen mit Gleichrangigen, den »Peers«, entwickeln die Jugendlichen eigene Lösungen und erfahren die gegenseitige Aufmerksamkeit und Aussprache als hilfreich und ermutigend.

Die Positive Peer Culture nutzt die positiven Effekte von Gruppenprozessen und ermutigt Kinder und Jugendliche zu einem konstruktiven Umgang mit Problemen. Die Methode ist zukunftsweisend: Mit geringem personellen und finanziellen Aufwand lernen Kinder und Jugendliche soziales Verhalten zu entwickeln und zu verinnerlichen. Der Band »Kinder stärken Kinder« liefert fundiertes Fachwissen, Erfahrungsberichte und viele Anregungen zur praktischen Umsetzung – in Schule und Jugendarbeit.

Günther Opp / Nicola Unger
Kinder stärken Kinder
Positive Peer Culture in der Praxis
Amerikanische Ideen in Deutschland VII

224 Seiten, mit DVD
Softcover | 17 x 24 cm
ISBN 978-3-89684-060-8
Euro 16,– (D)

www.edition-koerber-stiftung.de

Starke Netzwerke

Mehr als je zuvor brauchen wir Menschen, die sich für gelebte Demokratie einsetzen; Menschen, die sich den Herausforderungen von Gegenwart und Zukunft stellen; Menschen, die gemeinsam eine lebenswerte und gerechtere Gesellschaft entwerfen. Doch wie gewinnt man Mitstreiter? Wie kann die Zivilgesellschaft gestärkt werden, wie lassen sich Visionen und Entwürfe umsetzen?

Community Organizing ist ein in den USA seit Jahrzehnten erfolgreich praktizierter Ansatz, der Menschen eines Stadtteils oder einer Kommune dauerhaft miteinander vernetzt, um effektiv Einfluss nehmen zu können. Zahlreiche Einzelgespräche mit Anwohnern, Mitgliedern von Kirchen und Verbänden sowie mit lokalen Entscheidungsträgern bilden die Grundlage handlungsfähiger Bürgerplattformen. Durch dieses Engagement erfahren Menschen ihre Kompetenz, treten für ihre Belange ein und verbessern nicht zuletzt ganz konkret ihre Lebensbedingungen.

Der Band liefert grundlegende Beiträge zum Ansatz des Community Organizing, praktische Beispiele aus den USA und Deutschland sowie ermutigende Porträts engagierter »Organizer«.

Leo Penta (Hrsg.)
Community Organizing
Menschen verändern ihre Stadt
Amerikanische Ideen in Deutschland VIII

256 Seiten mit 87 s/w-Abbildungen
Softcover | 17 x 24 cm
ISBN 978-3-89684-066-0
Euro 16,– (D)

www.edition-koerber-stiftung.de

Körber-STIFTUNG
Forum für Impulse

edition Körber-STIFTUNG

BegegnungsCentru
HAUS
im Park

KörberForum
Kehrwieder 12

**BERGEDORFER
GESPRÄCHSKREIS**

Boy
Gobert
Preis

Internationale Politik, Bildung, Wissenschaft, Gesellschaft und Junge Kultur: In diesen Bereichen ist die Körber-Stiftung mit einer Vielzahl eigener Projekte aktiv. Bürgerinnen und Bürgern, die nicht alles so lassen wollen, wie es ist, bietet sie Chancen zur Mitwirkung und Anregungen für eigene Initiativen.

1959 vom Unternehmer und Anstifter Kurt A. Körber ins Leben gerufen, ist die Stiftung heute mit eigenen Projekten und Veranstaltungen von ihren Standorten Hamburg und Berlin aus national und international aktiv.

**Körber-Netzwerk
Außenpolitik**

JUNGE REGIE
STUDIO
KÖRBER

**USABLE®
TRANSATLANTISCHER
IDEENWETTBEWERB**

KÖRBER
Foto Award

HAMBURGER TULPE
für interkulturellen Gemeinsinn

Deutscher Studienpreis
Der Wettbewerb für junge Forschung

Eustory
History Network for Young Europeans

**KÖRBER-PREIS
FÜR DIE EUROPÄISCHE
WISSENSCHAFT**

Geschichtswettbewerb
des Bundespräsidenten
Jugendliche forschen vor Ort

KIWISS
Wissenschaft für Kinder
und Jugendliche

**Schultheater
der Länder**